Baedeker

Allianz ⑪ Reiseführer

Barcelona

www.baedeker.com

Verlag Karl Baedeker

TOP-SEHENSWERTES ★ ★

Die Flaniermeile Rambles, Gaudís unvollendete Kathedrale Sagrada Família – wer hat nicht schon von Barcelonas Top-Sehenswürdigkeiten gehört? Doch die Stadt hat viel mehr zu bieten; Kultur- wie Naturfreunde kommen hier voll auf ihre Kosten.

Museu Marítim
Flaggschiff von Don Juan d´Austria

Aquàrium
Den Fischen ganz nah

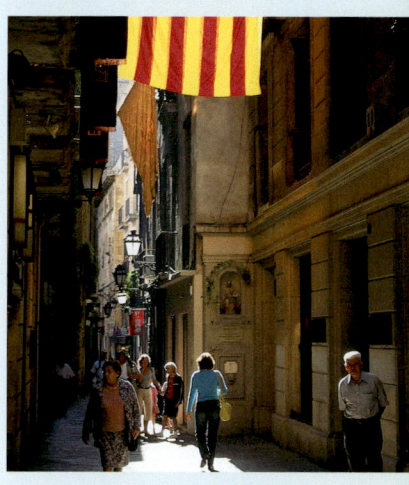

Barri Gòtic
Gasse im Gotischen Viertel

DIE BESTEN BAEDEKER-TIPPS

Von allen Baedeker-Tipps in diesem Buch haben wir hier die interessantesten für Sie zusammengestellt! Erleben und genießen Sie Barcelona von seiner schönsten Seite.

❗ Kochkurse
Warum nicht an einem Kochkurs teilnehmen, um die Geheimnisse der katalanischen Küche kennen zu lernen!
▸ **Seite 63**

❗ Einblicke ins Fußballerleben
In die Geheimnisse des FC Barcelona wird man im Camp Nou eingeweiht.
▸ **Seite 83**

❗ Barcelona Card
Mit dieser Karte erhält man viele Preisnachlässe in Barcelona. ▸ **Seite 90**

Sardana
Symbol für den Gemeinschaftssinn der Katalanen

❗ Schnell und bequem
Die schnellste und bequemste Art, Barcelona zu erkunden ▸ **Seite 110**

❗ Barcelona aus der Luft
Mit dem Helikopter über Barcelona schweben! ▸ **Seite 111**

❗ Tanz vor der Kathedrale
Am Tanz der Katalanen dürfen auch Touristen teilnehmen. ▸ **Seite 152**

❗ Mit der Schwalbe durch den Hafen
Bei einer Rundfahrt mit den Golondrinas (Schwalben) lernt man den Hafen kennen. ▸ **Seite 173**

Raval
Im einst berüchtigten Viertel gibt es viel zu entdecken.

Museu del Futbol Club Barcelona
Geschichte des FC Barcelona

❗ Refugio 307
Der Zivilbunker macht die neuere
Geschichte lebendig.
► **Seite 193**

❗ Unbedingt Audioguía ausleihen
Audioführung mit Kopfhörer macht den
Besuch des Schifffahrtsmuseums (Museu
Marítim) noch interessanter.
► **Seite 204**

❗ Kunst vom Feinsten
Zu sehen in der Galerie Maeght im Palau
Cervelló   ► **Seite 210**

❗ Magischer Brunnen
Wasserspiel in bunten Farben vor dem
Palau Nacional   ► **Seite 217**

❗ Nostalgisches Café
Kleine Pause vom Flanieren auf den
Rambles im Café de l'Opera
► **Seite 233**

❗ Allerlei im Raval
Im Stadtteil Raval gibt es die unterschied-
lichsten Geschäfte zu entdecken.
► **Seite 236**

Bus Turístic
Mittlerweile befährt der Touristenbus drei Linien.

Strandleben in Barcelona
▶ **Seite 123**

HINTERGRUND

PRAKTISCHE INFORMATIONEN

PREISKATEGORIEN

▶ **Hotels**
Luxus: über 250 €
Komfortabel: 100 – 250 €
Günstig: bis 100 €
Für ein Doppelzimmer

▶ **Restaurants**
Fein & Teuer: über 60 €
Erschwinglich: 40 – 60 €
Preiswert: bis 40 €

Kirchturmspitze der Sagrada Família
▶ **Seite 238**

TOUREN

Blumenmarkt auf den Rambles
▶ **Seite 233**

Sagrada Família – Barcelonas Wahrzeichen
▶ **Seite 238**

SEHENSWERTES VON A bis Z

*Der schönste Platz der Stadt –
die Plaça Reial*
► **Seite 226**

nachdenken • klimabewusst reisen

atmosfair

*»Dona i Ocell« im
Parc Joan Miró*
► **Seite 222**

Hintergrund

MIT DER OLYMPIADE 1992
BEEINDRUCKTE BARCELONA DIE
WELT. SEITDEM ERFINDET ES
SICH STÄNDIG NEU. MIT
WEITEREN ÜBERRASCHUNGEN
IST ZU RECHNEN.

SCHÖN UND STOLZ

Kaum eine andere Großstadt der Welt hat sich, mit Ausnahme von Berlin, in den letzten Jahren so verändert wie Barcelona. Und die katalanische Metropole ist stolz auf ihre neuen Stadtteile. Stolz ist die Stadt aber auch auf die alten Viertel, die Zeugnis darüber ablegen, wie mächtig und reich ihre Bewohner einst waren. Doch nicht nur mit schöner Architektur und kulturellen Angeboten vermag Barcelona zu bezaubern, die Stadt am Meer lockt zudem mit einem quirligen Leben, das auch in der Nacht nicht zur Ruhe kommt.

Schon mehrmals in seiner Geschichte putzte sich Barcelona heraus. Aus dem Mittelalter, als die Stadt eine politische und wirtschaftliche Macht im westlichen Mittelmeer darstellte, stammt das Barri Gòtic mit der mächtigen Kathedrale, schönen Stadthäusern und imposanten Regierungsgebäuden. Wie eine Reise in die Vergangenheit ist ein Spaziergang durch das Gassengewirr des Gotischen Viertels, das den in Spanien wohl dichtesten Bestand an gotischen Bauten aufweist. Eine ganz andere Welt erschließt sich dem Besucher westlich des Barri Gòtic im Stadtteil Eixample, der ab 1859 entstand, als Kataloniens Hauptstadt durch die Industrialisierung zu erheblichem Wohlstand gekommen war. Hier schuf sich das aufstrebende Bürgertum auf schachbrettartigem Grundriss ein Wohngebiet, in dem die Häuser im Stil des Mo-

Gigantisch
Blick von Barcelonas Hausberg Tibidabo über das Häusermeer der Millionenmetropole

dernisme, des katalanischen Jugendstils, gebaut wurden. Doch nicht nur prächtige Jugendstilbauten und die immer noch unvollendete Kathedrale Sagrada Família des katalanischen Vorzeigearchitekten Antoni Gaudí sind in diesem Viertel zu bewundern, hier – insbesondere auf dem Passeig de Gràcia – konzentriert sich auch die mondäne Welt Barcelonas: Luxushotels, Banken, exklusive Modegeschäfte und schicke Bars.

Posa't guapa

← Olympia-stadion auf dem Montjuïc

Unter der Franco-Diktatur waren viele Viertel jedoch verwahrlost. 1982 verkündete die Stadtverwaltung die Order: »Posa´t guapa«, mach dich schön, Barcelona! Und Barcelona machte sich schön, ins-

Symbol
*Der Sardana-Tanz ist ein Symbol für den
Gemeinschaftssinn der Katalanen.*

Ende absehbar
*Die Kirchturmspitzen der Sagrada Familia, deren
Bauzeit im Jahr 2020 enden soll.*

Wertvoll
*Das Museu Nacional d'Art de Catalunya im Palau
Nacional enthält wertvolle katalanische Kunstwerke.*

Stolz auf die Vergangenheit
Der Eingang zu Barcelonas berühmtestem Markt, zur Boqueria, wird vom Stadtwappen geziert.

Stadt großer Künstler
Hier darf ein Kunstwerk mit Füßen getreten werden: Miró-Mosaik auf den Rambles.

Gaudí überall
Bizarr geformte Kamine auf der Casa Milà. Der Architekt Gaudí hinterließ überall in Barcelona seine Spuren.

besondere nachdem man zum Austragungsort der Olympiade 1992 gekürt worden war. Renommierte Designer und berühmte Architekten aus aller Welt gingen ans Werk. Sie ließen alte Bausubstanz restaurieren und sie entwarfen und schufen neue architektonische Bauten, vor allem aber sorgten sie dafür, dass Barcelona sich wieder seinem Meer zuwandte. Wo einst hässliche Fabrik- und Lagerhallen den Blick aufs Meer versperrten, entstanden wunderschöne Sandstrände, die Vila Olímpica, eine Seepromenade und der Port Olímpic; modernisiert wurden das verwahrloste Strandviertel Barceloneta und der Alte Hafen. Heute sind die Fischrestaurants der neuen Hafenviertel ein kulinarischer Anziehungspunkt der Stadt und nachts locken die zahlreichen Kneipen und Diskotheken die Jugend an. Von einem Ende der Schönheitsoperation ist in Barcelona allerdings noch nichts zu merken. Am deutlichsten spürbar ist der Wandel in alten Industrierevieren, wo Wohngebiete mit Einkaufszentren, Hotels, Kongresshallen und Parks entstehen, sowie im Viertel Raval, dem einst berühmt-berüchtigten Barri Xinès, wo der nördliche Teil ein Szeneviertel geworden ist, während der südliche Abschnitt sich sein zwielichtiges Ambiente noch ein wenig bewahrt hat.

Viel zu entdecken

Kennen lernen kann man die Stadtteile, die alle über ein Eigenleben am Tag und in der Nacht verfügen, indem man gemächlich über die reizvollen Flaniermeilen, darunter die weltberühmten Rambles, schlendert. Oder man klappert die über die ganze Stadt verteilten Sehenswürdigkeiten und

Stimmung
In Barcelonas Nächten geht es hoch her, wie hier im »Otto Zutz«.

rund 50 Museen mit dem Touristikbus bzw. öffentlichen Verkehrsmitteln ab. Unterwegs laden Kneipen und Restaurants – niemand weiß, wie viele es davon in Barcelona gibt – zu einem Zwischenstopp ein. Möglichkeiten zum Shopping bieten die unzähligen Geschäfte, in denen es so gut wie alles zu kaufen gibt. Dabei sollte man sich nicht nur auf die vom Tourismusamt vorgeschlagene Shopping Line beschränken, manchmal lohnt auch ein Blick in eine unscheinbare Gasse, um ein Juwel an Einkaufsladen zu entdecken. Und wer sich dann vom quirligen Treiben auf den Straßen ein wenig erholen möchte, findet Ruhe auf dem Montjuïc oder auf dem Tibidabo, den beiden Hausbergen der Stadt, von denen man einen wunderschönen Blick auf Barcelona genießt, das mittlerweile zu den beliebtesten Metropolen Europas zählt.

Fakten

Die Barcelonesen suchen stets das Leben in der Öffentlichkeit. Sie rühmen sich besonnen, aber auch leidenschaftlich zu sein. Und sie sorgen dafür, dass ihre Stadt immer wohlhabender wird, u.a. auch durch den Tourismus.

Bevölkerung · Politik · Wirtschaft

Die Einwohnerzahl des eigentlichen, durch die enge Lage zwischen Meer und Bergen begrenzten Stadtgebiets beträgt rund 1,6 Millionen, diejenige des gesamten Großraumes etwa 5 Millionen. Damit ist Barcelona **nach Madrid das wichtigste Ballungsgebiet in Spanien**. Die Bevölkerung Barcelonas ist nur zu rund 60 % katalanisch. Die restlichen 40 % sind **zugewanderte Spanier** aus anderen (meist strukturschwächeren) Provinzen wie Andalucía und Murcia sowie Ausländer vor allem aus Nordafrika, Lateinamerika, Indien und Pakistan; mit rund **17,2 % Ausländeranteil** liegt die Provinz Barcelona 5 % über dem Landesdurchschnitt. Das Verhältnis zwischen den Katalanen und den zugewanderten Südspaniern ist nicht ganz unbelastet. Insbesondere die katalanische Sprache (▶Kunst und Kultur, Sprache) bildet für die Zuwanderer ein großes Problem, denn in immer mehr Betrieben ist ohne Katalanischkenntnisse kein Arbeitsplatz mehr zu ergattern. Ein Problem für viele Barcelonesen (nicht nur für die wirtschaftlich meist nicht sehr gut gestellten Südspanier) sind die **hohen Mietkosten** in der Stadt – Barcelona konkurriert mit Madrid und dem baskischen San Sebastián um den inoffiziellen Titel der landesweit teuersten Wohnstadt.

Bevölkerung

? WUSSTEN SIE SCHON …?

■ Schlendert man auf Barcelonas Straßen und hält Ausschau nach einer Kneipe, bekommt man angesichts der zahlreichen Tapas-Kneipen den Eindruck, Tapas seien eine barcelonesische oder katalanische Erfindung. Von wegen! Die zumeist köstlichen Appetithäppchen stammen aus Andalusien. Noch vor einigen Jahren war in Barcelona eine einzige Bar zu finden, die ihren Gästen solche in Schälchen oder auf kleinen Tellerchen servierte Gerichte anbot. Heute überbieten sich viele Lokale mit Tapas-Kreationen. Angesprochen auf die Vorspeisen-Häppchen, fabulierte das Barceloneser Fremdenverkehrsamt einmal sogar von der »vielleicht einzigen Kulturrevolution, die die Stadt in den letzten hundert Jahren erlebt hat«.

Wie alle Spanier gehen die Barcelonesen gerne aus, sie verschließen sich nicht zu Hause; man trifft sich mit Freunden und Bekannten auf der Straße oder in einer Kneipe, Einladungen in die eigenen vier Wände bilden eher die Ausnahme. Und wenn man ausgeht, bleibt man nicht die ganze Zeit am selben Ort. **Ir de copas** – von Kneipe zu Kneipe ziehen, lautet die Devise. Nicht selten wird dabei eine Nacht zum Tag gemacht, und dann überrascht die Art und Weise, wie es vielen Barcelonesen gelingt, nach einer durchzechten Nacht morgens am Arbeitsplatz zu erscheinen und so ihrem Beruf nachzugehen, als hätte es keine nächtlichen Eskapaden gegeben. Die als fleißig, diszipliniert, effizient organisiert und sehr geschäftstüchtig geltenden Katalanen erklären das mit ihrer Mentalität, mit **seny i rauxa**,

← *Vor der Kathedrale im Gotischen Viertel sorgen Hackbrettspielerinnen für musikalische Unterhaltung.*

Zahlen und Fakten Barcelona

► 10 Stadtdistrikte
(ausgehend vom Zentrum, im Uhrzeigersinn angeordnet)
► Verwaltungschef:
Bürgermeister
► Universitätsstadt:
197 000 Studenten

Wirtschaft
► neben Madrid wichtigster Industriestandort des Landes
► bedeutendste Hafenstadt Spaniens
(Handelsplatz,
Personen- und Fährschifffahrt:
2,2 Mio. Passagiere jährlich)
► Verlagshauptstadt Spaniens
► wichtigste Arbeitgeber:
Verwaltung
Industrie
Hafen
Dienstleistungen
Fremdenverkehr
(14 % des BIP; 60 000 Hotelbetten,
ca. 13 Mio. Übernachtungen jährlich)
► Flughafen Barcelona
(nach Madrid wichtigster Flughafen des
Landes mit jährlich 30 Mio.
Passagieren)

Lage
► Nordostspanien / Katalonien
► 41° 23' nördliche Breite
► 2° 10' östliche Länge

Fläche
► 101,4 km² Stadtfläche
► 13,2 km Küstenlänge
► 4,58 km Strände
► 69 Parks und Grünflächen

Einwohnerzahl
► Barcelona-Stadt:
1,6 Mio.
► Großraum Barcelona:
5 Mio.

Sprache
► Katalanisch, Spanisch

Verwaltung
► Hauptstadt der spanischen Autonomen
Region Katalonien

*Wappen von
Barcelona*

mit Vernunft und Sinnenfreude, mit Kopf und Bauch. »seny« als knallharter Intellekt, Besonnenheit und Schläue, auch als Vorsicht und das Vertrauen auf den Erfolg gut geleisteter Arbeit – »rauxa« als ausgelassene Lebensfreude und ungezügelte Leidenschaft, als ein Wesenszug, der zudem für künstlerische und geschäftliche Kreativität sowie unerschöpflichen Einfallsreichtum verantwortlich ist.

Bei den nach der Franco-Ära wieder eingeführten katalanischen Parlamentswahlen 1980 ging die von Jordi Pujol geleitete **konservative Partei »Convergéncia i Unió«** (CiU) als Sieger hervor, während im Barceloneser Rathaus die Sozialisten (ab 1982 unter Pasqual Maragall) das Sagen hatten. Zu einem guten Nachbarschaftsverhältnis zwischen den beiden Regierungsgebäuden an der Plaça Sant Jaume mitten im Barri Gòtic – zwischen dem Palau de la Generalitat, dem Amtssitz des katalanischen Ministerpräsidenten, und der gegenüber liegenden Casa de la Ciutat, wo der Bürgermeister residiert, bzw.

Politik

Stadtdistrikte

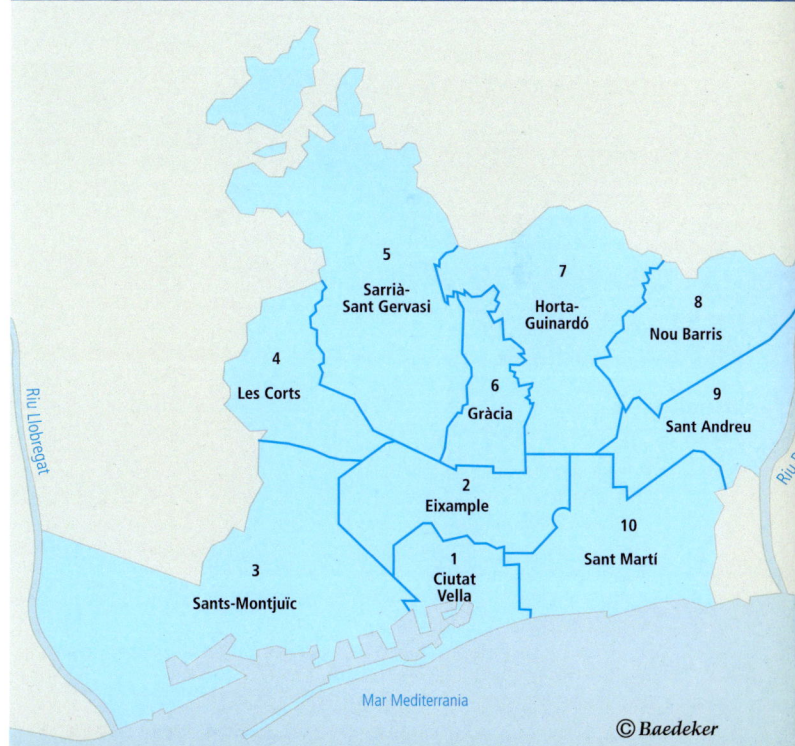

Blick von der Plaça de l´Armada am Montjuïc auf den Alten Hafen (Fährhafen)

zwischen Pujol und Maragall – kam es anderthalb Jahrzehnte lang nie. Nach den Regionalwahlen im November 2003 beendete **eine neue Linkskoalition**, bestehend aus der Sozialistischen Partei Kataloniens (PSC, einem Ableger der spanischen PSOE), der linksnationalistischen Esquerra Republicana (ERC) und den Grünen (ICV), in Katalonien die Ära des Jordi Pujol nach 23 Jahren. Zum neuen katalanischen Regionalpräsidenten wurde der Vorsitzende der katalanischen Sozialisten, **Pasqual Maragall**, gewählt, 2006 wurde er von **José Montilla** (ebenfalls PSC) abgelöst. Bürgermeister von Barcelona ist seit 2006 **Jordi Hereu** (PSC).

Der **Industriestandort** Barcelona ist der wichtigste in Katalonien und **Wirtschaft** zusammen mit dem der Hauptstadt Madrid der bedeutendste von ganz Spanien. Das größte Gewicht hat die Metallindustrie, gefolgt von Textilwirtschaft, Maschinen- und Fahrzeugbau, Hoch-, Tief- und Straßenbau sowie Papierherstellung und Druckereigewerbe. Allgemein überwiegen die kleinen und mittelständischen Unternehmen. Weitaus umfangreicher als die Industrie sind der Großhandel (Textilien und Lederwaren, Lebensmittel, technische Geräte und Transportmittel, Möbel und Hausgeräte) und der Einzelhandel (Lebensmittel, Textilien und Schuhe, chemische und pharmazeutische Produkte, Möbel, Büroartikel, Presseerzeugnisse).

Zu einem Wirtschaftssektor von enormer Bedeutung haben sich die Dienstleistungen entwickelt. Hierbei sind vor allem die Verlage zu nennen – Barcelona ist **Spaniens Verlagshauptstadt** –, und auch der Tourismus trägt einiges zum Wohlstand der Metropole bei, die momentan unter allen europäischen Städten den **raschesten Zuwachs an Touristen** erlebt. So stieg die Zahl der Besucher von 3,08 Mio. 1995 auf über 7 Mio. 2007, fiel allerdings bedingt durch die Wirtschaftskrise im Jahr 2009 auf 6,5 Millionen. Die Zahl der Flugpassagiere verdreifachte sich im selben Zeitraum, während sich die der Kreuzfahrtschiffspassagiere mit 2,2 Mio. verzehnfacht hat. Von den knapp 35 000 Unternehmen zählt mehr als ein Drittel zum boomenden Hotellerie- und Gastronomiegewerbe, gefolgt von Transportunternehmen sowie Reparatur- und Wartungsdiensten. Einen weiteren Akzent setzen Kreditinstitute und Versicherungsgesellschaften.

Eine wichtige Rolle spielt Barcelona daher auch als **Hafenstadt**, schließlich verfügt die katalanische Metropole über den wichtigsten Hafen von ganz Spanien. Zusammen mit dem Außenhafen umfasst der Port Franc de Barcelona eine Fläche von ungefähr 300 ha. Bedeutend ist zudem die Personen- und Fährschifffahrt (vorwiegend Tourismus) zu den Inseln der Balearengruppe und als Anlegehafen für Kreuzfahrtschiffe.

Stadtgeschichte

Im Mittelalter eine Großmacht, verlor Barcelona zu Beginn der Neuzeit seine Eigenständigkeit an die kastilische Krone und wurde bis zur Franco-Zeit immer wieder brutal unterdrückt. Dennoch erlebte es wirtschaftlich mehrere Blütezeiten.

Römische Kolonie

Die Geschichte der Stadt Barcelona beginnt mit den Römern. Zwar lebten vor rund 4000 Jahren keltiberische **Laietaner** an den Hängen des Montjuïc, doch ob diese hier auch eine feste Siedlung anlegten, ist unbekannt. Die Römer, die nach ihrem Sieg über die Karthager im Zweiten Punischen Krieg (218 – 201 v. Chr.) nach und nach fast die gesamte Iberische Halbinsel ihrem Imperium einverleiben konnten, gründeten um das Jahr 15 v. Chr., während der Regierungszeit von Kaiser Augustus, eine römische Kolonie mit dem Namen **Colonia Julia Augusta Faventia Paterna Barcino**. Diese Kolonie, wahrscheinlich eine Garnison, lag auf einem Hügel namens Mons Taber, heute dem höchsten Punkt des Barri Gòtic. Sie wies einen rechteckigen Grundriss auf, war ummauert und besaß zwei zentrale Durchgangsstraßen von Norden nach Süden und von Osten nach Westen; an ihrer Kreuzung befanden sich ein Tempel und ein Forum. Unter Roms Herrschaft erlebte die kleine Siedlung Barcino, die im Schatten des weiter südwestlich gelegenen Tarraco (Tarragona), der Hauptstadt der römischen Provinz Hispania Citerior bzw. Tarraconensis, stand, eine 400-jährige friedvolle Periode. Überschattet war diese Zeit nur von grausamen Christenverfolgungen, nachdem sich in Barcino gegen Ende des 3. Jh.s n. Chr. eine erste Christengemeinschaft entwickelt hatte. Berühmtestes Opfer soll die junge **Eulàlia**, die heutige Schutzpatronin der Stadt, gewesen sein, deren Gebeine in der gotischen Kathedrale ruhen.

Gründung und Pax Romana

> **❓ WUSSTEN SIE SCHON …?**
>
> ▪ Es bestehen Zweifel, ob die hl. Eulàlia tatsächlich gelebt hat. Barcelona hätte wohl einen männlichen Schutzpatron vorgezogen. Dafür stand aber nur der hl. Cugat zur Auswahl, und der stammte aus Afrika und war vermutlich ein Schwarzer.

Mit dem Einfall germanischer Stämme ab 409 endete die römische Herrschaft auf der Iberischen Halbinsel. Im Jahr 415 eroberten die christianisierten **Westgoten** Barcelona und machten den Ort vorübergehend zu ihrer Hauptstadt.

Zeit der Völkerwanderung

Grafschaft Barcelona

Von den Eroberungszügen der Mauren, die ab 711 fast die gesamte Iberische Halbinsel überrannten, blieb auch Barcelona nicht verschont. 716 nahmen die Mauren die Stadt ein und nannten sie **Bard-**

Mauren- und Frankenzeit

← Das Kastell auf dem Montjuïc wurde von der Barceloneser Bevölkerung in der Vergangenheit oft als Bedrohung empfunden.

schaluna. Fast ein Jahrhundert lang befand sich die Stadt unter arabischer Herrschaft, bis Ludwig der Fromme im Jahr 801 Barcelona eroberte und es zur Hauptstadt der 778 von Karl dem Großen gegründeten **Spanischen Mark** machte, des Pufferstaates zwischen den Arabern im Süden und den Franken bzw. dem christlichen Europa im Norden.

Unabhängigkeit Kataloniens

Im Lauf der Zeit schwand die Macht der Franken in der Spanischen Mark. So gelang es dem Grafen, **Guifré el Pelós** (Wilfried der Haarige), im Jahr 878 die Dynastie der Grafschaft Barcelona ins Leben zu rufen. Guifré starb 897 im Kampf gegen die Mauren, doch die Dynastie der Grafen von Barcelona hatte noch ein halbes Jahrtausend Bestand. 985 eroberte Almansur, Großwesir des Kalifen Hischam II. und genannt der »Siegreiche«, Barcelona, doch bereits drei Jahre später konnte die Stadt ohne fränkische Hilfe von den Mauren befreit werden. **Graf Borell II.** proklamierte daraufhin 988 die Unabhängigkeit der Grafschaft Catalunya. In der Folgezeit bekämpften die katalanischen Grafen die Mauren, erweiterten ihr Herrschaftsgebiet bis südlich von Tarragona und durch Heirat sogar bis in die Provence.

Groß- und Seemacht

Vereinigung mit Aragón

Ein wichtiger Schritt zur weiteren Entwicklung der Stadt erfolgte im Jahr 1137, als die Grafschaft von Barcelona, die sich in etwa mit dem heutigen Katalonien deckte, durch die Ehe von Ramón Berenguer IV. mit der aragonesischen Infantin Petronella mit **Aragón** vereint wurde. Bis ins 15. Jh. bildeten Katalonien und Aragón ein gemeinsames Königreich, jedes Land aber behielt seine eigene Verwaltung. Doch die Union bot dem bevölkerungsreicheren und wohlhabenderen Katalonien die Möglichkeit, sein Handelsimperium weiter auszudehnen – für die Katalanen begann ein goldenes Zeitalter.

Goldenes Zeitalter

Nicht nur der Seehandel wurde intensiviert, für Barcelona, das sich zum Königssitz aufschwang, galt es auch, die neuen Seewege zu sichern bzw. seine Macht im wirtschaftlichen Wettstreit mit den italienischen Handelsmetropolen Venedig und Genua zu vergrößern und zu festigen. 1229 wurde Mallorca erobert, 1238 Valencia, 1282 Sizilien, 1287 Menorca und 1323 Sardinien. Zu dieser Zeit, als Barcelona das westliche Mittelmeer beherrschte und die **bedeutendste Stadt Spaniens** war, entstanden die größte weltweit erhaltene mittelalterliche Schiffswerft, die Drassanes, sowie die gotische Kathedrale, die Kirche Santa Maria del Mar, der Palau de la Generalitat, der Palau del Rei und die Börse La Llotja. Die Bevölkerungszahl wuchs, Betriebe wurden gegründet, Handel und Bankwesen florierten. Auch die Kunst am Hofe blühte, vor allem die katalanische Literatur – ab 1395 fand in Barcelona alljährlich ein Dichterwettbewerb, die Jocs Florals,

Plaça del Rei – im Mittelalter das politische Zentrum Kataloniens

statt. 1289 wurde das Parlament, die **Corts Catalanes**, gegründet, eine für die damalige Zeit fast revolutionäre Ständevertretung, bestehend aus Vertretern des Adels, des Klerus und des Bürgertums; 1359 konstituierte man die Generalitat, die noch heute als Landesregierung fungiert. Ins Leben gerufen wurde auch der **Consell de Cent** (Rat der Hundert), der im Rathaus an der heutigen Plaça Sant Jaume residierte. Tiefpunkte erlebte Barcelona in der zweiten Hälfte des 14. Jh.s, als mehrmals die Pest wütete und 1391 ein Pogrom das Judenviertel El Call auslöschte (Baedeker Special, S. 154)

Teil des kastilischen Imperiums

Zu Beginn des 15. Jh.s setzte der politische Machtverfall von Barcelona ein. Mit dem Tod von König Martí I. dem Humanen 1410 endete die Dynastie des Hauses von Barcelona im Königreich Aragón-Katalonien; dominierend war nun das aragonische Haus Trastámara, womit katalanische Interessen in den Hintergrund traten. Im Jahr 1469 führte die Heirat von König Ferdinand von Aragón und Isabella von Kastilien zur **Vereinigung der beiden bisher miteinander rivalisierenden Königreiche**. Als 1492 Kolumbus die Küsten Amerikas erreichte, verlagerte sich der Seehandel vom Mittelmeer an den Atlantik nach Sevilla und Cádiz. Während Kastilien binnen kurzer Zeit zur Weltmacht aufstieg, erlebte Aragón-Katalonien, von der Eroberung der Neuen Welt und vom Überseehandel ausgeschlossen, einen wirtschaftlichen und politischen Niedergang.

Niedergang

Kriege mit Kastilien

Im 17. Jh. erholte Katalonien sich wirtschaftlich allmählich wieder, und schon bald forderte das seit 1516 in Kastilien regierende Haus der Habsburger die Katalanen auf, sich finanziell an ihrer Politik zu beteiligen. Als während des Dreißigjährigen Krieges (1618 – 1648), in dem Spanien Frankreich bekämpfte, der spanische König Philipp IV. in Katalonien Truppen gegen den feindlichen Nachbarn im Norden zwangsweise ausheben ließ und den Katalanen große Steuerlasten aufbürdete, erhob sich die katalanische Bevölkerung im **Guerra dels Segadors** mit französischer Unterstützung gegen die Zentralgewalt in Madrid. Der »Krieg der Schnitter«, aus dem die Nationalhymne »Els Segadors« stammt, scheiterte jedoch an der Übermacht des kastilischen Militärs. Im **Spanischen Erbfolgekrieg** (1701 – 1714) erlebte Katalonien eine zweite Konfrontation mit Madrid.

Nach dem Tod Karls II., des letzten spanischen Habsburgers, im Jahr 1700 kämpften die mächtigsten europäischen Königshäuser, die französischen Bourbonen und die österreichischen Habsburger, um die spanische Krone. Zuerst unterstützten die Katalanen den Bourbonen Philipp von Anjou, dann aber sympathisierten sie mit dem späteren Verlierer, dem Habsburger Erzherzog Karl von Österreich, von dem sie sich mehr Chancen auf die Wiederherstellung ihrer nationalen Eigenständigkeit erhofften. Der Sieger, Philipp von Anjou, nun König Felipe V. von Spanien, ließ daraufhin Barcelona belagern, das schließlich am **11. September 1714** fiel (heute ist der 11. September katalanischer Nationalfeiertag). Um die widersetzliche Bevölkerung von Barcelona niederzuhalten, wurde beim Hafen eine starke Zitadelle errichtet. Darüber hinaus hob Felipe V. die bis dahin geltenden katalanischen Sonderrechte (Usatges) auf, ließ alle politischen Institutionen der Region schließen und verbot die katalanische Sprache. Mit diesem Racheakt des Bourbonen verlor Katalonien völlig seine Souveränität gegenüber der spanischen Krone. Dennoch setzte schon bald ein erneuter wirtschaftlicher Aufschwung ein.

Katalanische Renaissance

Während Spanien von den Steuereinkünften seiner Kolonien lebte, wurde das zur spanischen Provinz degradierte Katalonien, das erst ab 1778 endlich mit Amerika uneingeschränkt Handel treiben durfte, innerhalb eines Jahrhunderts das reichste und am meisten industrialisierte Gebiet der Iberischen Halbinsel, der Vorreiter der industriellen Revolution in Spanien. Und Barcelona war **die erste Industriestadt Spaniens**, denn bereits 1741 eröffnete die erste Textilfabrik in der katalanischen Hauptstadt. Der Wirtschaftsaufschwung fand vorübergehend ein Ende, als 1808 **Napoleon** Bonaparte mit einem Heer in Spanien einfiel und versuchte, das Land unter seine Herrschaft zu zwingen. 1808 musste das belagerte Barcelona kapitulieren. Letztlich scheiterte Napoleon am erbitterten Widerstandswillen des spanischen Volkes, dem es 1813 gelang, den Feind mit englischer Hilfe aus dem Land zu jagen. Im Lauf des 19. Jh.s erlebte Katalonien erneut einen wirtschaftlichen Aufschwung, in den Jahren dazwischen feierte der **Modernisme**, die katalanische Variante des Jugendstils, Trium-

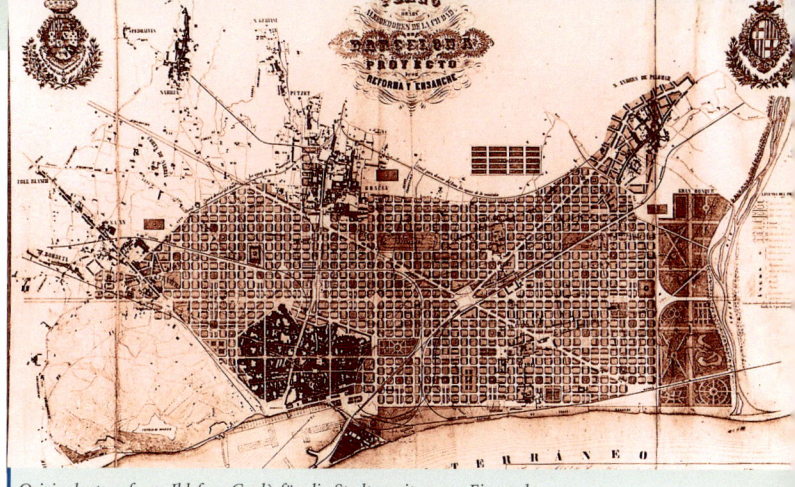

Originalentwurf von Ildefons Cerdà für die Stadterweiterung »Eixample«

phe. **1848 wurde die erste Bahnlinie Spaniens eröffnet** – von Barcelona ins nördlich gelegene Mataró. Ab 1859 entstand nach Plänen des Bauingenieurs Ildefons Cerdà die Stadterweiterung **Eixample**, ein weit ausgedehnter, vom Modernisme geprägter Stadtteil nördlich der Altstadt. 1888 stellte die Stadt ihren erworbenen Reichtum in einer großen Ausstellung im Parc de la Ciutadella erstmals öffentlich zur Schau; 1929 wurde eine zweite Weltausstellung auf dem Montjuïc abgehalten. Mit dem ökonomischen Aufschwung erstarkte der katalanische Nationalismus. Die Autonomiebewegung und der industrielle Reichtum führten zur Renaixença, zu einer Rückbesinnung auf die eigene Geschichte und Kultur. 1859 wurde der mittelalterliche Dichterwettbewerb Jocs Florals wieder eingeführt. 1906 hielt man in Barcelona den ersten Kongress für die katalanische Sprache ab; eines seiner Hauptziele war die Standardisierung des Katalanischen, das seit dem 17. / 18. Jh. faktisch nur als gesprochene Sprache existiert hatte. Die Gründung des Institut d'Estudis Catalans (Institut für katalanische Studien) 1907 war schließlich ein Indiz für die wachsende Bedeutung der katalanischen Sprache, die nun auch von den offiziellen Stellen zunehmend geduldet wurde.

20. Jahrhundert

Im beginnenden 20. Jh. spitzten sich in Spanien die sozialen, wirtschaftlichen und politischen Probleme dramatisch zu. Auch in Katalonien setzte eine politische und wirtschaftliche Krise ein. Nachdem Frankreich und Spanien ihre Einflusssphären in Nordafrika gegeneinander abgegrenzt hatten (1904), führte die spanische Krone mehre-

Kolonialkrieg, Militärdiktatur, Zweite Republik

re Feldzüge gegen Marokko. Die Zwangsrekrutierungen hierfür lösten 1909 in Barcelona – der europäischen Hochburg der Gewerkschaften (sindicatos) sowie sozialistischer und anarchistischer Arbeiterbewegungen – heftige Proteste der Arbeiterschaft aus, die von der Staatsmacht blutig niedergeschlagen wurden. Bei den gewalttätigen Auseinandersetzungen während der **Setmana Tràgica** (Tragische Woche) starben über 100 Menschen. 1914 proklamierte Katalonien die Mancomunitat, eine Regionalregierung, und versuchte damit einen ersten Schritt auf dem Weg zur Autonomie. Die von König Alfons XIII. geduldete Militärdiktatur von Primo de Rivera (1923 – 1930) hob die Selbstverwaltung jedoch schnell wieder auf. 1931 musste Alfons XIII. auf die Krone verzichten, nachdem die Republikaner bei Gemeindewahlen gewonnen und die Zweite Republik ausgerufen hatten. Die liberal-fortschrittliche Verfassung sah u. a. eine **regionale Autonomie für Katalonien** vor, die 1932 in Kraft trat. Die katalanische Sprache wurde für den Amts- und Schulgebrauch zugelassen; zunehmend erschienen Presseerzeugnisse in Katalanisch. Ruhe fand die spanische Nation in der republikanischen Zeit allerdings nicht. Immer mehr radikalisierte sich das politische Spektrum, der Abstand zwischen linken und rechten Gruppierungen wurde immer größer. Als im Februar 1936 bei Neuwahlen zum spanischen Parlament die linke Volksfront (Frente Popular) mit knapper Mehrheit siegte, war es nur noch eine Frage der Zeit, wann das Pulverfass explodieren würde.

Bürgerkrieg Am 19. Juli 1936 sollte in Barcelona die **Volksolympiade** beginnen – als Antwort auf die zur gleichen Zeit in Berlin stattfindenden Olympischen Sommerspiele der Nazis. Doch dazu kam es nicht mehr. Am 18. Juli 1936 putschten rechte Militärs, darunter General Francisco Franco, der später den Oberbefehl über die aufständischen Truppen

Soldaten der Internationalen Brigaden während einer Kundgebung vor ihrem Einsatz gegen Francos Truppen

übernehmen sollte, gegen die rechtmäßig gewählte Regierung in Madrid. Dieses Ereignis löste den auf beiden Seiten grausam geführten dreijährigen Spanischen Bürgerkrieg aus. Dieser Krieg war nicht nur eine Auseinandersetzung zwischen republiktreuen Linken und aufständischen Rechten sowie ein Krieg der Ideologien, des Kommunismus gegen den Nationalsozialismus / Faschismus (der Sowjetherrscher Stalin unterstützte tatkräftig die Republik, Internationale Brigaden, bestehend u. a. aus Sozialisten, Kommunisten, Anarchisten, aus Intellektuellen und Schriftstellern, kämpften auf Seiten der Republikaner mit, während Francos Einheiten auf Truppenkontingente aus Hitler-Deutschland und Mussolinis Italien angewiesen waren); denn unter den Republikanern kam es zu einer nicht minder blutig geführten **Auseinandersetzung zwischen Kommunisten und Anarchisten**. Vor allem Barcelona erlebte 1937 schwere Kämpfe (►Baedeker Special, S. 30). Den Kampf zwischen Kommunisten und Anarchisten konnten schließlich die Kommunisten mit Hilfe des sowjetischen Geheimdienstes für sich entscheiden.

Katalonien blieb bis zum Ende des Bürgerkrieges republiktreu, **Barcelona war von 1937 bis 1939 sogar Sitz der Volksfrontregierung**. Bevor am 26. Januar 1939 die siegreichen Truppen von General Franco in die Stadt einmarschierten, flohen Tausende Katalanen in Richtung Norden, um in Frankreich Asyl zu suchen.

Nach seinem Sieg über die Republikaner etablierte General Franco ein 36 Jahre währendes autoritäres Regime, das jede Art von Regionalismus brutal niederschlug. So wurde das katalanische Autonomiestatut ausgesetzt, und systematisch unterdrückte der Diktator die katalanische Kultur und Sprache. Die Katalanen aber ließen sich von der Diktatur nicht kleinkriegen. Ende der 1950er-Jahre begannen einige Intellektuelle und Künstler in Barcelona das katalanische Nationalbewusstsein zu reaktivieren, schließlich sammelten sich in der **katalanischen Protestbewegung** Kritiker des franquistischen Regimes. Sie bildeten keine Geheimorganisation, sondern übten nur leisen Protest im Alltag. Formulare wurden auf Katalanisch ausgefüllt, man summte in Gegenwart Madrider Abgeordneter katalanische Lieder oder fragte den Polizisten auf Katalanisch nach dem Weg. Staatliche Repressionen wie die Zensur von katalanischen Liedertexten, in denen das Regime angegriffen wurde, konnten nicht viel ausrichten. Der Schwarzmarkt mit den Widerstandsliedern florierte, schließlich ergriffen auch der niedere Klerus und einflussreiche Wirtschaftskreise Partei für die Forderungen der Katalanen nach mehr Autonomie.

Franco-Diktatur

Erst nach dem Tod des greisen Diktator Francisco Franco 1975 fand das Land mit Einführung der Demokratie zu einem föderativen System. Nachdem eine Million Katalanen auf die Straße gegangen waren, um ihre alten Rechte zurückzufordern, erhielt Katalonien, wie das Baskenland, 1979 ein **Autonomiestatut**, welches eine begrenzte Selbstverwaltung ermöglichte. Seither ist Català wieder Amts- und

Demokratie

◄ weiter auf S. 33

Barcelonesen unterrichten sich an Zeitungskiosken über den Ausbruch des Bürgerkrieges.

BARCELONA IM BÜRGERKRIEG

Francos Putsch, der den Spanischen Bürgerkrieg (1936–1939) auslöste, hatte in Barcelona keine Aussicht auf Erfolg. Doch dann herrschten Anarchie und Bürgerkrieg auch in der katalanischen Metropole selbst, und die Stadt wurde Opfer des Bombenterrors aus der Luft. Churchill äußerte seinen Respekt vor der tapferen Bevölkerung Barcelonas.

Am 19. Juli 1936, an einem Sonntag, sollte die **alternative Olympiade in Barcelona** eröffnet werden. Die Olympischen Spiele in der katalanischen Hauptstadt waren die Antwort der europäischen Linken auf die Olympiade, die kurz zuvor in Berlin stattgefunden hatte und die nach Meinung vieler junger Liberaler und Sozialisten Hitler und der Nazidiktatur in Deutschland nur als Propagandamittel diente. So waren Hunderte von Sportlern aus aller Welt nach Barcelona gekommen, um sich im Geist der Freiheit zu sportlichen Wettkämpfen zu versammeln.

Putsch gescheitert

Einen Tag vor dem Eröffnungstermin für die Olympiade in Barcelona, am 18. Juli 1936, brach der Spanische Bürgerkrieg aus. Der überwiegende Teil des spanischen Militärs putschte auf Seiten General Francos gegen die rechtmäßig gewählte Volksfront-Regierung in Madrid. In vielen Teilen der spanischen Republik übernahmen Aufständische die Kontrolle, in einigen Städten aber, wie in Madrid und Bilbao, scheiterten die Militäreinheiten am Verteidigungswillen der Bevölkerung. Auch in Barcelona, der zweiten Metropole Spaniens, konnte Francos Putsch schnell im Keim erstickt werden. In der Nacht vom 18. auf den 19. Juli waren 12 000 Soldaten konzentrisch auf die Stadtmitte vorgerückt; die Offiziere hatten ihren Männern vorgelogen, sie zögen zum Schutz der Republik aus. Die CNT – **Barcelona war die Hochburg der Anarchisten und ihres Gewerkschaftsbundes CNT**; die allein in der katalanischen Hauptstadt über 350 000 Mitglieder verfügte – wartete nicht, bis ihr die Regierung den Befehl zur Bewaffnung gab. Als sich die Nachricht von einem Militärputsch verbreitete, öffneten die Gewerkschafter ihre geheimen Waffenlager und errichteten Barrikaden. Nach stundenlangen Kämpfen mussten sich die Aufständischen am Abend des 19. Juli schließlich geschlagen geben. Die für die Armeeverschwörung verantwortlichen Offiziere wurden später nach einem Kriegsgerichtsverfahren im Castell de Montjuïc standrechtlich erschossen.

Anarchie

Doch nun rissen die Anarchisten die Macht in der Stadt an sich. Vom ersten Tag an versuchten sie ihre Utopie von der klassenlosen Gesellschaft in die Tat umzusetzen. In der einst lässigen Handelsmetropole herrschte daraufhin ein düsteres proletarisches Regiment. Bewaffnete Milizionäre in Arbeitskleidung kontrollierten die Straßen. Restaurants, Luxushotels und Theater wurden geschlossen, ihre Besitzer vertrieben oder erschossen. Die Regierung der mit weitreichender Autonomie ausgestatteten Region Katalonien legte der Bevölkerung nahe, keine bürgerliche Kleidung, vor allem keine Hüte mehr zu tragen. Am schlimmsten aber traf der Terror die Kirche, die die Anarchisten als gefährlichsten Feind der sozialen Gerechtigkeit betrachteten. Geistliche wurden ermordet, Kirchen geplündert oder in Brand gesteckt. In Barcelona blieb nur die Kathedrale verschont.

Bürgerkrieg im Bürgerkrieg

In Spanien herrschte zu dieser Zeit nicht nur der Bürgerkrieg zwischen der rechtmäßigen Republik und dem aufständischen Militär unter Franco, im Lager der Republik fand noch ein weiterer Bürgerkrieg statt: **Rot gegen Rot** – der Kampf der von Moskau gelenkten Kommunisten gegen Anarchisten, Trotzkisten und Linksrevolutionäre jeglicher Couleur. Zum Ausbruch dieses Bürgerkriegs kam es im Mai 1937 in Barcelona, als die katalanische Regionalregierung ein Polizeikommando losschickte, um das Haupttelefonamt der Stadt zu besetzen, das von den Anarchisten kontrolliert wurde, die hier ungeniert die Gespräche der Regierung abhörten. Die Polizisten wurden mit MG-Feuer begrüßt. Die nun einsetzenden Kämpfe zwischen Anarchisten einerseits sowie Kampfeinheiten von Kommunisten, Sozialisten, bürgerlichen Republikanern, Zentralregierung und Regionalregierung andererseits waren blutiger als diejenigen im Juli 1936 gegen das putschende Militär. Nach vier Tagen mussten sich die Anarchisten ergeben. Mit deren Niederlage, die auch ihr Ende als politische Kraft bedeutete, gewannen die Kommunisten immer mehr die Oberhand im republikanischen Spanien. Bereits im Juni 1937 begann die Jagd auf alle, die im Verdacht standen, Feinde der Komintern, der Kommunistischen Internationale, zu sein. Auch in Barcelona verschwanden Tausende in den Folterkellern der nun tonangebenden sowjetischen Geheimpolizei **NKWD**.

Ein Milizionär bereitet sich auf den Kampf vor.

Sogar Mitglieder der Internationalen Brigaden, die für die Republik auf den Schlachtfeldern kämpften, fielen dieser Hexenjagd zum Opfer. Für **Willy Brandt**, den späteren deutschen Bundeskanzler, den die Exilleitung der Sozialistischen Arbeiterpartei (SAP), einer linken Absplitterung der SPD, als Beobachter nach Barcelona geschickt hatte, war diese Säuberungswelle ein Schlüsselerlebnis: Als er Spanien wieder verließ, war er ein erbitterter Gegner der Kommunisten. Nach außen hin aber gab die spanische Republik ein akzeptables Bild ab, die Autorität hatte sich ja wieder durchgesetzt. Im November 1937 wurde der **Regierungssitz der Republik** nach Barcelona verlegt.

Gefahr aus der Luft und Zusammenbruch der Front

Bis zum Kriegsende blieb die Front weit von Barcelona entfernt, doch auch die katalanische Hauptstadt war dem Kriegsterror ausgesetzt. Zwei Jahre lang erlebte die republikanische Wirtschaftsmetropole einen Luftkrieg, in dem die Flugzeuge von Francos Verbündeten – Hitler und Mussolini – schwere Bombenangriffe flogen. Vor allem im März 1938 und im Herbst desselben Jahres versanken **weite Teile der Stadt in Schutt und Asche**, insbesondere das Arbeiter- und Anarchistenviertel El Raval stand unter Be-

schuss. Ende 1938 ging Franco zum Großangriff auf das noch republikanisch regierte Katalonien über. Die republikanische Front brach zusammen, eine Verteidigung Barcelonas kam nicht mehr in Betracht. Am 15. November 1938 waren hier noch die letzten Kämpfer der Internationalen Brigaden, darunter viele Deutsche, auf der Diagonal feierlich verabschiedet worden; jetzt gaben auch die in Barcelona gebliebenen Kampfwilligen die Hoffnung auf, Tausende verließen die Stadt und flüchteten in Richtung Frankreich. Am 26. Januar 1939 zogen die Truppen Francos kampflos in die katalanische Hauptstadt ein. Bereits am 21. Februar hielt der spätere Diktator auf der Diagonal eine triumphale Parade ab, an der wieder Deutsche teilnahmen: Einheiten der Legion Condor, die das aufständische Militär unterstützt hatte. Seit dem Fall Barcelonas gab es keinen organisierten Widerstand mehr, am 1. April 1939 hatte Franco den Spanischen Bürgerkrieg für sich entschieden.

Tapferes Barcelona

Als der englische **Premier Churchill** den Einwohnern Londons 1940 nach deutschen Luftangriffen Mut zusprechen wollte, erinnerte er sie an »die tapfere Bevölkerung Barcelonas«, die zwei Jahre lang den Bombardements aus der Luft widerstanden hatte.

Unterrichtssprache, und die Landesregierung, die Generalitat, vertritt die Interessen der katalanischen Bürger. Die ersten Wahlen zum katalanischen Regionalparlament im Jahr 1980 gewann die konservative Convergencia i Unio (CiU) unter Jordi Pujol, der bis ins 21. Jh. hinein Präsident der Generalitat de Catalunya blieb. Erster Barceloneser Bürgermeister in der Demokratie aber wurde Narcís Serra, ein politisch Linker, ihm folgte 1982 der Sozialist Pasqual Maragall, seit 2003 Präsident der Generalitat. Nachfolger von Maragall im Bürgermeisteramt ist seit 1997 Joan Clos von der sozialistischen PSC.

Noch im Jahr seiner Wahl verkündete Pasqual Maragall die Order: »Posa´t guapa«, **»Mach dich schön!«** Und Barcelona machte sich schön, insbesondere nachdem man 1986 den Zuschlag für die Olympischen Sommerspiele 1992 bekommen hatte. Renommierte Designer und berühmte Architekten aus aller Welt gingen ans Werk. Sie ließen alte Bausubstanz restaurieren, vor allem im Raval, und sie entwarfen und schufen Aufsehen erregende neue Bauten, darunter den Fernsehturm auf dem Tibidabo und den Flughafen. Sie sorgten auch dafür, dass Barcelona sich wieder seinem Meer zuwandte. Hässliche Fabriken und Lagerhallen verschwanden, und statt dessen entstanden wunderschöne Sandstrände und Hafenviertel, die zum Flanieren und Ausgehen einladen.

Städtebauliche Umgestaltung

21. Jahrhundert

Im Jahr 2002 feierte Barcelona das **Gaudí-Jahr**, den 150. Geburtstag des berühmten katalanischen Architekten. Zwei Jahre später fand unter der Schirmherrschaft der Unesco das **Weltforum der Kulturen 2004** statt; fünf Monate lang tauschten sich Bürger und Vertreter sozialer, religiöser, kultureller und öffentlicher Einrichtungen aus aller Welt über Themen wie Kriege, Umweltverschmutzung und Globalisierung aus.
Zwar platzt das zwischen Meer und Bergen eingezwängte Barcelona aus allen Nähten, doch von einem Ende der Bauwut ist hier nichts zu spüren. Seit der Olympiade 1992 gilt Barcelona auf dem Gebiet der innovativen städtischen Architektur als international wegweisend, wie es im Jahr 2002 auf der Biennale von Venedig anerkennend hieß, und diesem Ruf will man weiterhin gerecht werden. Schon ist das nächste Großprojekt realisiert: Aus dem ehemaligem Industriegebiet im Poblenou, zwischen olympischem Dorf, Küste und dem Fluss Besòs, ist unter dem Signet **@22** eine komplett neue Stadt mit Wohnblocks, Einkaufs- und Freizeitzentren, Kongresshallen und Parks entstanden, die IT-, Medien und High-Tech-Industrie angelockt hat.

Veranstaltungen und neue Projekte

Kunst und Kultur

Von welchen Baustilen ist die katalanische Hauptstadt geprägt? Wie ist das Verhältnis von Katalanisch und Spanisch? Welche Rolle spielt die Literatur in Barcelona? Wird Kataloniens Metropole zur ersten stierkampffreien Stadt Spaniens?

Kunstgeschichte

In den zweitausend Jahren seiner wechselvollen Geschichte wurde Barcelona durch sehr unterschiedliche Kulturen geprägt. Die das Stadtbild beherrschenden Baustile stammen vor allem aus der **Gotik** und dem **Modernisme**, aus Zeiten also, als die katalanische Metropole eine wirtschaftliche Macht darstellte.

Vorherrschende Baustile

In römischer Zeit war Barcelona, anders als das südlich gelegene Tarragona, ein recht unbedeutender Ort, weshalb auch keine eindrucksvollen Reste aus seinen ersten Jahrhunderten existieren. Im Barri Gòtic, wo einst das römische Barcino gegründet wurde, sind Relikte der Stadtmauer aus jener Zeit zu entdecken; im Hof des Hauses Carrer del Paradis 10, das etwas versteckt in einer Biegung zwischen der Kathedrale und der Plaça Sant Jaume liegt, stehen noch drei Säulen des Augustus-Tempels. Interessant ist das **Ausgrabungsfeld** unter dem ► Museu d'Història de la Ciutat mit Fundamenten von Wohnhäusern – weniger aus ästhetischen Gründen, als vielmehr, weil es einen guten Eindruck der römischen Gebrauchsarchitektur vermittelt.

Römische Kunst

Die Westgoten, Mauren und Franken, die nacheinander in Barcelona herrschten, hinterließen architektonisch keine sichtbaren Spuren.

Frühes Mittelalter

Neben dem Modernisme ist die Romanik der bedeutendste Architekturstil Kataloniens. Über 2000 romanische Bauwerke gibt es innerhalb der katalanischen Grenzen, darunter Burgen, Paläste und vor allem Kirchen. In Barcelona jedoch ist nur die Kirche **Sant Pau del Camp** ein Beispiel romanischer Architektur. Dafür befinden sich die meisten imposanten Werke **romanischer Wandmalerei** aus dem 11. und 12. Jh. nicht in den Kirchen auf dem Land, wo sie entstanden, sondern im ► Museu Nacional d'Art de Catalunya im Palau Nacional auf dem Montjuïc.

Romanik

Fehlt es an Zeugnissen romanischer Baukunst in der katalanischen Metropole, so weist Barcelonas Barri Gòtic dafür den in Spanien wohl **dichtesten Bestand an gotischen Gebäuden** (13. – 15. Jh.) auf; und diese Bauten, die Barcelonas damalige politische Macht und wirtschaftliche Blütezeit symbolisieren, zählen zu den am besten erhaltenen in ganz Europa. Alle Gebäudetypen sind vertreten: Kirchen (darunter die **Kathedrale**), Klöster mit wunderschönen Kreuzgängen und Rathäuser mit prunkvollen Sälen (**Saló de Tinell**), Stadtpaläste, Regierungsgebäude (**Casa de la Ciutat**, **Palau de la Generalitat**) und Handwerkshäuser. Auch im benachbarten Viertel La Ribera stößt man auf schöne gotische Bauten, auf Adelspaläste, die Börse (**La Llot-**

Gotik

ja) und die Kirche **Santa Maria del Mar**, die zu den gotischen Glanzpunkten der Stadt zählt. Am Hafen stammen die **Drassanes Reials** (Königliche Werften) aus gotischer Zeit (heute Museu Marítim), und das Klarissinnenkloster **Monestir de Pedralbes** außerhalb des Stadtkerns ist ebenfalls ein gotischer Bau.

Die bildende Kunst der Gotik war wesentlich durch französische, später italienische und im 15. Jh. auch niederländische Maler geprägt. Die **Malschule von Barcelona**, die sich im 15. Jh. unter niederländischer Einwirkung entwickelte, ließ in den Werken von Luis Dalmau, Bartolomeo Vermejo und Jaime Huguet aber schon deutlich eigenständige Merkmale erkennen. Sie sind gekennzeichnet durch einen ausgeprägten Realismus und prächtige Details.

Renaissance, Barock, Klassizismus

Zur Zeit der Renaissance, des Barocks und des Klassizismus entstanden in Barcelona nur wenige nennenswerte kulturelle Zeugnisse. Zu sehr war man damit beschäftigt, sich gegen die spanische Zentralgewalt zu behaupten; weder wirtschaftlich noch kulturell war die Stadt (und Katalonien überhaupt) in dieser Zeit besonders produktiv. Aus der Renaissance sind die Fassade des **Palau de la Generalitat** und der **Palau del Lloctinent**, aus dem Barock stammt die **Església de Betlem** an den Rambles und aus dem Klassizismus der **Palau de la Virreina**.

Modernisme

Mit dem durch die Industrialisierung eingeleiteten wirtschaftlichen Wiederaufschwung in der zweiten Hälfte des 19. Jh.s besann sich Katalonien auf seine eigene kulturelle Identität, und die Region erholte sich auch künstlerisch wieder. Ab den 1880er-Jahren entwickelte sich der Modernisme (► Baedeker Special, S. 168), **der katalanische Jugendstil. Diese erste eigenständige katalanische Kunstrichtung** vor allem im Barceloneser Stadtteil **Eixample** wurde gegen 1885 realisiert. Die neue Strömung begann zunächst mit der Wiederentdeckung der katalanischen Romanik durch den Architekten Elies Rogent (Universidad de Barcelona, Restaurierung des Klosters Ripoll) und Pere Falqués (Triumphbogen, Straßenlaternen am Passeig de Gràcia) und reichte bis zu den bekanntesten Vertretern des sich oft am dekorativen, spielerischen und skurrilen Detail erfreuenden Modernisme, vertreten durch die Architekten **Lluís Domènech i Montaner**, **Josep Puig i Cadafalch** und **Antoni Gaudí**. Zum Symbol dieser Richtung ist die 1882 begonnene, bis heute unvollendete Kathedrale Sagrada Familia in Barcelona mit ihren Höhlungen, ge-

Prachtvolle Glaskuppel des Palau de la Música

wölbten Balkonen, Rundungen, Lichtdurchlässen und ihrem verschnörkelten Dekor geworden, das unumstrittene Hauptwerk von Antoni Gaudí (►Berühmte Persönlichkeiten).

Pablo Picasso (1881–1973), der Begründer des Kubismus und wohl der bedeutendste Künstler des 20. Jh.s, darf in gewisser Weise zu den katalanischen Malern gezählt werden; denn seine ersten Akademiejahre verbrachte er in Barcelona, bevor er 1904 nach Paris ging. Sein Frühwerk war erkennbar u. a. von der Stadt und ihrer Umgebung beeinflusst, wie im Museu Picasso zu sehen ist. **Joan Miró** (►Berühmte Persönlichkeiten) lebte zwar für einige Zeit in Frankreich und schloss sich dem im Paris der 1920er-Jahre entstehenden Surrealismus an. Seine Kunst ist aber wie keine andere in der Stadt präsent, von der Wandmalerei am Flughafen bis hin zu einem bunten Mosaik auf den Rambles oder dem von ihm entworfenen Logo der Bank La Caixa. Die Kunst der jungen spanischen Avantgarde unter Führung von **Antoni Tàpies** (►Baedeker Special, S. 44) entwickelte eine radikal moderne Malerei, die auf beschreibende Bildmotive und kompositorische Regeln verzichtet. Tapiès verbindet die Freiheit, unterschiedlichste Stile zu vermischen, mit dem Bemühen, durch Verbindung verschiedener Materialien dramatische Effekte zu erzielen. Miró und Tàpies sind wie Picasso in Barcelona mit eigenen Museen vertreten.

20. Jahrhundert

Nachdem man 1986 den Zuschlag für die Olympischen Sommerspiele 1992 bekommen hatte, begann in Barcelona eine beispiellose Neugestaltung von Plätzen und Straßen, aber auch eine umfassende Erneuerung ganzer Stadtviertel. An der städtischen Umgestaltung, die auch im beginnenden 21. Jh. noch kein Ende gefunden hat, beteiligten sich renommierte Designer und **berühmte Architekten** aus Spanien und aller Welt. Der Spanier Santiago Calatrava schuf den Telekommunikationsturm neben dem Olympiastadion, der Japaner Arata Isozaki die Sporthalle Palau Jordí gleich nebenan, der Engländer Norman Foster den Fernsehturm auf dem Tibidabo, der Amerikaner Richard Meier das Museu d'Art Contemporani und der Barcelonese Ricardo Bofill das Teatre Nacional de Catalunya. Nach Plänen der Schweizer Herzog und De Meuron wurde das Fòrum 2004 erbaut, nach Plänen des Franzosen Jean Nouvel die 32-stöckige Torre Agbar (2001–2004) an der Avinguda Diagonal. Von Enrico Miralles stammen die Entwürfe für den Umbau des Mercat de Santa Catarina in der Altstadt und die Torre Mare Nostrum im Stadtteil Barceloneta.

Architektur und Design heute

Nicht zu übersehen für Barcelona-Besucher ist auch die **Vorliebe der Stadt für jegliches Design**. Vor allem in Kneipen, Diskotheken, Restaurants, Cafés, Nachtclubs und Geschäften haben sich in den letzten anderthalb Jahrzehnten hoch motivierte Designer frei entfalten können. Ihr bekanntester Vertreter **Javier Mariscal** machte sich auch in Deutschland einen Namen (►Baedeker Special, S. 44). Es gibt natürlich etliche Design-Läden in der Stadt und sogar Design-Schulen. Spätestens seit den 1990er-Jahren wechseln die Designtrends in rascher Folge. Typisch für die Stadt sind ebenso minimalistisch elitär anmutende Interieurs von Shops, Restaurants und Hotels im Eixample-Viertel, wie die wilderen Formen des Retro-, Anarcho- oder Antidesign in den Stadtvierteln Raval, Born und Grácia. Aber auch im Produkt-, Grafik-, Möbel und vor allem im Modedesign beweisen die Kreativen von Barcelona, dass die Mittelmeerstadt immer für eine Überraschung gut ist. ▶Baedeker Special Guide.

Sprache

Katalanisch

Das Autonomiestatut in Katalonien zeigt nicht nur politische, sondern auch sprachliche Auswirkungen. Während früher nur Spanisch bzw. Kastilisch als Amtssprache zugelassen war, dominiert heute in Katalonien die katalanische Sprache (katalan. català, span. catalán). Katalanisch ist neben dem Spanischen bzw. Kastilischen (español bzw. castellano), dem Galicischen (galic. galego, span. gallego) in

Mosaikechse im Parc Güell

Nordwestspanien und dem Baskischen (bask. euskara, span. vasco) im Baskenland **eine der vier Sprachen Spaniens** und neben Spanisch und Portugiesisch die wichtigste Sprache der Iberischen Halbinsel. Wie Spanisch, Portugiesisch und Galicisch zählt auch Katalanisch zu den romanischen Sprachen, ist also lateinischen Ursprungs. Katalanisch wird von rund 6 Mio. Menschen gesprochen, sein Verbreitungsgebiet reicht vom französischen Departement Pyrénées Orientales über das spanische Katalonien und Valencia bis hinunter nach Murcia, im Westen bis in die

Provinzen Huesca, Zaragoza und Teruel; auch die Balearen gehören zum katalanischen Sprachraum, und in Andorra ist Katalanisch Staatssprache. Seit dem 12. Jh. gibt es Zeugnisse der katalanischen Sprache, die mit dem Provenzalischen Frankreichs verwandt ist. Nach dem Bürgerkrieg (1936 – 1939) verbot der Diktator Franco den Gebrauch des Katalanischen, und dennoch ist diese Sprache außerhalb der Öffentlichkeit lebendig geblieben, im Familien- und Freundeskreis wurde weiterhin »català« gesprochen.

Català contra castellano

Heute ist **das 1990 vom Europäischen Parlament als europäische Sprache anerkannte Katalanisch** in Katalonien, auf den Balearen und in der Provinz Valencia neben Spanisch Amtssprache und beherrscht die regionalen Medien vom Funk bis hin zu den Zeitungen.

Auch auf Landkarten, Speisekarten und offiziellen Mitteilungen erscheint der Text oft nur auf Katalanisch. **Momentan scheint die katalanische Regierung ein einsprachiges Katalonien anzustreben.** Wer eine Beamtenlaufbahn einschlagen möchte, muss Katalanischkenntnisse besitzen; seit 2003 sind Geschäftsinhaber per Gesetz verpflichtet, Schilder nur auf Català zu schreiben, und Kunden müssen erst einmal in dieser Sprache bedient werden (König Kunde darf natürlich auch auf Spanisch antworten). Benachteiligt von der rigorosen Sprachpolitik sind die zahlreichen in Katalonien wohnhaften Nichtkatalanen (allein 40 % der Bevölkerung Barcelona ist nicht katalanisch), denen oft nichts anderes übrig bleibt, als an einem Katalanisch-Sprachkurs teilzunehmen, um im Arbeitsleben bestehen zu können. Von Ausländern wird allerdings nicht erwartet, dass sie sich auf Katalanisch ausdrücken, mit Spanischkenntnissen, falls vorhanden, kommen Touristen in Katalonien überall bestens zurecht.

Literatur

Die ersten bekannten Zeugnisse katalanischer Literatur stammen aus dem 12. Jahrhundert. Einen breiten Raum nehmen die Historienwerke und Chroniken ein; es existieren auch viele Übersetzungen aus der klassischen Antike und den wissenschaftlichen Werken des maurischen Kulturkreises. Dagegen treten die Genres der schönen Literatur weit in den Hintergrund. **Mittelalter**

Großen Einfluss auf die katalanische Literatur gewann die **höfische Troubadourdichtung** der Provence, die im 12. und 13. Jh. ihre Blütezeit erlebte. Viele provenzalische Wörter fanden damals Eingang ins Katalanische. Eine zentrale Gestalt für die katalanische Sprache und Kultur ist der auf Mallorca geborene Ramón Llull (latinisiert Raimundus Lullus; 1235 – 1316), ein Mann von umfassender Bildung. Unter Lullus, der seine für das Denken des gesamten Abendlandes bedeutenden Traktate, Romane und Gedichte außer in lateinischer und arabischer Sprache im Idiom seiner Heimat schrieb, erlebte das Katalanische als Kultursprache eine Blüte, zu der es sich bis heute nicht wieder aufschwingen konnte. An Lullus' Werk »Llibre de Cavalleria«, einen Leitfaden für ritterliche Lebensführung, knüpfte Joanot Martorell an, der den katalanischen Ritterroman zu hoher Vollendung führte (»Tirant lo Blanch«; um 1455).

Seit dem 15. Jh. orientierte sich die Pyrenäenhalbinsel auf Kastilien und die kastilische Sprache hin. Damit erlitt das Katalanische ein ähnliches Schicksal wie das vom Nordfranzösischen überflügelte Provenzalische, mit dem so vieles gemeinsam hat: Es behielt zwar seine Bedeutung als gesprochene Sprache, wurde aber als Schriftsprache und besonders **in der Literatur durch das Kastilische abgelöst.** Seit **Moderne Zeit**

1714 war es sogar durch Dekret des Königs Philipp V. vom offiziellen Gebrauch ausgeschlossen. Damit hatte man der originären katalanischen Literatur faktisch alle Verbreitungsmöglichkeiten genommen, und erst als man sich in der Romantik auf die einstige Bedeutung der eigenen Kultur rückbesann (**Renaixença** = Wiedergeburt), gab es auch für das Katalanische einen Neubeginn. Es fand Eingang in Intellektuellen- und Literatenkreise, erfuhr Unterstützung von Fördervereinen und wurde zum Gegenstand eingehender philologischer und linguistischer Forschung. Der Sprachkundler Maria Aguiló (1825 – 1897) verfasste ein erstes »Lexikon des klassischen Katalanisch«; Tomás Forteza (1838 – 1889) veröffentliche eine »Gramàtica Catalana«, und Joan Alcover gab vor 1906 das »Diccionari de la Llengua Catalana« heraus.

Die Literatur des 19. Jh.s widmete sich insbesondere Sujets aus dem bürgerlichen Milieu. Zu nennen sind vor allem Jacint Verdaguer i Santaló (1845 – 1902), ein bedeutender Epiker, Emili Vilanova (1840 bis 1905) Humorist und Lustspielautor, sowie Pere Corominas (1870 – 1939; Pseudonym: Enrique Mercader), der als politischer und philosophischer Schriftsteller sowie als Freiheitskämpfer im Spanischen Bürgerkrieg hervortrat. Seit das Katalanische nach dem Ende der fast 40-jährigen Franco-Diktatur im Jahr 1975 wieder als offizielle Amtssprache zugelassen ist, **boomte die katalanische Literatur wie nie zuvor**. Zu den herausragenden Vertretern der gegenwärtigen katalanischen Literatur zählen Mercè Rodoreda, Manuel Vázquez Montalbán (jeweils ▶Berühmte Persönlichkeiten), Enrique Vila-Matas, Carlos Ruiz Zafón (beide ▶Baedeker Special, S. 44), Alicia Giménez-Bartlett (geb. 1951), Juan Marsé (geb. 1933) und der 1943 geborene Eduardo Mendoza (▶Praktische Informationen, Literaturempfehlungen), von denen einige jedoch auf Spanisch schreiben.

Sitten und Bräuche

In Barcelona und Katalonien gibt es einige Festtagsbräuche und Tänze, die im übrigen Spanien nicht üblich sind.

Sardana Die Sardana ist ein typisch katalanischer **Reigentanz** im Dreiviertel- oder Sechsachteltakt. Bei diesem Tanz, dessen Musik auf Volksweisen des 16. und 17. Jh.s basiert, stellen sich die Tänzer im Kreis auf, fassen sich an den Händen und tanzen, langsam und bedächtig, eine bestimmte Schrittfolge im Kreis. Auch eine besondere Kapelle, die Cobla, gehört dazu; gebräuchliche Musikinstrumente sind Flöte, Schalmei, Trompete, Posaune, Trommel und Kontrabass. **Mittanzen darf jeder**, wobei die Schrittfolge ist jedoch ziemlich kompliziert. Die Sardana, ein **Symbol für den Gemeinschaftssinn der Katalanen** und unter Franco verboten, wird auf jedem Dorffest getanzt – aber auch in Barcelona selbst: auf dem Platz vor der Kathedrale im Juli sowie von

September bis November an Sonn- und Feiertagen um 12.00 Uhr; auf der Plaça Sant Jaume allsonntäglich um 18.30 Uhr; im Parc de la Ciutadella im Januar und Februar sonntags um 12.00 Uhr; im Parc de l'Espanya Industrial von Mitte April bis Ende September freitags um 19.30 Uhr; im Parc Joan Miró von Dezember bis März am zweiten und vierten Sonntag, im April, Oktober und November an jedem ersten und dritten Sonntag des Monats um 12.00 Uhr.

Eine folkloristische Spezialität der Stadt sind die **Gegants**, riesige Puppen in fürstlicher Gewandung, die an den hohen Festen, vor allem an Johanni (Mitte Juni), bei den Festzügen mitgeführt werden. Bei diesen Gelegenheiten kann man auch die **Castellers** bestaunen, Gruppen von festlich gekleideten Männern, die in akrobatischer Vollendung Menschentürme aufbauen. Wie die Sardanas symbolisieren auch die bis zu 10 m hohen Castellers den Gemeinschaftssinn der Katalanen. Den unteren Ring eines Menschenturms bilden die kräftigsten Männer einer Gruppe. Auf deren Schultern steigen die nächsten und so weiter. Zum Schluss klettert ein kleiner Junge hinauf; wenn er es schafft, auf der Spitze der Pyramide drei Sekunden lang aufrecht zu stehen, dann ist der Menschenturm gelungen. In der Regel bestehen die Castellers aus 6 Etagen, manche Gruppen schaffen aber durchaus 9 Ebenen. Höhepunkt vieler Feierlichkeiten

Festtagsbräuche

Bis zu 10 m hoch türmen sich die »Castellers«.

ist Correfoc, das Lauffeuer, das auf die Legende des hl. Georg zurückgeht. Dann streifen Gruppen – als Teufel, Drachen oder sonstige Horrorfiguren verkleidet – durch die Stadt, werfen mit Feuerwerkskörpern (hierbei als Zuschauer am besten in Deckung gehen!) und veranstalten einen Heidenlärm. Anschließend erscheint Sant Jordi, der Drachentöter, und macht dem Spuk ein Ende.

Im Jahr 2004 bekannte sich Barcelona, das über eine große Stierkampfarena (La Monumental) verfügt, als erste Großstadt in der Geschichte Spaniens zur **Abschaffung** des Stierkampfes.

Stierkampf

Im Sommer 2010 verabschiedete das Parlament von Katalonien ein Gesetz, das von 2012 an die »corrida de toros« in der Autonomen Gemeinschaft Kataloniens verbietet. Die Befürworter der Stierkämpfe sehen dagegen in dem Spektakel ein schützenswertes kulturelles Gut, das Teil der spanischen Identität sei. Genau das wirkt auf überzeugte Katalanen wie ein rotes Tuch.

Berühmte Persönlichkeiten

Ein Musiker, der für den Friedensnobelpreis nominiert wurde. Ein großartiger Architekt, der bei seinem Tod fast unerkannt geblieben wäre. Die berühmtesten Zeitgenossen der Stadt. Ein Autor, der neben Bestsellerkrimis auch Kochbücher schrieb.

Pau Casals (1876–1973)

Pau Casals war der größte Cellist seiner Zeit. Geboren wurde er im **Cellist** katalanischen Vendrell (Provinz Tarragona), 1887 begann er sein Musikstudium am Konservatorium von Barcelona. 1905 gründete er zusammen mit Alfred Cortot und Jacques Thibaud ein **Streichtrio**, das bald schon auf der ganzen Welt mit überragenden Interpretationen Erfolg hatte und über dreißig Jahre lang aktiv war. Seit 1919 leitete Casals in Barcelona ein eigenes Orchester; Konzertreisen führten ihn in alle Teile der Welt, wobei er der erste Cellist war, der ausschließlich als Solovirtuose auf Tournee ging; er trat auch als **Dirigent** und als **Komponist** vorwiegend geistlicher Musik hervor. Vor allem aber bemühte er sich um eine Neubelebung der Solowerke von Johann Sebastian Bach.

Während des Spanischen Bürgerkriegs (1936–1939) emigrierte der Künstler 1937 und lebte schließlich 45 Jahre lang im **Exil**. Sein erster Exilort war das Pyrenäendorf Prades, rund 25 km nördlich der spanisch-französischen Grenze. Gleichgesinnte Katalanen versuchten den Exilanten, der ein ausgesprochener Franco-Gegner war, sogar dazu zu bewegen, während des Bürgerkrieges die Führung der Generalitat, der katalanischen Regierung, zu übernehmen, weil deren Präsident von Franquisten hingerichtet worden war. Aber Casals lehnte ab. 1956 übersiedelte der Musiker nach Puerto Rico, woher seine Familie mütterlicherseits stammte. 1958 gab er vor der UNO in New York ein Konzert, das er zum Anlass nahm, für mehr Menschlichkeit auf der Welt und gegen einen drohenden Atomkrieg vor der Weltöffentlichkeit zu demonstrieren. Über Nacht galt nun der Cellist als Botschafter des Friedens und wurde sogar für den Friedensnobelpreis vorgeschlagen, gewann ihn jedoch nicht. Casals, in dritter Ehe mit einer 59 Jahre jüngeren Frau verheiratet, wurde 97 Jahre alt.

Antoni Gaudí (1852–1926)

Antoni Gaudí, in Reus (Provinz Tarragona) geboren, ist der mit Abstand berühmteste spanische Baumeister der jüngeren Vergangenheit und heute das **wichtigste kulturelle Aushängeschild von Barcelona und Katalonien**. Zu Lebzeiten wurde der geniale und besessene Architekt nur belächelt oder sogar verachtet. Als er 1926 in Barcelona starb, nachdem er von einer Straßenbahn angefahren worden war, wäre er fast unerkannt geblieben. Im Jahr 2002, anlässlich des 150. Geburtstages von Antoni Gaudí, feierte Barcelona das Gaudí-Jahr, um den Baumeister ins rechte Licht zu rücken und um auch »das schlechte Gewissen zu beruhigen«, wie der Direktor für die Veranstaltungen zu Gaudís 150. Geburtstag einmal sagte. Der Architekt lebte zu einer Zeit, als in ganz Europa der Historismus und insbeson- ◀ weiter auf S. 48

Vorzeige-architekt Barcelonas

← Der Künstler Joan Miró war ein disziplinierter Arbeiter und blieb trotz seines Weltruhms ein bescheidener Mensch.

*Antoni Tàpies ist einer der bedeutendsten
zeitgenösssischen Künstler.*

STARS AUS BARCELONA

**In vielen Bereichen hat Barcelona berühmte Zeitgenossen hervorgebracht: in
der bildenden Kunst, in der Architektur, im Design, in der Musik, in der
Literatur und nicht zuletzt in der Kochkunst.**

Der Künstler

Der 1923 in Barcelona geborene
Antoni Tàpies gehört zu den bedeutendsten bildenden Künstlern der
Moderne. Die Anfänge seines Schaf-
fens waren stark von den Vertretern
des Surrealismus beeinflusst, insbesondere von Joan Miró (▶Berühmte
Persönlichkeiten), dem er auch per-
sönlich nahe stand. Zu Beginn der
1950er-Jahre lernte Tàpies in Paris die
neu aufkommende Stilrichtung des
Tachismus (französ. tache = Fleck,
Farbfleck) kennen, eine Variante der
informellen Kunst, die vom Surrealismus in die totale Abstraktion führt.
Tàpies' Objekte – er arbeitet häufig
mit farbigem Mörtel, Keramik und
ähnlichen eher plastischen als malerischen Materialien – leben aus einer
stark verfremdeten Symbol- und Zei-
chensprache. Auch als Grafiker und
Illustrator ist Tàpies hervorgetreten.
Die Fundació Antoni Tàpies in Barcelona, die der Künstler zur Förderung der modernen Kunst einrichtete
(▶Sehenswertes von A bis Z), zeigt in
wechselnden Ausstellungen ausge-
wählte Werke aus ihrem reichen
Fundus.

Der Architekt

In Tokio, Paris und Metz, Houston
und Chicago, in Brüssel, Madrid,
Warschau, Luxemburg – überall in
der Welt setzt **Ricardo Bofill** (geb.
1939) architektonische Maßstäbe,
gleich ob es sich um Gebäude, wie
das Nationaltheater von Katalonien in
Barcelona und den Barceloneser Flughafen, oder ganze Städte, wie Anti-
gone in Südfrankreich, handelt. Bofill,
1939 in Barcelona geboren und an der
Architekturschule in Genf ausgebildet,
unterhält in Barcelona und Paris
Büros, denen Architekten, Ingenieure
und sogar Soziologen und Philoso-
phen angehören. Der katalanische
Stararchitekt errichtet zur Zeit in
Algerien im Auftrag der dortigen
Regierung eine ultramoderne Stadt
für 350 000 Menschen in einem praktisch unbewohnten Gebiet am Nord-
rand der Sahara 200 km südlich der
Hauptstadt Algier. In Barcelona hat er
2009 das Hotel Vela bzw. Hotel am
Hafen erbaut. Das komplett verglaste
5-Sterne-Haus mit seinen 26 Etagen
erinnert an ein großes Segel. Bofill
entwarf auch den Terminal 1 (2008)
des Flughafens Barcelona.

Die Sopranistin Montserrat Caballé war einige Jahre am Stadttheater von Bremen engagiert.

Die Primadonna

Montserrat Caballé, neben Maria Callas und Joan Sutherland eine der bedeutendsten Sopranistinnen der Zeit nach dem Zweiten Weltkrieg, gehört in Spanien zu den bekanntesten Persönlichkeiten des öffentlichen Lebens. Ihre erste musikalische Ausbildung erhielt die 1933 in Barcelona geborene Opernsängerin als Achtjährige am Konservatorium ihrer Geburtsstadt. Ihr Bühnendebüt hatte sie 1956 am Stadttheater von Basel, dem sie bis 1959 angehörte; von 1959 bis 1962 war sie am Stadttheater von Bremen engagiert. 1962 ging sie zurück nach Barcelona. Bis dahin hatte sich die perfekt Deutsch sprechende Sopranistin für eine Sängerin des deutschen Fachs gehalten, für eine Interpretin der Opern von Richard Wagner und Richard Straus. Nun aber begann sie, das italienische Repertoire für sich zu entdecken und sang Bellini, Verdi und Donizetti. Den **internationalen Durchbruch** erreichte die seit 1964 mit dem spanischen Tenor Barnabé Martí verheiratete Primadonna 1965, als sie in der New Yorker Carnegie Hall ohne große vorherige Probe Marilyn Horne in einer Konzertaufführung von Donizettis »Lucrezia Borgia« ersetzte. Seither hat Montserrat Caballé, die über eine wunderschöne und sehr vielseitige Stimme verfügt und die Gesangstechnik souverän beherrscht, in allen großen Opernhäusern und Konzerthallen der Welt gesungen. Doch die Sopranistin beschränkt sich nicht nur auf Opern. 1987 brachte sie mit ihrem Freund Freddy Mercury, dem inzwischen verstorbenen Sänger der Rockgruppe »Queen«, ein Album mit Duetten heraus; mit ihm eröffnete sie auch 1992 die Olympischen Sommerspiele von Barcelona. Die sehr sympathisch wirkende Sängerin ist mit internationalen Ehrungen überhäuft worden. U.a. erhielt sie mit der »Dona Isabel la Católica« den höchsten Titel der spanischen Regierung, und sie wurde zur Ehrenbotschafterin der Uno ernannt.

Die Autoren

Der 1948 in Barcelona geborene und heute dort auch lebende **Enrique Vila-Matas** gilt in Spanien und Lateinamerika als einer der wichtigsten Gegenwartsautoren; vor allem in Mexiko und Argentinien, wo man ihn als seelenverwandt versteht, erfreut er sich großer Beliebtheit. Vila-Matas hat seit 1973 zahlreiche Essays, Kurzgeschichten und Romane geschrieben, die in fünfzehn Sprachen übersetzt und mehrfach ausgezeichnet wurden. 2001 erhielt er den internationalen Literaturpreis Rómulo Gallegos. Vila-Matas ist kein einfacher Autor und auch nicht leicht einzuordnen. Er

Der Designer Javier Mariscal machte sich auch in Deutschland einen Namen.

schreibt oft zwischen den Gattungen, er hat einen Hang zum Antitext und zum Absurden, in seinen Werken verwischen sich die Grenzen zwischen Fiktion und Realität, zwischen Held und Antiheld, zwischen Betrachter und Betrachtetem. Obwohl Katalane, verfasst der eigensinnige Erzähler seine Werke auf Spanisch, denn in dieser Sprache, die nicht seine Muttersprache ist, glaubt Vila-Matas Ironie und Distanz besser ausdrücken zu können als im Katalanischen. Auch in deutscher Übersetzung sind einige Romane des immens belesenen Schriftstellers erschienen, darunter das – von literarischen Zitaten überbordende – Werk »Bartleby u. Co.« (2001), »Die merkwürdigen Zufälle des Lebens« (2002), »Paris hat kein Ende (2005) und »Doktor Pasavento« (2007; alle Verlag Nagel u. Kimche)«. Seine Leser müssen sich zuweilen, wie in den Erzählungen »Vorbildliche Selbstmorde« (1995), absurde Fragen stellen wie: Kann man sich bei seinem eigenen Selbstmord von einem Stellvertreter vertreten lassen?

Die Schriftstellerin **Alicia Giménez-Bartlett** (geb. 1951) zählt zu den erfolgreichsten spanischen Autorinnen der Gegenwart. Ihre Romanreihe mit der Barceloneser Polizeiinspektorin Petra Delicado (übersetzt auch ins Deutsche) wurde 1999 in Spanien in einer 13-teiligen TV-Serie verfilmt.

Für seinen Roman »Der Schatten des Windes« erhielt **Carlos Ruiz Zafón** (geb. 1964) in Spanien die Auszeichnung »Roman des Jahres 2002«. Der spannende Schmöker (wunderbar übersetzt von Peter Schwaar und erhältlich im Insel Verlag) spielt im grauen Barcelona der Zeit nach dem Bürgerkrieg und erzählt von der Suche eines jungen Mannes namens Daniel nach dem verschollenen Autor eines geheimnisvollen Buches. 2007 erschien bei Suhrkamp »Mit Carlos Ruiz Zafón durch Barcelona«. Zafón, der lange in Los Angeles arbeitete und jetzt wieder in der katalanischen Hauptstadt lebt, hat 2008 mit »Das Spiel des Engels« den zweiten der als Trilogie angelegten Romane zum »Friedhof der vergessenen Bücher« vorgelegt.

Der Designer

Zu den bekanntesten Entwürfen des derzeit wohl berühmtesten katalanischen Designers **Javier Mariscal** (geb. 1950) gehört Cobi, das Maskottchen der Olympischen Sommerspiele 1992 in Barcelona. Mariscal, 1950 in Valencia geboren, zog 1971 nach Barcelona und studierte hier Grafikdesign. 1989 gründete er mit anderen Grafikern in einer ehemaligen Lederfabrik in Barcelona das Studio Mariscal. Sein Studio arbeitet in so verschiedenen Bereichen wie Textil- und Möbelde-

Der Meisterkoch Ferran Adrià wird Jahr für Jahr mit großen Titeln gekürt.

sign, Inneneinrichtung sowie grafische Illustration. Mariscal publiziert auch in zahlreichen Illustrierten, und im Jahr 1979 entwarf er das Plakat BAR CEL ONA, das sich zum Wahrzeichen der Stadt entwickelte. Auch außerhalb Spaniens ist er erfolgreich. Ausstellungen von ihm gab es u.a. in Paris und auf der Documenta in Kassel (1987); er schuf das neue Logo der schwedischen Sozialdemokratischen Partei (1993) und kreierte ein Porzellan-Service für Firma Rosenthal (1994). Darüber hinaus gestaltete er Plakate, Broschüren, Dekorationen für Ausstellungen, Werbespots und Zeichentrickfilme. Auch Twipsy, das bunte Maskottchen der Expo 2000 in Hannover, ist ein Werk von ihm.

Der Koch

Restaurantkritiker Wolfram Siebeck nennt ihn den »genialsten, verrücktesten und originellsten Koch der westlichen Welt«: **Ferran Adrià** (geb. 1962), Küchenchef des seit 1997 mit drei Michelin-Sternen ausgezeichneten Restaurants El Bulli bei Roses, eines der drei Restaurants in Spanien, die drei Michelin-Sterne vorweisen können. 2007 wurde er als Künstler zur documenta nach Kassel eingeladen, das englische »Restaurant Magazine« kürte das El Bulli schon vier Mal zum besten Restaurant der Welt. Ferran Adrià, Sohn eines Stuckateurs

aus einem bescheidenen Vorstadtviertel von Barcelona, fand im Alter von 18 Jahren zur Kochkunst, als er während seines Betriebswirtschaftsstudiums in einem Restaurant als Tellerwäscher jobbte. Er bildete sich auf Reisen, besonders in Frankreich, autodidaktisch weiter und wurde bereits mit 22 Jahren Küchenchef in einem Edelrestaurant. Heute zählt der Katalane zu den innovativsten Köchen der Welt, bei dem sich Starköche aus aller Herren Länder gern Anregungen holen. Adriàs Ziel ist es, mit unerwarteten Geschmacks- und Temperaturkontrasten zu überraschen. Seine Menüs – 30 kleine Gänge – bestehen hauptsächlich aus Gelees, Pürees und Sorbets.

Der Koch nutzt dabei die Techniken der Medizin- und Lebensmitteltechnik für neue und ungewöhnliche Kreationen. In Barcelona, und zwar in Nähe der Boquería, einer der wohl bestbestückten Markthallen der Welt, unterhält der Künstler unter den Köchen eine **einem Labor ähnelnde Versuchsküche**, in der er während der Winterpause neue kulinarische Spezialitäten kreiert. 2012 will Adrià das El Bulli für zwei Jahre schließen und es in eine Stiftung überführen. Ab 2014 soll aus dem Restaurant eine Art Denkfabrik werden, in der Köche und Gastronomieexperten neue Produkte und Konzepte entwickeln.

dere die Neugotik in der Baukunst vorherrschten, und sein Ideal war die Wiederbelebung einer lichten, farbigen mediterranen Gotik. So

sind es auch gotische Formelemente, die in vielen seiner Werke dominant hervortreten. Seine eigentliche kreative Leistung jedoch war es, unter gleichzeitiger Verwendung von historischen Mustern und pflanzenhaft sich schlingenden Formen des Jugendstils eine neue Stilrichtung zu schaffen, die dem katalanischen Modernisme (▶Baedeker Special, S. 168) zuzurechnen ist. Die Hauptwerke von Antoni Gaudí sind in Barcelona zu finden (u. a. Casa Milà und Casa Batlló). In der katalanischen Metropole erfuhr Gaudí auch großzügige Förderung durch den Grafen Eusebi Güell, der sich von ihm ein Wohnhaus (Palau Güell am südwestlichen Rand der Altstadt von Barcelona) errichten ließ. Das bekannteste von Gaudí gestaltete Bauwerk indessen ist der **Templo de la Sagrada Familia** in Barcelona.

Als Gaudí bei einem Verkehrs-unfall starb, wäre er fast unerkannt geblieben.

Ihm widmete der Architekt den weitaus größten Teil seines Arbeitslebens, doch noch heute ist diese gewaltige »Kirche der Armen«, wie ihr Erbauer sie nannte, unvollendet.

Joan Miró (1893 – 1983)

Weltberühmter Maler

Joan Miró ist nach Salvador Dalí der zweite katalanische Maler, der im 20. Jh. Weltruhm erlangte. Seine ersten künstlerischen Anregungen erhielt der in Montroig, nahe Barcelona, geborene Künstler von den französischen Realisten und vor allem vom neu aufkommenden Kubismus. Diesen hatte er in Paris kennen gelernt, wohin er 1919 zum ersten Mal gekommen war. Miró gehörte wenig später zu den Unterzeichnern des **Surrealistischen Manifestes** und wandte sich im Jahr 1923 gänzlich von der überkommenen Malerei und auch den bisherigen Bestrebungen des Kubismus ab, um seinen eigenen charakteristischen Stil zu entwickeln.

In seinen Bildern fügen sich kräftige, oft kalligrafisch anmutende, zeichenhafte Linien mit intensiven Farben zu Kompositionen, die sich nicht völlig der Abstraktion verschrieben haben und zu vielfältigen gegenständlichen Assoziationen anregen. Auch mit grafischen Techniken sowie mit Keramik und Plastik befasste sich der Künstler eingehend. Heute ist sein Werk aus Barcelona nicht mehr wegzudenken. Überall begegnet man seinen Bildern: als Aufdruck auf Aschenbechern oder T-Shirts, im Logo der Bank La Caixa, auf dem Pflaster der Rambles. Eine seiner berühmtesten Skulpturen ist der »Sonnenvogel«.

Miró war ein disziplinierter und fleißiger Arbeiter, pünktlich und zuverlässig, und er lebte bescheiden. Doch trotz seiner internationalen Anerkennung blieb seine finanzielle Lage stets angespannt. Bis zum Ausbruch des Spanischen Bürgerkrieges lebte Miró in Barcelona, dann, bis 1940, in Paris. Als in diesem Jahr deutsche Truppen auf die französische Hauptstadt vorrückten, suchte er wieder in Spanien Zuflucht. Im Jahr 1944 wurde Paris durch alliierte Verbände befreit, und Miró kehrte nach Frankreich zurück. Nach Kriegsende verlegte er seinen Wohnsitz auf die Insel Mallorca, wo er am ersten Weihnachtsfeiertag des Jahres 1983 fast 90-jährig verstarb.

Mercè Rodoreda (1908 – 1983)

Mercè Rodoreda ist die bekannteste Autorin Kataloniens. Die ersten Bücher der in Barcelona geborenen Schriftstellerin erschienen in den 1930er-Jahren, darunter der mit dem Preis Creixells ausgezeichnete Roman »Aloma« (1938). Danach hörte man von Mercè Rodoreda fast 20 Jahre nichts; die Autorin lebte in Paris, Bordeaux und später in der Nähe von Genf im Exil. 1962 publizierte sie den Roman **»Auf der Plaça del Diamant«** (mit einem Nachwort des kolumbianischen Literaturnobelpreisträgers Gabriel García Márquez), der den Leidensweg einer jungen katalanischen Frau aus dem Barceloneser Stadtteil Gràcia zur Zeit des Spanischen Bürgerkriegs (1936 – 1939) beschreibt.

Berühmteste Schriftstellerin Kataloniens

Dieser Roman, ihr bekanntestes Werk, wurde in 20 Sprachen übersetzt. Weitere, auch auf Deutsch erschienene Werke sind u. a. der poetisch-surrealistische Prosatextband »Reise ins Land der verlorenen Mädchen« (1980), das Familienepos »Der zerbrochene Krug« (1982) und »Der Tod und der Frühling« (aus dem Nachlass 1986 erschienen), eine Parabel auf das Leben in der eng umgrenzten Welt eines archaischen Dorfes.

Manuel Vázquez Montalbán (1939 – 2003)

Der 1939 in Barcelona geborene überaus produktive Lyriker, Romancier, Essayist und Journalist Manuel Vázquez Montalbán gehörte zu den profiliertesten spanischen Gegenwartsau-

Autor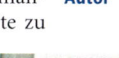

toren. Der Kultautor (»Ich kann nur zwei Dinge: schreiben und kochen«), der nach dem Studium der Geisteswissenschaften und Journalistik bei verschiedenen Zeitungen als Redakteur tätig war, veröffentlichte mehr als hundert Romane, Sach- und Kochbücher, Essay- und Lyrikbände. Weltweit berühmt wurde er mit seinen Kriminalromanen um Detektiv Pepe Carvalho, einen Ex-Kommunisten und CIA-Agenten, dessen Abenteuer die politische und soziale Wirklichkeit in Spanien seit Francos Tod widerspiegeln. Diese Krimis, u. a. »Carvalho und der Mord im Zentralkomitee«, zählen zu den erfolgreichsten Kriminalromanen der Weltliteratur.

Praktische Informationen

MIT WELCHEN VERKEHRS-
MITTELN LÄSST SICH
BARCELONA ERKUNDEN?
WO KANN MAN AM BESTEN
EINKAUFEN? WAS HABEN
DIE GASTRONOMIE UND DAS
NACHTLEBEN ZU BIETEN?

Anreise · Reiseplanung

Anreisemöglichkeiten

Mit dem Flugzeug

Der Flughafen von Barcelona liegt ca. 13 km südlich des Stadtgebietes in El Prat de Llobregat. Er ist von allen größeren europäischen Verkehrsflughäfen im Linien- und Charterverkehr zu erreichen. Vom neuen Terminals 1 und dem Terminal 2 (A, B, C) des **Aeroport de Barcelona (BCN)** verkehren alle 10 Minuten tgl. zwischen 6.00 und 1.00 Uhr Flughafenbusse (Aerobus) ins Stadtzentrum zur Plaça Catalunya, und von dort der Aerobus 1 zum Terminal 1 und der Aerobus 2 zum Terminal 2 zwischen 5.30 und 0.30 Uhr. Die Fahrzeit beträgt circa 40 Minuten. Züge verbinden alle 30 Minuten von Montag bis Freitag zwischen 5.40 und 22.40 Uhr den Flughafenbahnhof mit den Stationen Estació de Sants, Plaça Catalunya, Arc de Triomf und Clot-Aragó (Fahrtzeit: ca. 30 Min.). Dort besteht jeweils Anschluss an das U-Bahnnetz. Zwischen 22.00 und 4.50 bedient der NiteBus N17 die Strecke zwischen den Terminals 1 und dem Stadtzentrum (über Terminal 2 zur Plaça Catalunya). Hierfür kann man auch das günstige Zehnerticket der T10 verwenden, das für Metro, Busse und Tram gültig ist. Taxistände gibt es vor allen drei Terminals. Die Fahrzeit beträgt rund 20 bis 30 Minuten.

Auswärtige Flughäfen ▶

Viele Billigflieger steuern Girona oder Tarragona-Reus an. Der **Aeroport de Girona (GRO)** liegt 90 km nördlich von Barcelona. Mit Renfe-Zügen gelangt man von dort nach Barcelona; die Fahrt dauert etwa 90 Min. Die Fluglinien bieten häufig auch einen auf den Flugplan abgestimmten Shuttle-Service mit dem Bus nach Barcelona an zum Busbahnhof Nord; Fahrtdauer ca. 70 Min.

Der **Aeroport de Reus (REU)** liegt ca. 125 km südwestlich von Barcelona. Die Buslinie Linea Aeropuerto-Barcelona fährt regelmäßig zum Hauptbahnhof Estació Central de Sants in Barcelona. Daneben gibt es einen öffentlichen Bus in Abstimmung mit den ankommenden Flügen vom Flughafen nach Barcelona zur Estació Sants. Die Fahrtdauer für beide Busse beträgt rund 90 Min.

← Auf der Plaça Reial

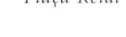

▶ ADRESSEN

FLUGHÄFEN

▶ **Barcelona, Giron, Reus**
Tel. 902 40 47 04
www.aena.es

BUS

▶ **Deutsche Touring**
Am Römerhof 17

D-60486 Frankfurt / M.
Tel. (0 69) 790 35 01
www.touring.de

BAHN

Tel. 902 24 34 02
(international)
www.renfe.es

Für die Anreise mit dem Auto empfiehlt sich die Fahrt über die ge- **Mit dem Auto**
bührenpflichtige französische Autobahn durch das Rhône-Tal und
über Perpignan zum französisch-spanischen Grenzübergang Le Per-
thus / La Jonquera (Autobahn A 9 / A 7). Auf der ebenfalls gebühren-
pflichtigen spanischen Mittelmeerautobahn (A 7) gelangt man dann
über Figueres und Girona nach Barcelona. Wer die streckenweise
sehr idyllische Küstenstraße vorzieht, muss den Grenzübergang
Cerbère / Portbou passieren.

Europabusse verkehren von zahlreichen Städten in Deutschland nach **Mit dem Bus**
Barcelona, z. B. von Berlin, Frankfurt / Main, Düsseldorf, Hamburg,
Hannover, München und Stuttgart.

Bahnreisen nach Spanien sind meist mit ein- oder mehrmaligem **Mit der Bahn**
Umsteigen verbunden und daher sehr langwierig. Die Bahn verkehrt
über das schweizerische Genf und Südfrankreich nach Cerbère / Portbou. Wegen der unterschiedlichen Spurweite der Schienen muss –außer bei Fahrten in Zügen mit verstellbaren Fahrgestellen – der Zug
an der französisch-spanischen Grenze gewechselt werden. Autoreise-
züge von Deutschland aus verkehren nur bis zur südfranzösischen
Stadt Narbonne.

Ein- und Ausreisebestimmungen

Reisende aus Deutschland, Österreich und der Schweiz benötigen für **Personalpapiere**
die Einreise einen gültigen Personalausweis oder einen Reisepass.
Kinder unter 16 Jahren müssen einen Kinderausweis besitzen oder
im Reisepass der Eltern eingetragen sein.

Nationaler Führerschein und Kraftfahrzeugschein werden bei Mit- **Fahrzeugpapiere**
gliedern aus EU-Staaten anerkannt; bei Schadensfällen wird die Internationale Grüne Versicherungskarte verlangt. Kraftfahrzeuge müssen, sofern sie kein EU-Nummernschild haben, das ovale Nationali-
tätskennzeichen tragen.

Wer seinen Hund oder seine Katze in den Urlaub mitnehmen will, **Haustiere**
benötigt ein amtstierärztliches Gesundheitszeugnis, das höchstens
zwei Wochen alt sein darf. Außerdem ist eine Bestätigung in deutscher und spanischer Sprache vorzulegen, dass das Tier gegen Toll-
wut geimpft wurde. Die Impfung muss mindestens 21 Tage zurück-
liegen, darf aber nicht länger als zwölf Monate vor der Einreise erfolgt sein.

Zollbestimmungen

Die Mitgliedsstaaten der Europäischen Union (EU), darunter auch **EU**
Spanien, bilden einen gemeinsamen Wirtschaftsraum, in dem der
Warenverkehr für private Zwecke weitgehend zollfrei ist. Innerhalb

der EU-Länder gelten lediglich noch gewisse obere Richtmengen: 800 Zigaretten oder 400 Zigarillos oder 200 Zigarren oder 1000 g Tabak, 10 l Spirituosen über 22 Vol.-% Alkoholgehalt oder 20 l unter 22 Vol.-% Alkoholgehalt sowie 90 l Wein und 110 l Bier.

Einreise aus Nicht-EU-Länder

Für Reisende aus Nicht-EU-Ländern wie der Schweiz gelten folgende Freimengengrenzen: 250 g Kaffee, 100 g Tee, 200 Zigaretten oder 100 Zigarillos oder 50 Zigarren oder 250 g Tabak, 2 l Wein oder andere Getränke bis 22 Vol.-% Alkoholgehalt sowie 1 l Spirituosen mit mehr als 22 Vol.-% Alkoholgehalt. Zollfrei sind zudem Geschenke bis zu einem Wert von 430 € für Flug- und Seereisende und von 300 € für Bahn- und Autoreisende.

Wiedereinreise in die Schweiz

Abgabenfrei für Personen ab 17 Jahren sind 200 Zigaretten oder 50 Zigarren oder 250 g Rauchtabak, an alkoholischen Getränken 2 l mit bis zu 15 Vol.-% Alkoholgehalt und 1 l mit mehr als 15 Vol.-% Alkoholgehalt als Höchstmenge; ferner Geschenke im Wert bis 300 CHF.

Ausgehen

Nachtleben

Barcelona wird von seinen Bewohnern nachgesagt, der Name sei Programm, und dieses stecke in den drei Silben: **Bar-cel-ona**, was auf Katalanisch so viel heißt wie: Bar, Himmel, Welle. Tatsächlich besitzt Barcelona **unzählige Bars bzw. Kneipen**: Musikbars, Cocktailbars,

Eins der beliebtesten Nachtlokale in Barcelona – die Diskothek Bikini Club

Champagnerbars, Kneipen, Szenelokale, Diskotheken, Jazzkeller und klassische Tanzsäle sowie – wegen der vielen Andalusier in der Stadt – Flamenco- und Sevillana-Lokale. Daneben bietet die Stadt natürlich noch ein **umfangreiches Kulturprogramm** in Theatern, Opern- und Konzerthäusern (▶ Theater · Konzerte) oder in ihren rund 50 Kinos. Ein spezielles Ausgehviertel gibt es in Barcelona nicht. Das nächtliche Angebot verteilt sich über die gesamte Stadt. Traditionelle Lokale sind im Stadtkern geblieben, die aktuelle Szene hat sich in die neuen Viertel und nach außerhalb verlagert, auch wegen zunehmender Proteste gegen nächtliche Ruhestörungen. Viele Lokale gibt es im Stadtviertel Eixample (Ausgehstraße Mariano Cubi), das ansonsten nicht gerade ein Vergnügungsviertel ist; hier konzentriert sich auch die Schwulenszene (»Gaixample«).

Am **Parallel** (Broadway Barcelonas), einst Ausgehviertel der Stadt, ist es ruhiger geworden, auch im Viertel Gràcia mit seinen zahlreichen Kneipen, Diskotheken, Tanzbars und Cafés war vor einigen Jahren mehr los als heute.

In der **Altstadt** trifft man sich nach wie vor am liebsten um die Plaça Reial herum; das Viertel Born (um den ehemaligen Mercat del Born zwischen dem Barri Gòtic und dem Parc de la Ciutadella) ist mit seinen Kneipen, Cocktailbars, Pubs und Diskotheken (teils in umgebauten Industrielofts) eines der beliebtesten Ziele für Nachtschwärmer.

Im neu gestalteten **Raval** haben sich um das Museu d'Art Contemporani interessante Kneipen angesiedelt. Szenekneipen findet man u. a. in den neuen Hafenvierteln. Das **Maremàgnum** am Hafen beherbergt Musikbars und Kneipen, zahlreiche Lokale (Restaurants, Kneipen, Musiklokale) gibt es am Olympiahafen. Ausgehziele sind auch die Diskotheken im Poble Espanyol auf dem Montjuïc und die schönen Gartenlokale an den Hängen des Tibidabo. Von Juni bis August lässt die Stadt in Kooperation mit Diskothekenbetreibern im Hafen, am Montjuïc, in den Stadien und auf den Anhöhen Carpas, riesige Zelte aufstellen, in denen dann Freiluftpartys mit bis zu 15 000 Menschen stattfinden.

Wer das Nachtleben Barcelonas kennen lernen will, sollte sich darauf einstellen, dass es hier erst ab frühestens 22.30 Uhr richtig los geht. Auch viele Rock- und Popkonzerte beginnen nicht vor 22.00 Uhr; in manchen Clubs und den meisten Diskotheken passiert vor 2.00 Uhr morgens gar nichts.

Guia del Ocio ist eine allwöchentlich erscheinende Programmvorschau (auf Spanisch), die einen guten Überblick über das aktuelle Angebot an Abendunterhaltung (vom Spielkasino über Theater, Konzert, Kleinkunst, Pop und Rock bis zu Striptease) bietet. Erhältlich ist das Heft an allen Zeitschriftenkiosken und Hotelrezeptionen (Informationen im Internet: www.guiadelociobcn.es, www.atiza.com). An den Hotelrezeptionen liegen oft auch die in Spanisch / Englisch herausgegebenen Hefte **What's on** und **Barcelona prestige** aus, die ebenfalls zahlreiche Informationen zum Nachtleben etc. enthalten.

Informationen

AUSGESUCHTE ADRESSEN

MUSIKLOKALE

▶ ① **Belluna**
Rambla de Catalunya 5
(Eixample)
Das Restaurant öffnet ab 21 Uhr.
Ab 22.30 oder 23 Uhr kommen die
Musiker auf die Bühne. Es gibt
jeden Abend Jazzkonzerte lokaler
oder internationaler Größen. Wer
nicht essen mag, geht an die
Cocktailbar. Modernes Ambiente
mit Clubatmosphäre.

▶ ② **Cordobés**
La Rambla 35 (Barri Gòtic)
Typisch katalanisch ist der
Flamenco nicht, doch mit den
vielen Zuwanderern aus dem
Süden Spaniens hat sich eine
aktive Flamencoszene entwickelt.
In dem beliebten Restaurant gibt
allabendlich drei Aufführungen.

▶ ② **Cova del Drac**
Carrer de Vallmajor 33
(Eixample)
Ein wenig abgelegen, aber eine
gute Adresse für Jazz-Sessions. Der
Eintritt ist zwar frei, dafür sind die
Getränke nicht ganz billig.

▶ ④ **Espai Barroc**
Carrer de Montcada 20
(La Ribera)
Abendcafé im Palau Dalmases.
Donnerstagabend wird hier ab
23.00 Uhr live gespielt, häufig
Jazzmusik.

▶ ⑤ **Harlem**
Carrer de la Comtessa de
Sobradiel 8
(Barri Gòtic, Born)
Tel. 933 10 07 55
Traditionsreiche Jazzbar mit guter
Livemusik.

▶ ⑥ **Jamboree**
Plaça Reial 17
(Barri Gòtic, Born)
Tel. 933 19 17 89
Renommiertester Jazzkeller Barce-
lonas. Abends Jazz und Funk live
und zu später Stunde Diskomusik
(Latin und Rock) bis zum
Morgengrauen.

▶ ⑦ **La Luna**
Carrer dels Abaixadors 10
(La Ribera)
In dem einst berühmten Tanzlokal
gibt es heute einen Bar- und
Restaurant. Im oberen Stock findet
man eine Bar, wo in intimer
Atmosphäre bis 3.30 Uhr gute
Live-Musik geboten wird.

▶ ⑧ **Mudanzas**
Carrer de la Vidrieria 15
(La Ribera)
Tel. 933 19 11 37
Beliebte kleine Bar, wo man oft
Live-Musik hören kann.

TANZSÄLE, DISKOTHEKEN

▶ ⑨ **Agua de Luna**
Viladomat 211 (Eixample)
Tel. 934 10 04 40
Eine der besten Salsa-Diskotheken
der Stadt mit Salsa-Tanzschule.

▶ ⑩ **Bikini**
Deu i Mata 105 (Les Corts)
Tel. 933 22 08 00
Diese Diskothek mit Salsa-Tanz-
saal (auch Funk, Disco und Rock)
und Cocktailbar ist zur Zeit bei
den Barcelonesen besonders in
(▶Abb. S. 54).

▶ ⑪ **Luz de Gas**
Muntaner 246 (Eixample)
Tel. 932 09 77 11

Tradionelles Tanzlokal; Live-Musik ab Mitternacht (Jazz, Soul, Salsa, Rock).

➤ ⑫ **Magic**
Passeig de Picasso 40 (La Ribera)
Das Magic ist ein zur Zeit sehr beliebter, meist proppenvoller Club zum Tanzen nach aktueller Pop-, Latin- und Rockmusik. Manchmal gibt es Live-Musik.

➤ ⑬ **Moog**
Arc del Teatre 3
(El Raval)
Tel. 933 01 72 82
Barcelona ist eine Hauptstadt der elektronischen Musik. In den minimalistischen Räumen des Clubs, der seinen Namen vom legendären Moog-Synthesizer hat, werden vor allem Techno, Industrial und andere Arten elektronischer Musik gespielt.

➤ ⑬ **Otto Zutz**
Carrer Lincoln 15 (Gràcia)
Tel. 932 38 07 22
Dieser schicke Nachtklub in einer alten Textilfabrik ist seit langem Kult. Man zeigt sich in einem Ambiente, wo vor allem der schöne Schein gilt. Manchmal gibt es auch Jazzmusik live. Das einzige Problem sind die knallharten Türsteher.

➤ ⑮ **Razzmatazz**
Carrer de Pamplona 38
(Poblenou)
Tel. 933 20 82 00
www.salarazzmatazz.com
Zur Zeit mega-in ist dieses riesige Loft mit mehreren Bereichen für Techno, Poprock u. Weltmusik. Hier treten oft nationale und internationale Rockbands auf, und es wird getanzt bis zum Umfallen.

➤ ⑯ **Sala Apolo**
Nou de la Rambla 113
(El Raval)
Tel. 934 41 40 01
Dieses wunderschöne Ballhaus, einst das größte Varieté-Theater Barcelonas, ist zur Zeit einer der interessantesten Clubs Barcelonas. Hier finden in der Woche ab 22.30 die unterschiedlichsten Konzerte (Weltmusik, lateinamerikanische, spanische oder afrikanische Musik) und Veranstaltungen statt. Am Wochenende wird aus dem Ballsaal der Nitsa Club mit Diskobetrieb und DJs (nach Mitternacht).

➤ ⑰ **Sutton**
Carrer Tuset 13
(Sarrià-Sant Gervasi)
Tel. 932 09 05 37
Traditioneller Tanzpalast. In dem bis zu 1.400 Personen fassenden Veranstaltungssaal werden unterschiedliche Konzerte geboten.

➤ ② **Torres de Ávila**
Avinguda Marqués de Comillas
(Poble Espanyol)
Diskothek auf dem Montjuïc, die zu den Design-Klassikern der 1980er-Jahre zählt.

SZENELOKALE, NACHTKLUBS

➤ ⑲ **Boadas**
Tallers 1
(El Raval)
Tel. 933 18 88 26
Diese traditionsreiche Bar ist ein Muss für Nostalgiker. Bereits Hemingway genoss hier gerne seinen Cocktail.

➤ ⑳ **Borneo**
Carrer del Rec 49
(La Ribera)
Tel. 932 68 23 89

Barcelona *Ausgehen*

Ausgehen
1 Bel Luna
2 Cordobes
3 Cova del Drac
4 Espai Barroc
5 Harlem
6 Jamboree
7 La Luna
8 Mudanzas
9 Agua de Luna
10 Bikini
11 Luz de Gas
12 Magic
13 Moog
14 Otto Zutz
15 Razzmatazz
16 Sala Apolo
17 Sutton
18 Torres de Avila
19 Boadas
20 Borneo
21 La Concha
22 El Copetin
23 Dot Light Club
24 Pastis
25 Foro
26 London
27 Marsella
28 Gran Casino

© Baedeker

500 m

Nördlich des Passeig del Born stößt man auf diese luftig-geräumige zweistöckige Bar mit Blick auf die Straße.

▶ ㉑ **La Concha**
Carrer de la Guàrdia 14
(El Raval)
Beliebter Treffpunkt für Schwule und Transvestiten. Musik von Pasodoble bis zu moderner spanischer Popmusik.

▶ ㉒ **El Copetín**
Passeig del Born 18
(La Ribera)
Tel. 933 19 10 82
Diese Bar ist, wie der Name bereits verrät, auf Cocktails spezialisiert.

▶ ㉓ **Dot Light Club**
Nou de Sant Francesc 7
(Barri Gòtic, Born)
Tel. 933 10 00 62
Szene-Bar für junges Publikum, wo aktuelle Musik mit bekannten DJs und avantgardistischer Beleuchtung geboten wird.

▶ ㉔ **Pastís**
Carrer de Santa Mònica 4
(El Raval)
Tel. 933 18 79 80
Schummerige Existentialistenbar mit Chanson-Beschallung. Nur der Dienstagabend ist ausschließlich dem Tango gewidmet.

▶ ㉕ **Foro**
Carrer Princesa 53
(La Ribera)
Das populäre Lokal ist Restaurant und Nachtclub zugleich. Während man in der oberen Etage gemütlich am Tisch essen oder an der Bar sitzen kann, gibt es unten im Clubraum Musiksessions, Jazz, Tango oder Sonstiges.

▶ ㉖ **London**
Carrer Nou de la Rambla 34
(El Raval)
Tel. 933 18 52 01
Die traditionsreiche Jugendstilbar war eines von Picassos Lieblingslokalen. Hier kann man bis zum frühen Morgen an der Bar sitzen und sich von den wechselnden Darbietungen unterhalten lassen (von schrillen Transvestitenshows bis hin zu Jazzaufführungen).

▶ ㉗ **Marsella**
Carrer de Sant Pau 65
(El Raval)
Alte Bar mit Patina (seit 1820), eines der wenigen Lokale, wo noch Absinth ausgeschenkt wird.

SPIELKASINO

▶ ㉘ **Gran Casino de Barcelona**
Carrer Marina 19 – 21
Port Olímpic
Tel. 93 225 78 78
Im Casino kann man bei Roulette, Poker oder Black Jack sein Glück versuchen. Angeschlossen sind ein internationales Restaurant und eine Diskothek. www.casino-barcelona.com.

KINOS

Kinomeilen sind der Passeig de Gràcia und die Rambla de Catalunya; die größten Kinos heißen Imax Port Vell, Moll d' Espanya, und Maremàgnum. Die Filme laufen meist auf Spanisch, nicht auf Katalanisch. Filme im Originalton sind mit »v. o.« (versión original) gekennzeichnet. Casablanca, Passeig de Gràcia 115: u. a. Filme aus Deutschland im Original. Die Kinotage sind Montag oder Mittwoch, und am Wochenende ist es teurer als unter der Woche.

Auskunft

 WICHTIGE ADRESSEN

TOURISMUSBÜROS

▶ In Deutschland
Myliusstr. 14
D–60323 Frankfurt am Main
Tel. (0 69) 72 50 38, Fax 72 53 13
frankfurt@tourspain.es

Kurfürstendamm 63
D–10707 Berlin
Tel. (030) 8 82 65 43, Fax 8 82 66 61
berlin@tourspain.es

Grafenberger Allee 100
D–40237 Düsseldorf
Tel. (02 11) 6 80 39 81
Fax 6 80 39 85
dusseldorf@tourspain.es

Schubertstr. 10
D–80336 München
Tel. (0 89) 530 74 60
Fax 53 07 46 20
munich@tourspain.es

▶ Katalonien Tourismus
Palmengartenstraße 6
D–60325 Frankfurt am Main
Tel. (0 69) 74 22 48 73
Fax 74 22 48 96
www.catalunya.com

▶ Informationen Call Center
Tel. 00 34 932 85 38 34

▶ In Österreich
Walfischgasse 8, A–1010 Wien
Tel. (01) 5 12 95 80, Fax 5 12 95 81
viena@tourspain.es

▶ In der Schweiz
Seefeldstr. 19

CH–8008 Zürich
Tel. (044) 2 53 60 50, Fax 2 52 62 04
zurich@tourspain.es

▶ In Barcelona
Die meisten Tourismusbüros ver-
mitteln auch Zimmer. Auch in
Kiosken gibt es Infostände.
Plaça de Catalunya 17
   (unterirdisch)
Altstadt (Barri Gòtic)
Plaça Sant Jaume
Estació de Sants
Plaça Països Catalans
La Rambla 115
Am Flughafen
   Aeroport de El Prat
   Terminal 1 und 2

Infopista Montseny
Àrea de servei Montseny-Sud,
Km 117, Motorway AP-7/E-15
Infostellen in Straßenkiosken:
Plaça Catalunya, Plaça Espanya,
Sagrada Família, Colom (Portal de
la Pau), Estació del Nord, Barce-
loneta (Ps. Joan de Borbó)

INTERNET

▶ www.spain.info
Website der spanischen Fremden-
verkehrsbehörde

▶ www.barcelonaturisme.com
Homepage des Turisme de Barce-
lona: Unterkunft, Gastronomie,
Veranstaltungen, Verkehrsmittel

▶ www.bcn.es
Website des Ajuntament (Rathaus)
von Barcelona mit Infos zu Ver-

kehrsmitteln, Gastronomie, Shopping und über die rund 40 Märkte in Barcelona.

► **www.bcn-guide.com**
Viele nützliche Informationen zur Stadtbesichtigung, zu Museen, Restaurants und Shopping

► **www.barcelona-on-line.es**
Vermittlung von Hotelzimmern und Apartments.

KONSULATE
► **Deutschland**
Passeig de Gràcia 111
E–08008 Barcelona
Tel. 932 92 10 00

Fax 932 92 10 02
www.barcelona.diplo.de

► **Österreich**
Marià Cubí 7, 1°, 2a
E–08006 Barcelona
Tel. 933 68 60 03
Fax 934 15 16 25
barcelona@consuladodeaustria.com

► **Schweiz**
Edifici Trade
Gran Via de Carles III 94-7°
E–08028 Barcelona
Tel. 934 09 06 50
Fax 934 90 65 98
bar.vertretung@eda.admin.ch

Casaques Vermelles (Red Jackets) In den Sommermonaten Juni bis September stehen im Barri Gòtic, an den Rambles und am Passeig de Gràcia Mitarbeiter des Patronat de Turisme (erkennbar an ihren roten Jacken und einem Sticker mit dem Buchstaben **i**) für touristische Informationen aller Art zur Verfügung.

Mit Behinderung unterwegs

▶ BEHINDERTENREISEN

► **BSK-Reise-Service**
Altkrautheimer Str. 20
D-74238 Krautheim
Reisedienst des Bundesverbands Selbsthilfe Körperbehinderter
Tel. (0 62 94) 428 10
Fax 42 81 79, www.bsk-ev.org

► **Verband aller Körperbehinderten Österreichs**
Schottenfeldgasse 29
A-1070 Wien
Tel. (01) 914 55 62
www.vakoe.at

► **Bundesarbeitsgemeinschaft der Clubs Behinderter und ihrer Freunde e.V.**
Langenmarckweg 21
D-51465 Bergisch Gladbach
Tel. (02202) 98998-11
Fax 98999-10
www.bagcbf.de

► **Mobility International Schweiz**
Froburgstr. 4
CH-4600 Olten
Tel. (062) 206 88 35
Fax 206 88 39

Elektrizität

Alle elektrischen Geräte funktionieren mit 220 Volt Wechselstrom. In den großen Hotels sind meist Europanorm-Gerätestecker verwendbar; ansonsten benötigt man mitunter einen Adapter.

Essen und Trinken

Speisen

Das **Frühstück** ist in Spanien spartanisch und wird in der Regel zwischen 8.00 und 10.00 Uhr in einer Bar eingenommen. Es besteht meist lediglich aus einem Kaffee mit einem Toast, einem kleinen Kuchen oder »churros« (Schmalzgebäck). Die Hotels aber haben sich auf die Bedürfnisse ihrer Gäste eingestellt und bieten ein umfangreicheres Frühstück oder ein Frühstücksbüfett an. Im Gegensatz zum Frühstück fallen **Mittag- und Abendessen** um so reichlicher aus; bei beiden Mahlzeiten sind drei Gänge üblich. Das in fast allen Restaurants erhältliche »menú del día« (Tagesmenü) ist meist preiswerter als eine selbst zusammengestellte Mahlzeit.

Mahlzeiten

Zu jeder Tageszeit werden in den Bars **Tapas** angeboten, Appetithäppchen, die man zu Bier, Wein und Sherry genießt. Sie bestehen meist aus Salaten, Tortillas, Meeresfrüchten, Fisch, Schinken, Käse oder Oliven. Zieht man von Bar zu Bar und probiert jedes Mal eine andere Tapa-Köstlichkeit, lernt man nicht nur ihre Vielfalt kennen, sondern kann danach ohne weiteres auf eine Hauptmahlzeit verzichten.

> **❗ Baedeker TIPP**
>
> **Kochkurse**
>
> Wer die Geheimnisse der katalanischen Küche erfahren möchte, kann an Kochkursen teilnehmen, die das Unternehmen »Cook Taste« in spanischer, englischer und französischer Sprache für zehn Personen anbietet. Im Angebot ist eine Ein-Tages- und ein Drei-Tage Kochkurs. Informationen: Carrer Paradis 3, Barri Gòtic; Tel. 93 302 13 20, www.cookandtaste.net

»Die Küche eines Landes ist seine Landschaft im Topf«, bemerkte einmal der katalanische Schriftsteller Josep Pla (1897–1981). Tatsächlich spiegelt sich die Vielfalt der katalanischen Landschaft in der Küche wider. Die Speisen an der Küste, zu deren Spezialitäten in erster Linie frischer Fisch und Meeresfrüchte zählen, sind relativ leicht; herzhafte Eintöpfe und kulinarische Genüsse aus Wurst, Wild, Pilzen, Forellen, Kaninchen, Lamm, Rebhuhn, Schwein und Ziege kommen eher aus dem Hinterland, aus den fruchtbaren Tälern und aus

Üppige Vielfalt

Im Mercat de Sant Josep, dem ältesten und sehenswertesten Markt von Barcelona, bekommt der Feinschmecker alles, was sein Herz so begehrt.

der rauen Bergwelt. Doch Katalonien verfügt nicht nur über eine üppige Vielfalt an Naturprodukten, zu denen auch viele Obst- und Gemüsesorten sowie allerlei Kräuter gehören; die katalanische Küche, die, bedingt durch die Geschichte der Region, durch französische und italienische Einflüsse bereichert wurde, zeichnet sich auch durch sehr phantasievolle Gerichte aus. Kaum eine andere Gegend Spaniens weist so vielfältige Speisen auf wie Katalonien, und so gilt die katalanische Küche neben der baskischen als die beste der Nation.

Vorspeisen und Suppen

Als Vorspeise wird oft »pa amb tomàquet« serviert, eine geröstete, mit Olivenöl bestrichene Scheibe Brot, auf der eine reife Tomate ausgedrückt ist. Typische katalanische Vorspeisen sind »escalivada« (Grillgemüse in Olivenölpaste), »botifarra« (gut gewürzte, etwas getrocknete Bratwurst), Gambas mit »allioli«, einer Knoblauchmayonnaise, und »esqueixada« (Salat aus Tomaten, Paprika, Zwiebeln, Oliven und zerkleinertem Stockfisch »bacallà«).

Hauptgerichte

Wie fantasievoll katalanische Gerichte sind, zeigt sich u. a. bei den köstlichen **Kombinationen von Fisch und Fleisch**, die auf Katalanisch

»mar i muntanya«, Meer und Berg, heißen, z. B. »llagosta amb pollastre« (Languste mit Hühnchen) oder »pollastre amb musclos« (Hühnchen mit Muscheln). Auch bei anderen Zutaten sind der Fantasie keine Grenzen gesetzt: »peuada« (Schweinspfoten ohne Knochen mit Eiern und Zucker), »conill a l'empordanesa« (Kaninchen mit Schokoladensoße). Zu weiteren beliebten katalanischen Hauptgerichten zählen die ursprünglich aus Valencia stammende **Reispfanne Paella** – was kein Wunder ist, da im Ebro-Delta südlich von Barcelona seit alters Reis angebaut wird –, Eintopfgerichte wie »escudella i carn d'olla« (verschiedene Fleischsorten mit Kichererbsen und Kohl) und der Fischeintopf »suquet de peix« sowie »fideus a la Catalana«, eine Paella-Variante aus gebratenen Fadennudeln mit Fisch, Fleisch und Gemüse.

Auch die spanischen Tortillas, Omelettes aus Eiern und Kartoffeln, die es in zahlreichen Varianten von scharf bis süß gibt, erfreuen sich großer Beliebtheit; aber Vorsicht: In Katalonien heißt das Omelett – wie die Forelle – »truita«. »Arròs negre« ist schließlich ein in Knoblauch und Olivenöl angebratenes Tintenfisch-Reisgericht, dessen schwarze Farbe vom Tintenfischsud herrührt.

Die beliebtesten **Nachspeisen** sind »ensaïmada« (in Öl gebackenes, ringförmiges Hefegebäck), »panellets« (katalanische Makronen), »menjar blanc« (Süßspeise aus gehackten Mandeln und Milch) und vor allem die »crema catalana«, der katalanische Nationalpudding, eine Eier-Milch-Creme, die von einer warmen, hauchdünnen Karamellschicht überzogen ist. Darüber hinaus hat Katalonien ausgezeichnete Käsesorten zu bieten.

Getränke

Ein Erfrischungsgetränk im Sommer ist in Katalonien »orxata de xufla«, eine gekühlt servierte Erdmandelmilch. Bei kaltem Wetter oder am Abend wird gern »cremat« getrunken, mit Rum flambierter Kaffee.

Typisch katalanische Getränke

Kaffee In jedem spanischen Kaffee steckt ein Espresso. »Café solo« ist ein Espresso, »café cortado« enthält einen Schuss Milch, und »café con leche« besteht zur Hälfte aus Espresso und zur anderen Hälfte aus Milch.

Bier Bier (cervesa) ist in Spanien inzwischen fast beliebter als Wein geworden. Bevorzugt sind helle Biere der Pilsener Art. Ein Bier vom Fass bestellt man mit »una caña«, eine Flasche (bottela) mit »una cervesa«. Zu den bekanntesten spanischen Biersorten zählt San Miguel; ein katalanisches Produkt ist die in Barcelona gebraute Marke Estrella Damm. In Barcelona werden auch zahlreiche deutsche Sorten ausgeschenkt.

Wein Die Weingebiete Kataloniens bringen eine größere Vielfalt an Weinen hervor als alle anderen Regionen Spaniens. Es gibt erstklassige Rot-, Weiß- und Roséweine sowie schwere Dessertweine, Weinbrände und Schaumweine (▶unten). Katalonien hat insgesamt elf Weinbaugebiete, die wie alle spanischen Weinregionen unter der Herkunftsbezeichnung D. O. (Denominació d'Origen) geschützt sind: Catanunya, Alella, Conca de Barberà, Costers del Segre, Empordà Costa Brava, Montsant, Penedès, Pla de Bages, Priorat, Tarragona und Terra Alta.

Cava Cava ist das spritzige Lieblingsgetränk der Katalanen – ein Schaumwein, der nach dem in der französischen Champagne üblichen Verfahren der Flaschengärung hergestellt wurde. Rund 95 % des Cava kommen aus Katalonien und davon etwa 90 % aus der Weinregion Penedès südwestlich von Barcelona und hier in erster Linie aus der Gegend rund um das Städtchen Sant Sadurní d'Anoia.

Restaurants

Tischzeiten Die **Essenszeiten** liegen in Spanien um eine bis zwei Stunden später als in Deutschland; zu Mittag isst man nie vor 13.00 Uhr, eher nach 14.00 Uhr, abends trifft man sich frühestens ab 21.00 Uhr, eher noch ab 22.00 Uhr zum Essen. Die Küchen der meisten Restaurants sind bis Mitternacht geöffnet. Die Hotelrestaurants mit überwiegend mitteleuropäischem Publikum haben sich allerdings weitgehend den Gewohnheiten ihrer Gäste angepasst. Zudem gibt es viele Restaurants mit durchgehend warmer Küche. Zahlreiche Restaurants schließen sonntags und im August.

Trinkgeld Im Allgemeinen ist in den Rechnungen ein Bedienungsgeld inbegriffen (Inklusivpreise), dennoch wird ein Trinkgeld erwartet. Im Restaurant sind zwischen 5 und 10 % des Rechnungsbetrages angemessen, in der Bar lässt man das kleine Wechselgeld liegen. Im Taxi rundet man den Fahrpreis entsprechend auf. Auch Zimmermädchen, Gepäckträger oder Reiseführer bei Besichtigungstouren freuen sich über ein Trinkgeld zwischen einem und drei Euro.

⊙ EMPFOHLENE RESTAURANTS

▶ **Preiskategorien (Menüs)**
Fein und teuer: über 60 Euro
Erschwinglich: 40 – 60 Euro
Preiswert: bis 40 Euro

FEIN UND TEUER

▶ ㉘ **Abac**
Avinguda Tibidabo 1
Tel. 93 319 66 00, 93 254 22 99
Montagmittag, So. geschlossen
Dieses Feinschmeckerlokal des jungen Chefkochs Xavier Pellicer, der bei Can Fabes gelernt hat, ist nicht ganz billig. Dafür wird man mit ausgefallenen, dennoch nicht zu abgehobenen Kreationen belohnt. Ein besonderer Tipp selbst für erfahrene Gourmets und jeden neugierigen Gast mit Pioniergeist.

▶ ㉖ **Gaig**
Carrer d'Aragó 214
Tel. 93 429 10 17
Mo. geschlossen
Das alteingesessene Lokal wird vom Spitzenkoch Carles Gaig geführt und ist jetzt im Hotel Cram zu finden. Die einstige Kneipe für Lastwagenfahrer gilt heute als eine der besten kulinarischen Adressen der Stadt. Die Vielfalt und Originalität der traditionellen katalanischen bis modernen mediterranen Küche mit Anklängen an die Haute Cuisine und die himmlischen Desserts haben dem Lokal einen Michelin-Stern eingebracht.

▶ ⑨ **Hofmann**
La Granada del Penedès 14 – 16
Tel. 93 218 71 65
Dieses exklusive Restaurant wird von Mey Hofmann geführt, aus deren Schule an der Calle Argentería schon viele berühmte Köche

hervorgegangen sind. Das Angebot an meist mediterran geprägten Speisen und den passenden Weinen ist entsprechend erlesen. Besonders erfreulich ist der tadellose, überaus zuvorkommende Service.

▶ ② **Lasarte**
Hotel Condes de Barcelona
Mallorca 259
Tel. 934 45 32 42 93
So., Mo. und im August geschl.
Martin Berasategui gehört zu den großen Meistern der spanischen Küche. Im Hotel Condes de Barcelona führt er seit knapp zehn Jahren das zwei-Sterne-Restaurant Lasarte. Elaboriert und perfektionistisch sind die Kreation des Basken, herausragend die Desserts. Der Service ist der Kategorie entsprechend.

▶ ㉚ **Moo**
Hotel Omm
Rosellón 265
Tel. 934 45 40 00, So. geschl.

Bei Mey Hofmann haben viele Star-Köche ihr Handwerk erlernt.

Barcelona *Hotels, Restaurants und Cafés*

Essen
1 Neichel
2 Lasarte
3 Hard Rock Café
4 La Gavina
5 Cal Pinxo
6 Can Travi Nou
7 Les Quinze Nits
8 Tragaluz
9 Hofmann
10 Els Quatre Gats
11 Restaurante 101
12 Cuines de Santa
   Caterina
13 La Ciutat
14 Comerç
15 Reno
16 Via Veneto
17 Agua
18 Can Costa
19 Agut
20 Los Caracoles
21 El Carrejo Loco
22 Lobo
23 Oliver y Hardy
24 Set Portes
25 Dos Palillos
26 Gaig
27 Cal Pep
28 Àbac
29 Can Culleretes
30 Moo
31 La Vinya del Senyor
32 Xampanyet

Cafés
1 Caf'e de l'Opera
2 Granja M. Viader
3 Mauri
4 Mesón del Café
5 Schilling
6 Zürich

500 m

© Baedeker

i Besonders zu empfehlen

- Neichel: Spitzenküche beim Elsässer
- Tragaluz: Barcelonas bester gastrono-mischer Familienbetrieb
- Agut: exquisite Küche, super Service
- Les Quinze Nits: klasse Preis-Leistungs-Verhältnis

Wie kaum einem anderen Luxushotel gelingt es dem Omm, Eleganz und Qualität mit selbstverständlichen Stil zu kombinieren. Das gilt auch für das hervorragende Restaurant. In ungezwungener Atmosphäre überraschen die Brüder Roca mit feiner mediterraner Professionalität. Beliebt und empfehlenswert ist das Mittagsmenü.

▶ ① **Neichel**
Beltran i Rózpide 1 – 5
Tel. 93 203 84 08
So., Mo. geschlossen
Das renommierte, von dem elsässischen Spitzenkoch Jean-Louis Neichel geführte Restaurant liegt im Zentrum von Pedralbes, einem schönen Wohnviertel von Barcelona, und bietet französische bzw. mediterrane Küche, alles sehr stilvoll serviert. Bekannt ist die große Auswahl an Käsesorten und Desserts sowie der ausgezeichnete Weinkeller. Neichel kochte einst in den »Walliser Stuben« in Düsseldorf und baute das Lokal »El Bulli« von Ferran Adrià auf (▶Baedeker Special S. 44).

▶ ⑮ **Reno**
Carrer Tuset 27
Tel. 93 200 91 29
Samstagmittag, So. geschlossen
In dem sehr ansprechenden Feinschmeckerlokal, aus dem schon mehrere große Küchenchefs des Landes hervorgegangen sind, wird eine feine französische (probieren Sie die Gänseleberpastete oder die Ente in Honigsoße) und katalanische Küche (ausgezeichnete Fischgerichte) gepflegt. Eine Platzreservierung ist unbedingt zu empfehlen.

▶ ⑯ **Via Veneto**
Ganduxer 10 – 12
Tel. 93 200 72 44
Samstagmittag, So. geschlossen
Restaurant der Spitzenklasse mit etwas nostalgischem Charme. Die klassisch katalanische, durch Anklänge an die Haute Cuisine von Starkoch Josep Muniesa subtil verfeinerte Küche ist seit drei Jahrzehnten die erste Adresse für alteingesessene Barcelonesen und eine bewährte Schule für angehende Meisterköche. Bemerkenswerte Weinkarte.

ERSCHWINGLICH

▶ ㉗ **Cal Pep**
Plaça de les Olles 8
Tel. 93 310 79 61
Montagmittag, So., Fei. geschl.
Fisch und Meeresfrüchte gibt es am stark frequentierten Tresen dieses in Barcelona sehr beliebten Fischlokals. Interessant ist es, dort bei der Zubereitung der v. a. als Tapas gereichten Speisen zuzusehen. Wer im gemütlichen hinteren, meist brechend vollen Restaurantbereich essen möchte, sollte unbedingt einen Platz reservieren. Es gibt auch einen gut besuchten Mittagstisch mit traditionellen Gerichten.

▶ ⑭ **Comerç 24**
Comerç 24
Tel. 93 319 21 02

Tragaluz – ein über die Grenzen Barcelonas hinaus bekanntes Lokal

So., Mo. geschlossen
Dieses hypermoderne, hauptsächlich in Rot und Schwarz gehaltene Restaurant des Starkochs Carles Abellán, eines Schülers von Ferran Adrià, bietet eine nicht minder hypermoderne minimalistische Küche, in der sich die bis zu dreißig-gängigen Menüs aus ausgefallenen Tapa-Kreationen zusammensetzen. Nicht unbedingt etwas, um sich satt zu essen, aber man sollte sich einfach überraschen lassen.

▶ ㉓ **Oliver y Hardy**
Avinguda Diagonal 593
Tel. 93 419 31 81
Samstagmittag, So. geschlossen.
Am Rand der Zona Universitària liegt diese originelle Kombination aus Restaurant, Piano-Bar und Disco im nostalgischen Cotton-Club-Stil der 1920er-Jahre. Feine mediterrane Küche.

▶ ㉕ **Dos Palillos**
Carrer Elisabets 9
Tel. 934 04 05 13
So., Mittwochmittag geschl.
Das kleine Restaurant neben dem Hotel Camper ist ein asiatisch-mediterranes Zusammentreffen. Takeshi Somekawa und Albert Raurich, der zuvor als Küchenchef im El Bulli gearbeitet hat, sind für die Kreationen des ungewöhnlichen Tapasrestaurants verantwortlich. Die Gäste sitzen an einer Bar um die Küche, wo die kleinen Köstlichkeiten direkt zubereitet werden

▶ ㉔ **Set Portes**
Passeig Isabel II 14
Tel. 93 319 30 33
tgl. geöffnet
Das schon 1836 eröffnete Lokal nahe beim nördlichen Ende des alten Hafens gehört zu den traditionsreichsten Adressen der Stadt.

Hier sollte man unbedingt die köstliche Paella probieren.

⑧ Tragaluz

Passatge de la Concepció 5
Tel. 93 487 06 21
tgl. geöffnet
Dieses moderne, für sein ausgefallenes Interieur (entworfen vom Stardesigner Javier Mariscal) preisgekrönte Lokal, wo man unter einem schrägen Glasdach sitzt, bietet im Restaurant der oberen Etage internationale Gerichte. Die untere Etage ist dem Bar-Betrieb mit Getränken, Tapas und einer ausgezeichneten Patisserie vorbehalten.

PREISWERT

⑰ Agua

Passeig Marítim de La Barceloneta 30
Tel. 93 225 12 72
Dieses hübsche kleine Fischlokal mit Terrasse direkt am Meer ist von besserer Qualität als viele andere Lokale in der Gegend. Die einfachen, aber sehr einladenden

Bei Touristen sehr beliebt –
Los Caracoles

Gerichte sind frisch und gut, egal, ob Sie nur Tapas essen oder ein ganzes Menü bestellen.

⑲ Agut

Carrer Gignàs 16
Tel. 93 315 17 09
Sonntagabend, Mo. geschlossen
Klassiker unter Barcelonas Restaurants. Das familiäre, in einer engen Gasse im Süden der Altstadt gelegene Lokal aus den 1920er-Jahren (ein alter Treffpunkt von Künstlern, wovon die Bilder an den Wänden zeugen) serviert katalanische Gerichte, darunter ausgezeichnete Fischspezialitäten, exquisite Vorspeisen und Desserts. Das Preis-Leistungs-Verhältnis stimmt auch – abends sind immer alle Tische besetzt (also rechtzeitig reservieren!).

⑤ Cal Pinxo

Plaça Pau Vila 1, Tel. 93 221 22 11
Das Restaurant ist Palau de Mar am Nordende des alten Hafens eingerichtet. Delikates aus dem Meer, abwechslungsreich zubereitet, in gepflegtem Ambiente.

⑱ Can Costa

Passeig Joan de Borbó 70
Tel. 93 221 59 03
Mi., Sonntagabend geschlossen
Das berühmte, neu hergerichtete Can Costa gehört zu den traditionsreichsten Lokalen des Fischerviertels Barceloneta. Neben Fisch gibt es herrliche Reisgerichte. Bei der Zubereitung der Speisen kann man zusehen.

㉙ Can Culleretes

Carrer Quintana 5
Tel. 93 317 30 22
Sonntagabend, Mo. geschlossen
Das älteste Restaurant der Stadt – 1786 eröffnet – ist zwar ein wenig stickig, aber es erfreut die Gäste

mit einer soliden katalanischen Speisekarte. Einrichtung mit dunklen Holzbalken.

▶ ㉑ **El Cangrejo Loco**
Moll de Gregal 29–30
Tel. 93 221 05 33, tgl. geöffnet
Das in seinen Preisen relativ moderate, gute Restaurant am Sporthafen Nova Icària wurde anlässlich der Olympischen Sommerspiele 1992 eröffnet. Die Küche kann von beiden Speisesälen eingesehen werden; im Obergeschoss bietet das Aussichtsrestaurant einen schönen Blick über die Hafenanlagen.

▶ ⑥ **Can Travi Nou**
Jorge Manrique
Tel. 93 428 03 01
Sonntagabend geschlossen
In einem alten ländlichen Herrenhaus am Fuß der Serra de Collserola befindet sich dieses familiär-rustikale Restaurant mit Garten, das traditionelle Regionalküche bietet.

▶ ⑳ **Los Caracoles**
Escudellers 14
Tel. 93 302 31 85, tgl. geöffnet
Schnecken sind, wie der Name bereits sagt, die Spezialität dieses verwinkelten Traditionslokals (das bereits Dalí schätzte) in der Nähe der Rambles. Außerdem wird hier eine ausgezeichnete rustikale katalanische Küche und eine besondere Auswahl an Grillgerichten geboten.

▶ ⑪ **El Convent**
Carrer de Jerusalem 3
Tel. 93 317 10 52
Das beliebte und meist gut besuchte Restaurant bietet gute katalanische Hausmannskost. Sehr zu empfehlen sind die Fischge-

richte. Angenehme Einrichtung mit viel Holz.

▶ ⑫ **Cuines de Santa Caterina**
Avinguda Francesc Cambó 16
Tel. 932 68 99 18
Der Santa-Catarina-Markt ist mit seiner geschwungenen Dachlandschaft nicht nur ein architektonisches Highlight, auch für den Genießer marktfrischer Küche lohnt sich der Weg. Das zeitgemäße rustikale Interieur des Lokal ist ebenso gelungen wie das Konzept eines mediterranen Fastfood-Restaurants.

▶ ④ **La Gavina**
Plaça Pau Vila 1
Tel. 93 221 05 95, tgl. geöffnet
Das Restaurant liegt unmittelbar am alten Hafenbecken. Die Lage ist Verpflichtung: vor allem Fisch und Meeresfrüchte werden in reicher Auswahl angeboten. Sehr empfehlenswert sind auch die reichlich variierten Vorspeisen. Von der Terrasse hübscher Blick aufs Wasser.

Im Els Quatre Gats begann Picassos Karriere.

In Barceloneta reiht sich ein Restaurant an das andere.

③ Hard Rock Café
Plaça de Catalunya 21
Tel. 93 270 23 05
Dieses Restaurant im Stil der
klassischen Rock'n'Roll-Ära bietet
neben eindrucksvollem Ambiente
eine erstklassige amerikanische
Küche.

㉒ Lobo
Carrer Pintor Fortuny 3
Tel. 934 81 53 46
Urbanes Café-Restaurant in der
Nähe der Rambla. Besonders am
Mittag, wenn das günstige Menü
serviert wird, ist der Andrang
groß. Die Küche bietet solide
neomediterrane Gerichte, die an-
sprechend serviert werden.

⑩ Els Quatre Gats
Carrer de Montsió 3 bis
Tel. 93 302 41 40
tgl. geöffnet
Vor hundert Jahren war das
legendäre »Vier Katzen« ein bekannter Künstler-Treffpunkt (1900
hatte Pablo Picasso hier seine erste
Ausstellung). Heute werden im
viel besuchten großen Speiseraum
traditionelle katalanische Gerichte
(auch kleinere Portionen) serviert.
Ein Besuch in diesem Haus mit
seinem originalgetreu restaurierten Jugendstil-Interieur lohnt sich

aber auch, wenn man nur etwas
trinken möchte.

⑦ Les Quinze Nits
Plaça Reial 6, Passatge Madoz
Tel. 93 317 30 75, tgl. geöffnet
Dieses hübsche, sehr stilvoll eingerichtete gut bürgerliche Lokal in
der Altstadt besticht schon durch
sein ausgezeichnetes Preis-Leistungs-Verhältnis. Am besten versucht man einen Platz an der
großen Fensterfront mit Blick auf
die Plaça Reial in den oberen
Etagen zu bekommen. Bei den
traditionellen katalanischen Speisen mit mediterranem Einschlag
wird besonders auf die Qualität
der marktfrischen Zutaten
geachtet. Dazu gibt es eine
umfangreiche Weinkarte. Der
Service ist sehr zuvorkommend
und gut organisiert. Einziger
Nachteil: Vor dem Lokal bilden
sich oft lange Warteschlangen.

㉝ La Ciutat
Providencia 114 bis
Tel. 93 284 50 74
Gemütliches Lokal mit ausgezeichneter katalanischer Küche zu
moderaten Preisen. Leider wird
das ausgesprochen nette Wirtspaar
aus Altersgründen das Restaurant
irgendwann schließen.

EMPFOHLENE TAPA-BARS UND CAFÉS

TAPA-BARS

► ㉛ **La Vinya del Senyor**
Plaça de Santa Maria 5
Tel. 933 10 33 79
Mitten in der Altstadt; tolle Weine, hervorragende Tapas.

► ㉜ **Xampanyet**
Carrer Montcada 22
Tel. 933 19 70 03
Exquisite Appetithäppchen (die Anchovis sollte man probieren) und Super-Cava.

CAFÉS

► ① **Café de l'Opera**
Rambles 74
Tel. 933 17 75 85
Nostalgisches Café mit modernistischem Interieur und Terrasse (► Baedeker Tipp, S. 233).

► ② **Granja M. Viader**
Xuclà, 4
Tel. 933 18 34 86
Milchbar mit feinstem Kuchen im Sortiment.

► ③ **Mauri**
Rambla de Catalunya 102
Tel. 933 15 10 20
Café im Stil der 1930er-Jahre, in dem die unterschiedlichsten Köstlichkeiten angeboten werden.

► ④ **Mesón del Café**
Libreteria 16
Tel. 933 15 07 54
Verwinkeltes Café mit dem besten Espresso und der ältesten Kaffeemaschine Barcelonas als Ausstellungsobjekt.

► ⑤ **Schilling**
Carrer de Ferran 23
Tel. 933 17 67 87
Angenehmer Ort im Barrí Gotic, um eine Kleinigkeit zu essen.

► ⑥ **Zürich**
Plaça de Catalunya
Traditionsreiches Lokal, das, nachdem der Altbau, in dem es sich befand, abgerissen worden war, in einem Neubau seinen angestammten Platz wieder gefunden hat.

INTERCAFÉS

► **easyEverything**
La Rambla 31

► **Bornet Internet-Café**
Barra de Ferro 3 (La Ribera)

Feiertage, Feste und Events

1. Januar: Any Nou (Neujahr)
6. Januar: Reis Mags (Dreikönigstag)
19. März: Sant Josep (Josefstag)
1. Mai: Diada del Treball (Tag der Arbeit)
24. Juni: Sant Joan (Namenstag des Königs)

Gesetzliche Feiertage

29. Juni: Sant Pere i Sant Pau (Peter und Paul)
25. Juli: Sant Jaume (Apostel Jakobus)
15. August: Assumpció (Mariä Himmelfahrt)
11. September: Diada Nacional de Catalunya
   (Katalon. Nationalfeiertag)
24. September: La Mercè (Schutzpatronin von Barcelona
12. Oktober: Diada de la Hispanitat (Entdeckung Amerikas)
 1. November: Tots Sants (Allerheiligen)
 6. Dezember: Dia de la Constitució (Verfassungstag)
 8. Dezember: Inmaculata Concepció (Mariä Empfängnis)
25. Dezember: Nadal (Weihnachten)
26. Dezember: Sant Esteve (Hl. Stephanus)

Bewegliche Feiertage Karfreitag, Ostermontag
Fronleichnam

Messen Das zwischen der Plaça d'Espanya und dem Palau Nacional gelegene Messegelände (Fira de Barcelona) ist – noch vor Madrid – die wichtigste Messe in Spanien und spielt auch im internationalen Messegeschehen eine bedeutende Rolle. Zusammen mit dem neuen Standort an der Gran Vía stehen nun Ausstellungsflächen von insgesamt 365 000 m² zur Verfügung. Informationen erteilt die Fira de Barcelona unter Tel. 902 23 32 00 bzw. im Internet unter www.firabcn.es.

Fira de Barcelona

▶ FESTKALENDER

JANUAR

▶ **Cavalcada dels Reis Mags**
Umzug der Heiligen Drei Könige. Am Abend des 5. Januar legen sie auf einem erleuchteten Boot an der Moll de la Fusta an, wo sie vom Bürgermeister begrüßt werden. Die im Hafen liegenden Schiffe lassen ihre Sirenen aufheulen und das Kastell auf dem Montjuïc gibt 21 Salutschüsse ab. Anschließend erfolgt der feierliche Reiterumzug (cavalcada) durch die Innenstadt mit Musik und Tanz.

FEBRUAR

▶ **Carnestoltes**
Karneval. Am Samstag wird der Karneval mit einem großen Umzug eröffnet. In den darauf folgenden Tagen gibt es Straßenfeste und Umzüge (cavalcadas).

▶ **Festa de Santa Eulàlia**
Fest der Stadtpatronin; 12. Februar

MÄRZ

▶ **Ralli Internacional de Cotxes d'Època**
Oldtimerrallye Barcelona – Sitges am 1. Märzsonntag

MÄRZ / APRIL

▶ **Setmana Santa**
Am Palmsonntag wird ein Markt mit Palmzweigen, Fira dels Rams, abgehalten. Die anschließende Karwoche (Setmana Santa) wird mit Gottesdiensten und feierlichen Umzügen begangen.

APRIL

▶ **Diada de Sant Jordi**
Georgstag zu Ehren des Schutzpatrons von Katalonien. Die kata-

Der Sardana-Tanz fehlt bei keiner Festlichkeit.

lanische Version des Valentintags, an dem man seinen Liebsten Blumen oder ein Buch schenkt. Die Rambles verwandeln sich in einen einzigen Markt voller Blumen- und Bücherständen, Stände auch auf dem Passeig de Gràcia.

APRIL – JUNI

▶ **Festival de Guitarra de Barcelona**
Gitarrenfestival

▶ **Primavera del Disseny / Primavera Fotográfica**
Abwechselnd stattfindende Internationale Biennalen für Design bzw. Fotografie

▶ **Feria de Abril**
Riesiges Volksfest der Andalusier mit Flamenco und kulinarischen Spezialitäten in der Nähe des Forum 2004. Wechselnde Termine zwischen Ende April – Anfang Mai

MAI

▶ **Festa de Treball**
Arbeiterfest auf dem Montjuïc am 1. Mai

▶ **Fira de Sant Ponç**
Traditioneller Honigmarkt, auch Verkauf von Kuchen und Gewürzen; in der Altstadt.

JUNI

▶ **Sonar – International Festival of Advanced Music**
Weltweit renommiertes Festival für avantgardistische Klangkunst und Videoinstallationen. Wegen großen Zulaufs inzwischen von der Innenstadt in den Vorort l'Hospitalet ausgewichen.

▶ **Revetlles de Sant Joan**
Sommernachtsfest mit Tanz und Johannisfeuer vielerorts und großem Feuerwerk auf dem Montjuïc; dazu wird der traditio-

---

i Die schönsten Feste

- Cavalcada dels Reis Mags: Umzug der Heiligen Drei Könige
- Setmana Santa: Karwoche
- Feria de Abril: andalusisches Volksfest
- Festa Majo de Gràcia: 10-tägiges Straßenfest
- Festes de la Mercè: wichtigstes Stadtfest

Bei vielen Festen werden die Gegantes, riesige Puppen, mitgeführt.

nelle Kuchen, Coca, verzehrt;
23./24. Juni

▶ **Festival de Flamenco de
Barcelona**
An zwei bis drei Abenden süd-
spanischer Flamenco mit Tanz im
Poble Espanyol.

ENDE JUNI BIS JULI
▶ **Festival d'Estíu Grec**
Vom Institut de Cultura de Barcelona organisiertes Kulturfestival
bis in den Sommer hinein. Konzerte, Tanztheater etc. aus aller
Welt.

▶ **Clàssica als Parcs**
Konzerte klassischer Musik in den
städtischen Parkanlagen, u. a. im
Parc de la Ciutadella, Parc del
Laberint und Parc Güell.

JULI
▶ **Festival Internacional de
Cine de Barcelona**
Neue europäische Filme, auch
nichtkommerzielle, Filmseminare

und Ausstellungen um die Rambla
de Catalunya herum.

▶ **Benedicció dels Cotxes
per Sant Cristòfol**
Segnung der Kraftfahrzeuge und
Christophorus-Fest.

▶ **Processó Marinera de la Verge
del Carme**
Gläubige huldigen der Jungfrau in
einer Bootsprozession und mit
Stadtteilfesten und singen See-
mannslieder (habaneras).

AUGUST
▶ **Festa Major de Gràcia**
Beliebtes zehntägiges Straßenfest
mit Musik, Tanz, Theater, Cava
und Tapas.

SEPTEMBER
▶ **Festa Nacional de Catalunya
(La Diada)**
Katalanischer Nationalfeiertag
(11. September). Politische
Kundgebungen zum Gedenken an
die Eroberung Barcelonas durch

die Truppen Philipps V. im Jahr 1714 und damit Symbol des katalonischen Widerstandes und Nationalstolzes. Überall weht die Nationalflagge aus Fenstern, ziert Kuchen etc.

▶ **Fira del Llibre**
Wichtigste Buchmesse Spaniens; Monatsende.

▶ **Jornadas Internacionals Folklóricas de Catalunya**
Internationale Folkloretage Kataloniens

▶ **Fest de la Mercè**
Patronatsfest und seit 1977 wichtigstes Fest der Stadt, mit viel Folklore, Musik- und Theaterveranstaltungen, mit Umzügen, akrobatischen Darstellungen wie den »castellers« (Menschentürmen), Auftritten der Feuer speienden »gegants«. Dazu Verkauf von regionalen Köstlichkeiten, Feuerwerk etc.; Woche um den 24. September.

OKTOBER
▶ **Festa de la Hispanitat**
Fest zum Jahrestag der Entdeckung Amerikas; 12. Oktober.

ENDE OKTOBER/ NOVEMBER
▶ **Festival de Jazz de Ciutat Vella**
Jazzaufführungen in den Bars der Altstadt im Rahmen des Internationalen Jazzfestivals (▶ unten).

▶ **Festival Internacional de Jazz de Barcelona**
Internationales Jazzfestival mit Veranstaltungen v. a. im Palau de la Música und im Luz de Gas.

NOVEMBER
▶ **Festa de Tots Sants**
Allerheiligenfest mit »castanyades« (gebackene Maronen) und »panellets« (Marzipangebäck).

DEZEMBER
▶ **Fira de Santa Llúcia**
Lichterketten in den Straßen, Krippen und Weihnachtsmarkt vor der gotischen Kathedrale; festliche Konzerte im Auditori

▶ **Copa Nadal**
Beliebter Schwimmwettkampf im Hafenbecken für besonders abgehärtete Schwimmer.

Die Menschentürme sind eine akrobatische Leistung.

Geld

Euro In Spanien ist der Euro (€) offizielles Zahlungsmittel. Für die Schweiz gilt zurzeit folgender Umrechnungskurs: 1 CHF = 0,68 €, 1 € = 1,68 CHF.

Banken Die Banken sind in der Regel Mo. – Fr. 9.00 – 14.00 und Sa. 9.00 – 12.30 Uhr geöffnet.

Geldautomaten An den spanischen Geldautomaten (Bancomat) kann man mit Kredit- und Bank-Karten in Kombination mit der Geheimnummer Geld abheben.

▶ BEI KARTENVERLUST

▶ **Bank-Karte (EC, Maestro)**
Tel. 00 49 / 18 05 / 02 10 21

▶ **American Express**
Tel. 00 49 / 69 / 97 97 10 00

▶ **Postbank SparCard**
Tel. 00 49 / 69 / 47 86 75 56

▶ **Diners Club**
Tel. 00 49 / 18 05 / 07 07 04

▶ **Visacard/Mastercard**
Tel. 800 811 84 40
Tel. 900 99 11 24

? WUSSTEN SIE SCHON …?

▪ Unter der zentralen Notrufnummer kann man im Fall des Verlustes alle Bank- und Kreditkarten sowie Mobiltelefone sperren lassen: **0049 / 116 116**.

Gesundheit

Apotheken Die Apotheken (farmàcies) sind durch ein grünes Kreuz auf weißem Grund gekennzeichnet. In der Regel sind sie Mo. – Fr. 9.30 – 14.00 und 16.30 – 20.00 sowie Sa. 9.00 – 12.30 Uhr geöffnet. Außerhalb dieser Zeiten dienstbereite Apotheken nennt der in jeder Apotheke aushängende Anschlag, der auch in den Zeitungen abgedruckt ist.

Krankenversicherung Die Versicherten deutscher Krankenkassen haben einen Anspruch auf kostenfreie Behandlung, wenn sie während eines Aufenthaltes in Spanien erkranken. Benötigt wird die **europäische Krankenversicherungskarte (E. H. I. C.)**, die man bei der eigenen Krankenkasse erhält. Sie berechtigt, einen Vertragsarztes des Staatlichen Gesundheitsdienstes (Seguridad Social) aufzusuchen. Zwar müssen die Behandlungskosten trotz Versicherungskarte oft bezahlt werden, aber die Krankenkassen erstatten den Betrag bis zu der Höhe zurück, die eine Behandlung in Deutschland gekostet hätte. Weitere Informationen enthalten die Merkblätter der Krankenkassen.

Da die Krankenkassen die Kosten eines Rücktransports erkrankter Urlauber aus dem Ausland nicht übernehmen und eine ärztliche Behandlung in der Regel mit einer Kostenbeteiligung für den Patienten verbunden ist, empfiehlt sich für die Dauer des Urlaubs der **Abschluss einer privaten Reisekrankenversicherung**.

Mit Kindern unterwegs

Kindern bietet Barcelona die Möglichkeit zu zahlreichen sportlichen Aktivitäten. Es gibt Eislaufzentren zum Schlittschuhfahren und Schwimmbäder, man kann reiten und inlineskaten, und die Strände sind auch in der kalten Jahreszeit ein lohnenswertes Ziel für Bewegungslustige (▶Urlaub aktiv).

Sportliche Aktivitäten

Nicht nur im **Zoo** kann man Tiere beobachten, sondern auch im **Aquàrium**, in dessen oberem Stockwerk interaktiv gestaltete Bereiche für Kinder eingerichtet sind.

Tiere

Abenteuerliche Ausflüge in die Luft und zu Wasser sind immer ein schönes Beschäftigungsprogramm für Kinder; außerdem bekommen sie auch noch einiges zu sehen: Eine Fahrt mit der Hafenseilbahn und anschließend mit der Drahtseilbahn auf den Montjuïc oder ein Ausflug mit der Tramvia Blau und dann mit der Zahnradbahn auf den Tibidabo, wo man den Vergnügungspark besuchen kann (▶Tibidabo S. 245), ist stets ein Erlebnis. Reizvoll ist auch eine vierzigminütige Hafenrundfahrt mit einer Golondrina vom Moll de las Drassanes (vor der Kolumbusstatue) zum Wellenbrecher und Leuchtturm oder eine Tour auf Barcelonas größtem Segel-Katamaran vom Alten Hafen zum Port Olímpic.

Fahrerlebnisse

 ANGEBOTE FÜR KINDER

AUSFLÜGE

▶ **Parc Zoològic**
Ein schönes Unterhaltungsprogramm bieten die mehrmals am Tag stattfindenden Delfinshows; manchmal gibt es Sonderführungen, etwa zur Besichtigung der Tierbabys. Mehrere Spielplätze und ein kleiner See mit Ruderbooten zum Paddeln bieten den Kindern im Park Gelegenheit, sich auszutoben.

▶ **Tibidabo-Vergnügungspark**
Zahlreiche Vergnügungsangebote (Riesenrad, Achterbahn, Geister-

Nostalgisches Karussell im Tibidabo-Vergnügungspark

schloss, Wasserrutsche, Kinderkarussell etc.) Eine besondere Attraktion ist das Museu dels Automats (Spielautomatenmuseum); diese märchenhafte Sammlung der auf Knopfdruck tanzenden Jahrmarktspuppen und anderer Automaten ist ein Muss für kleine und große Kinder.

► **Poble Espanyol**
Ganz Spanien an einem Nachmittag – und ab und zu gibt es auch Unterhaltungsprogramme extra für Kinder.

► **Parc del Laberint d´Horta**
Ausflugsziel am Fuß der Serra de Collserola. Dieser Irrgarten aus Zypressen und der umliegende Park mit Statuen, Tempelchen und Wasserkanälen und Goldfischteich eignet sich hervorragend zum Versteckspielen.

► **Trenet Parc de l´Oreneta**
Parc del Castell de l´Oreneta (Montevideo, 45) Eine Fahrt im Miniaturzug rund

um den Park (Öffnungszeiten: So. / Fei. 11.00 – 14.00 Uhr).

MUSEEN

► **Museu Marítím**
Die hier dokumentierten Wunder der Schiffbaukunst bis hin zum Dampfschiff, die Geschichte der Seefahrt mit Seekarten, Schlachten etc. bieten allein schon fesselndes Anschauungsmaterial für Kinder; doch unschlagbar ist die originalgetreu nachgebaute, begehbare Galeere aus der berühmten Seeschlacht von Lepanto.

► **Museu Militar**
So eine Festung mit Kanonen, Waffen und Rüstungen jeglicher Art ist seit jeher ein Faszinosum speziell für kleine und große Jungen.

► **Museu de la Ciència**
Wissenschaftsmuseum mit »Streichelzoo«. Außerdem gibt es Wissenschaft zum Anfassen: spielerische Experimente zum Wetter, mit Motoren, Licht, Laser.

Auch einiges über die Körper-
funktionen der Menschen (Sinne)
oder der Tiere (Würgeschlangen)
lernt man. Zum Angebot gehört
noch ein Planetarium und eine
Spezialabteilung für Kinder.

► **Museu d'Història de Catalunya**
Spezialabteilung für Kinder

► **Museu del Futbol Club Barcelona**
Hier freuen sich kleine und große
Fußballerherzen.

► **Museu de la Xocolata**
Wie Schokolade entsteht und was
man alles aus ihr machen kann,
wird hier in anschaulicher Weise
gezeigt. Ideal für kleine Le-
ckermäuler.

► **Museu de Cera**
Die Krönung nach einer Besichti-
gung der Wachsfiguren ist für die
Kinder immer ein Besuch im
Museumscafé Bosc de les Fades:
ein skurriler Märchenwald mit

> **!** *Baedeker* TIPP
>
> **Einblick ins Fußballerleben**
>
> Trainerbank, Spielfeld, Umkleidekabine: den
> Arbeitsplatz von Lionel Messi, Andrés Iniesta
> und den anderen »Helden« des FC Barcelona
> kann man bei einer Stadiontour durchs Camp
> Nou erleben. ► S. 194

Elfen und Zwergen, plätschernden
Bächen und Spinnweben in den
Ecken. Zwischen kahlen Bäumen
und Büschen sitzt man in
schummrigem Licht auf
Baumstümpfen bei Kaffee und
Kuchen.

► **Museu d'Art Contemporani**
Das Museum für Zeitgenössische
Kunst bietet besondere Kinder-
programme an, z. B. Kinder-
werkstätten (für Kinder von 4 bis
12 Jahren).

► **Museu d'Arqueologia de Catalunya**
Extra Veranstaltungen für Kinder.

Knigge

In Barcelona legt man wie in ganz Spanien Wert darauf, eine **gute Fi-**   **Kleidung**
gur zu machen. Gewisse Gepflogenheiten gehören daher für die Barcelonesen selbstverständlich zum Alltag und sollten auch vom ausländischen Besucher berücksichtigt werden, etwa bei der Wahl der
Garderobe: Egal ob weiblich oder männlich, Katalanen verlassen das
Haus grundsätzlich wie aus dem Ei gepellt, selbst an schwülen Som-
mertagen. Der Herr trägt lange Hosen, höchstens an sehr heißen Tagen einmal knielange Bermudas, dazu ein kurzärmeliges Hemd oder
ein modisches T-Shirt. Knappe Shorts, Achselshirts und ausgelatsch-
te Gesundheitsschlappen sind nicht seine Sache. Überhaupt hat
Strandkleidung in der Stadt nichts zu suchen. Mann geht eher bedeckt. Auch Frauen machen sich stadtfein. Sie zeigen zwar durchaus
viel Haut, aber das chic und immer entsprechend dem Modetrend.

Das gilt besonders für die Jugend, die sehr darauf bedacht ist, sich den ständig wechselnden Moden anzupassen, und, wenn es gerade angesagt ist, auch Nabelpiercing oder gewagte Tattoos gerne zur Schau trägt. Körperbehaarung jeglicher Art, etwa unter den Achseln oder an den Beinen, ist speziell bei Frauen ein absolutes Tabu. In Kirchen und Klöstern gelten Shorts und freie Schultern bei beiden Geschlechtern in jedem Fall als ungehörig. Für die Abendstunden, wenn man das reichhaltige Kulturangebot nutzen oder das Nachtleben genießen will, ist es zu jeder Jahreszeit ratsam, noch ein etwas eleganteres Kleidungsstück zum Ausgehen im Gepäck zu haben.

Restaurants, Kneipen, Bars Im Restaurant sucht man sich nicht einfach einen freien Tisch, sondern wartet, bis der Kellner einem einen Platz zuweist. Völlig verpönt ist es, sich zu Spaniern an den Tisch zu setzen, selbst wenn man vorher höflich gefragt hat. Anders geht es allerdings an der Tapa-Theke zu. Wenn man sich hier nicht beherzt einen Sitz- oder Stehplatz erkämpft und dann den Kellner deutlich auf sich aufmerksam macht, wird man nie bedient. Allerdings sollte man sich vorher genau überlegt haben, was man bestellen will, denn hier muss alles schnell gehen, damit der Laden läuft. Dafür sind die Kellner hinter der Theke erstaunlich flink, ja wahre Bedienungskünstler. Die früher übliche Unsitte, allen Abfall (Servietten, Zigarettenasche) achtlos auf den Boden zu werfen, ist in den meisten Kneipen übrigens inzwischen passé. **Rechnungen** werden im Restaurant immer für den gesamten Tisch ausgestellt und dann unter den Gästen geteilt. Bei nächtlichen Streifzügen durch Bars und Kneipen gibt jeder einmal eine Runde aus, auch hier wird nicht einzeln abgerechnet.

Begrüßung Zur Begrüßung umarmen sich die Damen, auch wenn sie nicht eng befreundet sind, und hauchen sich ein Küsschen rechts und links auf, wobei zu enger Körperkontakt aber durchaus zu vermeiden ist. Übliche Höflichkeitsfloskeln, etwa »wie hübsch du aussiehst«, unter Frauen, oder freundliche Einladungen wie »wir müssen uns unbedingt sehen«, oder »ruf mich mal an« gehören bei den Katalanen allgemein zum guten Ton, sind aber längst nicht immer wörtlich zu nehmen. Unter Männern klopft man sich zur Begrüßung gerne kumpelhaft auf die Schulter. Händeschütteln gilt als eine sehr formelle Art der Begrüßung.

Literaturempfehlungen

Romane und Erzählungen **Alicia Giménez-Bartlett**, Gefährliche Riten (Unionsverlag, 2002) Erstes Buch der Petra-Delicado-Romanreihe der erfolgreichen spanischen Krimiautorin. In den Straßen von Barcelona muss die Polizeiinspektorin Petra Delicado einen Vergewaltiger aufspüren (▸ Baedeker Special, S. 44).

Plaça Reial – in Barcelona gibt es viele spannende Romanschauplätze

Juan Marsé, Der zweisprachige Liebhaber (Wagenbach, 2007)
Roman einer unerfüllten Liebe, der auf das spannungsgeladene Verhältnis zwischen zugewanderten Andalusiern und nationalistischen Katalanen eingeht und zahlreiche Seitenhiebe auf die Gesellschaft Barcelonas austeilt.

Eduardo Mendoza, Stadt der Wunder (Suhrkamp, 2007)
Erzählung vom abenteuerlichen Aufstieg des Onofre Bouvila, eines Niemands aus der Provinz, zum Industriemagnaten und mächtigsten Mann Barcelonas in der Zeit zwischen den Weltausstellungen 1888 und 1929.

Mercè Rodoreda, Aloma (Suhrkamp, 1991)
Der 1938 verfasste Roman der berühmtesten katalanischen Schriftstellerin Mercè Rodoreda (► Berühmte Persönlichkeiten) schildert zwei Liebesdramen während eines heißen Sommers in einer Vorstadt von Barcelona.

Manuel Vázquez Montalbán, Die Meere des Südens. Ein Pepe-Carvalho-Roman (Piper, 2001)
Typische Krimigeschichte des katalanischen Erfolgsautors Manuel

Vázquez Montalbán (▶Berühmte Persönlichkeiten) mit Detektiv Pepe Carvalho. Spannende Story, die auch die sozialen Verhältnisse in Barcelona schildert.

George Orwell, Mein Katalonien. Bericht über den Spanischen Bürgerkrieg (Diogenes, 2000)
Autobiografischer Bericht George Orwells (1903–1950) über seine freiwillige Teilnahme im Spanischen Bürgerkrieg (1936–1939) auf Seiten der Republikaner mit detaillierter Beschreibung der damaligen politischen Situation, als nicht nur die Republik gegen Franco kämpfte, sondern auch die Linke gegen die Linke.

Carlos Ruiz Zafón, Der Schatten des Windes
(▶Baedeker Special, S. 44).

Museen

Ermäßigungen   Ermäßigungen bei Eintrittspreisen ▶Preise · Vergünstigungen

Öffnungszeiten   Die meisten Museen sind an Sonntagnachmittagen und am Montag geschlossen.

 **WICHTIGE MUSEEN**

KUNST

▶ **Casa-Museu Gaudí**
  ▶ Parc Güell

▶ **Caixaforum**
  ▶Caixaforum

▶ **Centre de Cultura Contemporánia de Barcelona (CCCB)**
  ▶ Museu d'Art Contemporani, Casa de Caritat

▶ **Fundació Fran Daurel**
  ▶ Poble Espanyol

▶ **Fundació Francisco Godia**
  ▶ Fundació Francisco Godia

▶ **Fundació Joan Miró**
  ▶ Fundació Joan Miró

▶ **Fundació Suñol**
Passeig de Gràcia 98
www.fundaciosunol.org
Zeitgenössische Kunst aus der Sammlung Josep Suñol
geöffnet: Mo.–Sa. 16.00–20.00

▶ **Fundació Antoni Tàpies**
  ▶ Fundació Antoni Tàpies

▶ **Museo Real Circulo Artistico**
c/Arcs 5
www.dalibarcelona.com
44 Skulpturen von Salvatore Dalí aus den 1970er-Jahren.

▶ **Museu d'Art Contemporani de Barcelona (MACBA)**
  ▶ Museu d´Art Contemporani de Barcelona

Grafik im Museu Pablo Picasso

► **Museu Barbier-Mueller d' Art Precolombi**
  ► Museu d' Art Precolombi

► **Museu de la Catedral**
  ► Kathedrale

► **Museu Diocesà de Barcelona (Pia Almoina)**
  ► Museu Diocesà

► **Museu de l' Eròtica**
  La Rambla 96 bis
  Metro: Catalunya
  (L 1, L 3)
  Liceu (L 3)
  geöffnet:
  tgl. 11.00 – 22.00
  In dem Museu wird erotische Kunst aus allen Teilen der Welt gezeigt, und es gibt eine Ausstellung über die Zeit des Barri Xinès in den 1930er-Jahren.

► **Museu Frederic Marès**
  ► Museu Frederic Marès

► **Museu Nacional d' Art de Catalunya (MNAC)**
  ► Museu Nacional d' Art de Catalunya

► **Museu Picasso**
  ► Museu Picasso

► **Sagrada Família Museu del Temple Expiatori**
  ► Sagrada Família

KUNSTHANDWERK

► **Museu de les Arts Decoratives**
  ► Palau de Pedralbes

► **Museu del Calçat**
  ► Museu del Calçat

► **Museu de Carrosses Fúnebres**
  Sancho d´Àvila 2
  Metro: Marina (L 1)
  geöffnet: Mo. – Fr. 10.00 – 13.00, 16.00 – 18.00, Sa., So. 10.00 – 13.00
  Leichenwagen (Kutschen, Autos) aus dem 19. und 20. Jh.

► **Museu de Cera**
  ► Museu de Cera

► **Museu de Ceràmica**
  ► Palau de Pedralbes

► **Museu Tèxtil i d'Indumentària**
  ► Palau Reial de Pedralbes

WISSENSCHAFT

► **Museu de la Ciència**
  ► Museu de la Ciència

► **Museu de Geologia**
  ► Museu de Geologia

► **Museu de Zoologia**
  ► Museu de Zoologia

i **Die spannendsten Museen**

■ Museu Marítim: das schlimme Los von Galeerenhäftlingen hautnah geschildert
■ Museu de la Ciència: Wissenschaft zum Anfassen
■ Museu del Futbol Club Barcelona: ein Paradies für Fußballfans
■ Museu de Cera: wen kennt man, wen kennt man nicht?

GESCHICHTE, ARCHÄOLOGIE, ETHNOLOGIE

► **Museu d'Arqueologia de Catalunya**
  ► Museu d'Arqueologia de Catalunya

► **Museu Egipci de Barcelona**
  ► Museu Egipci

► **Museu Etnogràfic Andino-Amazònic**
  ► Museu Etnogràfic Andino-Amazònic

► **Museu Etnològic**
  ► Museu Etnològic

► **Museu d'Història de Catalunya**
  ► Hafen

► **Museu d'Història de la Ciutat de Barcelona**
  ► Museu d'Història de la Ciutat de Barcelona

► **Museu-Monestir de Pedralbes**
  ► Pedralbes

► **Museu-Casa Verdaguer**
  ► Museu-Casa Verdaguer

► **Museu Marítim**
  ► Museu Marítim

► **Museu Militar de Montjuïc**
  ► Montjuïc

► **Institut Municipal d'Història**
  ► Barri Gòtic

► **Museu Tauri**
  ► Plaça de Toros

► **Museu de la Xocolata**
  Comerç 36
  Metro: Jaume (L 4),
  Arc de Triomf (L 1)
  geöffnet: Mo. – Sa. 10.00 – 19.00;
  So. 10.00 – 15.00
  Schokoladenmuseum in einem ehem. Augustinerkloster. Geschichte der Schokolade und ihre Verarbeitung.

SPORT

► **Museu de l'Esport Dr. Melcior Colet**
  ► Museu de l'Esport

► **Museu FC Barcelona**
  ► Museu del Futbol Club Barcelona

► **Galeria Olímpica**
  ► Olympiagelände

ANDERE MUSEEN

► **Museu del Clavegueram**
  ► Museu del Clavegueram

► **Museu d'Autòmates del Tibidabo**
  ► Tibidabo

► **Museu de la Música**
  ► Museu de la Música

Notrufe

 WICHTIGE NOTRUFNUMMERN

► **Tel. 112**
Unter dieser Nummer erreicht man Arzt, Feuerwehr und Polizei. Anrufe werden rund um die Uhr in Spanisch, Deutsch und Englisch entgegengenommen.

► **Notruf / Polizei**
Tel. 0 92

► **Notarzt**
Tel. 0 61

► **Feuerwehr**
Tel. 0 80

► **ADAC-Notruf-Station Spanien (Barcelona)**
Tel. 935 08 28 28

Post und Telekommunikation

Post

Briefmarken bekommt man sowohl in Postämtern als auch in Tabakgeschäften, die man an einem Schild mit einem stilisierten gelben Tabakblatt und einem »T« erkennt. Eine Briefmarke für eine Karte oder einen Brief ins europäische Ausland kostet 64 Cent.   **Briefmarken**

Die Briefkästen in Spanien sind gelb mit einem roten Posthorn; Kästen mit der Aufschrift »extranjero« für Auslandspost.   **Briefkästen**

Die Postämter (Correos) sind Mo. – Fr. von 9.00 – 14.00 und Sa. 9.00 – 13.00 Uhr geöffnet. Lediglich das Hauptpostamt von Barcelona und die Postämter auf dem Flughafen in El Prat de Llobregat sind täglich rund um die Uhr geöffnet.   **Öffnungszeiten**

Telefon

Telefonzellen und -karten Viele öffentliche Telefonzellen funktionieren sowohl mit Münzen als auch mit Telefonkarten. Die Bedienungsanweisungen sind in mehreren Sprachen angeschlagen. Telefonkarten im Wert von 6 bzw. 12 € kann man in den Geschäftsstellen der Telefongesellschaft Telefónica oder in Tabakgeschäften kaufen. Verbreitet sind auch Kreditkartentelefone.

Mobilfunk Derzeit bestehen Roaming-Verträge mit allen gängigen deutschen Anbietern. Autofahrer dürfen während der Fahrt nur mit einer Freisprecheinrichtung telefonieren.

▶ VORWAHLNUMMERN

▶ **Von Deutschland, Österreich und der Schweiz nach Spanien**
Tel. 00 34

nach Österreich: Tel. 00 43
in die Schweiz: Tel. 00 41

▶ **Von Spanien**
nach Deutschland: Tel. 00 49

Bei Anrufen von Spanien in die oben genannten Länder entfällt die 0 der jeweiligen Ortskennzahl.

Preise und Vergünstigungen

! *Baedeker* TIPP

Barcelona Card

Mit der Barcelona Card, erhältlich u. a. in den Tourismusbüros und in den El Corte Inglés-Geschäften, kann man die öffentlichen Verkehrsmittel der Metropole kostenlos benutzen und erhält Preisnachlässe bei der Benutzung anderer Verkehrsmittel, beim Besuch von Museen, Veranstaltungen, Freizeiteinrichtungen (Theater, Zoo, Casino, Varieté) sowie in bestimmten Geschäften, Restaurants und Nachtlokalen. Bei online-Erwerb ist der Preis für die Karte um 10 % reduziert. http://bcnshop.barcelonaturisme.com/Barcelona-Card.

Barcelona, in einer der wirtschaftlich am besten florierenden Regionen Spaniens gelegen, zählt **zu den teuersten Städten des Landes**. In der Gastronomie (abgesehen von sehr einfachen Restaurants), in Hotels sowie in Museen und anderen Sehenswürdigkeiten (Eintrittspreise) muss mit Preisen wie in Deutschland gerechnet werden. Lediglich die öffentlichen Verkehrsmittel sind etwas preiswerter. Sehr rentabel kann eine **Barcelona Card** sein (▶ Baedeker Tipp). Bei der Fahrt mit dem **Bus Turístic** erhält man ein Gutscheinheft mit diversen Vergünstigungsscheinen. Mit

PREISE IM VERGLEICH

Doppel-zimmer
ab 70 €

einfaches Essen
8 €

Glas Bier
1,80 €

Tasse Kaffee
1,50 €

3-Gänge-Menü
ab 20 €

dem **Articket**, einem Kunst-Pass, kann man folgende Museen bzw. Kulturhäuser besuchen: Centre de Cultura Contemporània de Barcelona (CCCB), Fundació Antoni Tàpies, Fundació Joan Miró, Museu d'Art Contemporani de Barcelona (MACBA), Museu Nacional d'Art de Catalunya (MNAC), Museu Picasso und La Pedrera-Centre Cultural Caixa Catalunya. Erhältlich ist das Articket in den jeweils genannten Museen und in den Touristischen Informationsbüros von Barcelona, Informationen über die Website des Tourismusbüros Barcelona oder unter Tel. 932 853 834.

Reisezeit

Barcelona liegt in der Zone ausgeglichenen Mittelmeerklimas ohne allzu extreme Temperaturen. Die Lufttemperatur fällt nur selten unter den Gefrierpunkt und übersteigt auch fast nie Werte um 35 °C; die täglichen Temperaturschwankungen liegen zwischen 6 und 15 °C. Der Wind kommt überwiegend aus südlichen Richtungen.

Barcelona ist das ganze Jahr über eine Reise wert und wird – anders als in früheren Jahren – auch das ganze Jahr über von Ausländern besucht. Die größten Tourismusaufmärsche gibt es im Hochsommer, als geeignete Reisezeit empfehlen sich jedoch das späte Frühjahr und der Frühsommer sowie der Herbst, denn die Hitze im Hochsommer wird zwar durch Seewinde gemäßigt, doch kann die Belastung der Luft durch Auto- und Industrieabgase im wenig durchlüfteten Stadtbereich von Barcelona unangenehm sein. Im Winter fällt

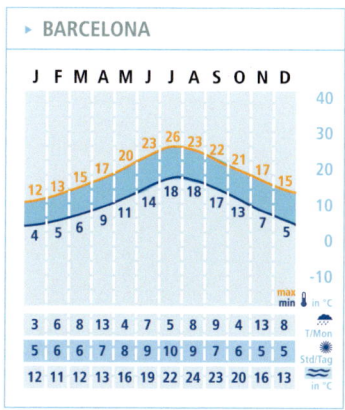

► BARCELONA

manchmal Schnee, doch häufiger sind warme Tage, an denen man sein Mittagessen unter freiem Himmel zu sich nehmen kann.

Shopping

Einkaufsparadies

Barcelona ist ein Einkaufsparadies. Die besten und vielseitigsten Einkaufsmöglichkeiten findet man entlang der **Barcelona Shopping Line**, die sich mit 5 km Länge vom Maremàgnum im alten Hafen über die Rambles und das Barri Gòtic, die Plaça de Catalunya, den Passeig de Gràcia und die Avinguda Diagonal bis zur Ciutat Universitaria erstreckt. Der Shopping Line gehören vom Fremdenverkehrsamt Barcelona empfohlene Geschäfte an, die sich durch ihre Qualität auszeichnen. Die Liste samt Lageplan erhält man an den Informationsstellen des Fremdenverkehrsamtes.

Stadtteile zum Einkaufen

Eixample und Diagonal

Selten hat man Gelegenheit, so viel **exklusive Mode- und Designergeschäfte**, alles was Rang und Namen hat, auf so engem Raum wie im oberen Teil der Stadt zu bestaunen. Traumhafte Luxusläden jeglicher Couleur lauern auf Schritt und Tritt darauf, Ihren Geldbeutel empfindlich zu erleichtern – nordwestlich des Gotischen Viertels und der Plaça de Catalunya, an der Rambla de Catalunya und am Passeig de Gràcia sowie an der Avinguda Diagonal samt Seitenstraßen, u. a. auf dem Carrer de Balmes und dem Carrer de Muntaner nordwestlich der Av. Diagonal. Neben den internationalen Edelmarken wie Armani, Burberry, Cartier, Escada, Lacoste, Versace ist hier die gesamte Prominenz der katalanischen Erfolgsdesigner vertreten, etwa Ana Bofill, Antoni Miró, Lydia Delgado. Auch wenn man nichts kauft, ist allein schon ein Schaufensterbummel ein absolutes Erlebnis.

Beliebt sind die in 1980er-Jahren gebauten **»galeries« (Modepassagen)**. In den modernen Einkaufspassagen des Bulevard Rosa mit seinen drei Standorten auf dem Passeig de Gràcia 51-55, der Avinguda Diagonal 472 und 609 sind moderne Boutiquen für Mode und Schmuck vertreten. Um den Passeig de Gràcia findet man – zuweilen in beeindruckenden Modernisme-Bauten – auch noch schöne alte Geschäfte, wie Bäckereien und Apotheken.

Altstadt und Rambles

Der zweite Einkaufsbereich ist die fast autofreie Altstadt und insbesondere deren nördlicher Abschnitt (zwischen Plaça de Catalunya und Carrer de la Palla). Eine Vielzahl von Geschäften in den kleinen, belebten Straßen bietet Mode, Lederwaren, Schmuck und vieles mehr für den jugendlich schrillen wie auch für den gediegenen Geschmack an. Vor allem aber ist das Viertel bekannt für seine rustikalen, zuweilen skurrilen Läden, die sich teilweise schon seit über 100 Jahren gehalten haben und Waren wie aus Uromas Zeiten feilbieten, etwa Milchkannen, handgefertigte Kerzen, Kerzenleuchter, getrocknete Früchte und Nüsse, in Handarbeit hergestellte Pralinen. Hier existieren auch noch einige der alten preisgünstigen Modeboutiquen, Leder-, Schmuck- und Souvenirgeschäfte. Einen Antiquitätenladen neben dem anderen findet man vor allem auf dem Carrer de la Palla, dem Carrer del Pi und in der Gasse Banys Nous im Barri Gòtic.

Im Ribera-Viertel stößt man auf interessante Läden und Textilwerkstätten in historischen Handwerkerhäusern und Webereien. Wer sich für Mode zeitgenössischer spanischer Designer interessiert und ausgesuchte Wein- und Feinkosthandlungen sucht, ist hier richtig. Haupteinkaufsstraßen sind Banys Vells, Esquirol, Barra de Ferro, Passeig del Born. **Ribera**

Im ehemals heruntergekommenen Stadtviertel El Raval westlich der Ramblas finden sich Kunstgalerien, Läden mit kreativen Kleinigkeiten oder Designstücken sowie Modeboutiquen meist spanischer Textildesigner. Jung, urban, kreativ und meistens auch alternativ sind die Läden im oberen Teil des Viertels um die Kunstzentren CCCB und MACBA. Im unteren Teil in Richtung Hafen werden die Läden einfacher und günstiger. Die multikulturelle und internationale Bevölkerung schlägt sich auch in den Geschäften nieder, in denen manch skurrile Entdeckung zu machen ist. **El Raval**

Shopping-Zentren

Ein modernes Einkaufszentrum ist das **Maremàgnum** im alten Hafenbecken, ein Gebäude aus Glas, Stahl und Beton, unter dessen Dach sich Geschäfte und Galerien sowie Restaurants und ein Kino- **Einkaufszentren**

Neben Lebensmitteln und Kleidungsstücken gibt es auf dem Mercat Sant Antoni auch viel Trödel zu kaufen.

zentrum eingerichtet haben. Wahre Einkaufsparadiese sind die Filialen von **El Corte Inglés**, Spaniens größter Kaufhauskette, in denen nahezu alles zu finden ist; Filialen befinden sich an der Plaça de Catalunya, Portal de l´Àngel 19-21 (im Gotischen Viertel: Musik, Sport, Fotoartikel, Informatik) und an der Av. Diagonal (Plaça de Francesc Macià und Plaça de Reina Maria Cristina). Ein weiteres Einkaufszentrum ist **El Triangle**: mit dem wieder eröffneten Café Zürich an der Plaça de Catalunya, Ecke Carrer de Pelai. An der Av. Diagonal, östlich der Plaça Reina Maria Cristina, steht das riesige, moderne Einkaufszentrum **Illa Diagonal**, mit über 130 exklusiven Geschäften aller Art und einer Markthalle sowie Restaurants, einem Hotel und einer Diskothek, Diagonal 557. **Les Glòries**, Diagonal 208, ist ein klassisches Einkaufszentrum mit 200 Läden. Weitere Einkaufsmöglichkeiten bieten **Hipercor**, Avinguda Meridiana 350, sowie **Marks & Spencer**, Plaça de Catalunya 23, ein in Spanien sehr beliebtes englisches Kaufhaus (klassisch moderne Mode für sie und ihn).

Markthallen und Märkte

Städtische Markthallen findet man in allen Stadtteilen Barcelonas. Die rund 40 Markthallen verfügen fast alle über ein reiches Angebot an Obst, Gemüse, Molkereiprodukten, Fleisch, Fisch und Meeresfrüchten. Besonders empfehlenswert sind die **Boqueria** an den Rambles (▶ Mercat de Sant Josep), der **Mercat de Santa Caterina** (Plaça d' Antoni Maura) sowie der **Mercat de Sant Antoni** am südwestlichen Rand des Stadtviertels Raval. Während der Woche herrscht normaler Marktbetrieb; am Wochenende entsteht oft ein bunter Tauschbasar mit schrägem Trödel zum Stöbern, Kaufen und Verkaufen.

Für viele Barcelonesen ist der in einem kirchenartigen Gebäude untergebrachte **Mercat de Galvany** (Ecke Madrazo / Santaló im Stadtteil Sarrià-Sant Gervasi) der beste Markt der Stadt. Als größter Flohmarkt gilt **Els Encants**, Plaça de les Glòries Catalanes (Mo., Mi., Fr., Sa.) mit über 400 Händlern, mit Freiflächen und überdachten Budengassen; interessant sind auch die umliegenden Läden (Möbel, Lampen, Kunstgegenstände, Bücher). Auf dem Künstlermarkt **Mostra d'Art**, Plaça Sant Josep Oriol, bei der Kirche Santa Maria del Pi, stellen am Wochenende Mitglieder des Künstlervereins ihre neuesten Aquarelle und Ölgemälde vor. Auf der **Numismática y Filatelia**, Plaça Reial, kommen Münz- und Briefmarkensammler (Sonn- und Feiertage, jeweils vormittags) auf ihre Kosten.

Museen, Fußgängerzonen

Viele **Museen** betreiben gute Shops: Museu Tèxtil i de la Indumentària, Fundació Joan Miró, MACBA, CCCB, Fundació Antoni Tàpies, Museu d´Història de la Ciutat, Casa Milà. **Die schönsten Fußgängerzonen** sind Portaferrissa, Carrer Comtal und Carrer Petritxol (alle im Gotischen Viertel).

Kunstgalerien

Die meisten kommerziellen Kunstgalerien und Grafikhandlungen findet man auf der Carrer del Consell de Cent in Eixample / Rambla de Catalunya (Galeria Llúcia Homes, Galeria Manuel Barbie, Galeria

D´Art) sowie in der Carrer de Montcada (beim Museu Picasso). Neue Galerien sind im Raval entstanden, um das Museu d' Art Contemporani, sowie im Ribera-Viertel um den Mercat del Born herum.

In Spanien gibt es keine gesetzlich festgelegten Ladenschlusszeiten. Die Geschäfte sind üblicherweise von 9.00 bis 13.00 Uhr und von 16.30 bis 20.00 Uhr, im Sommer oft bis in die späten Abendstunden geöffnet (v. a. Lebensmittel- und Tabakläden). Die großen Warenhäuser und Einkaufszentren haben im Allgemeinen durchgehende Öffnungszeiten Mo. – Sa. 10.00 – 21.00 Uhr; viele Einkaufszentren sind auch an Sonn- und Feiertagen geöffnet.

Öffnungszeiten

 INTERESSANTE GESCHÄFTE

ANTIQUITÄTEN

► **Alibri**
Balmes 26
(Eixample)
»Deutsche« Buchhandlung in Universitätsnähe (früher Herder).

► **El Bulevard dels Antiquaris**
Passeig de Gràcia 55 – 57
(im Bulevard Rosa)
Über 70 Antiquitätenhändler (etwa für Jugendstilmöbel und atemberaubende Kristalllüster, Porzellan und Schmuck) und Kunstgalerien sind in einer rund überdachten Ladenpassage versammelt. Hier befindet sich auch das Centre Català d´Artesania, wo gediegenes Kunsthandwerk aus ganz Katalonien angeboten wird. Das Zentrum soll zur Förderung des traditionellen Kunstgewerbes dienen. Da auf gute Qualität und faire Preise besonders geachtet wird, ist man in jedem Fall gut bedient.

► **Dos y Una**
Rosseló 275
Barcelonas ältester Edel-Souvenirladen, der u.a. Xavier Mariscal bekannt gemacht hat.

BÜCHER

► **Documenta**
C/ Cardenal Casañas 4
Renommierte Buchhandlung mit literarischem Schwerpunkt in einer Nebenstraße der Rambla. Auch englische und französische Bücher.

CDs

Einen CD-Laden neben dem anderen findet man im Carrer dels Tallers, einer Seitenstraße der Rambles, und im Carrer de les Sitges (jeweils Raval). Eine gute Auswahl bietet auch das Elektronik- und Medienkaufhaus FNAC an der Plaça Catalunya.

FUSSBALL

► **La Botiga del Barça**
Die offiziellen Trikots, Fahnen, Schals etc. des FC Barcelona bekommt man in den Botigas. Die Größe eines Kaufhauses hat der Megastore am Stadion Camp Nou. Filialen finden sich im Einkaufszentrum Maremagnum, bei der Sagrada Familia (C/Provença 439), im Bahnhof Sants, an der Ronda Univeridad 37 und in der Altstadt in der C/ Jaume I 18.

INNENEINRICHTUNG

▶ BD-Ediciones de Diseño

Carrer de Mallorca, 291 – 293
(Eixample)
Das Haus ähnelt einer Kunstgalerie. In dem von Domènech i
Montaner entworfenen, 1979
komplett restaurierten Modernis-
ta-Gebäude werden Möbelstücke
und Accessoires der renommiertesten Innenausstatter Barcelonas
(u. a. Charles Rennie Mackintosh,
Javier Mariscal) ausgestellt. Zu
einem entsprechenden Preis kann
man sich Möbel nach Original-
mustern z. B. von Gaudí anfertigen
und nach Hause liefern lassen.

▶ Biosca u. Botey

Avda. Diagonal 458
(Eixample)
Dieses renommierte Barceloneser
Lampengeschäft besteht seit 1917.
Hier finden Sie mehr als 6000
Lampen von klassisch bis hyper-
modern.

▶ Vinçon

Passeig de Grácia, 96
(Eixample)
In dem von Ramón Casas erbau-
ten Jugendstilpalast befindet sich
eines der renommiertesten Häuser
für moderne Innenausstattung.
Hier gibt es kitschiges, skurriles
Mobiliar, Avantgarde-Möbel,
Stoffe, Küchen- und Badeartikel,
Geschenke – etwa stilvolle
Kerzen –, Lampen; herrlich zum
Stöbern! Sehenswert ist die
Präsentation von Möbeln im ers-
ten Obergeschoss. Hier wird zeit-
genössisches Mobiliar in den
authentischen Räumen des
modernistischen Stadtpalastes
gezeigt. Gleich um die Ecke
betreibt Vinçon das Tincon für
Schlafzimmereinrichtungen.

KUNSTHANDWERK

▶ Arkitectura

Via Augusta 185
Gilt als Barcelonas beste Adresse
für zeitgenössisches Mobiliar und
Design. Alle großen Namen und
Hersteller sind vertreten.

▶ Art Escudellers

Escudellers 23-25 (Ribera)
Spanisches Kunsthandwerk und
Wein unter einem Dach. In der
angeschlossenen Werkstatt kann
man zusehen, wie die Töpferware
entsteht und, wenn man will, sich
selbst im kreativen Töpfern üben.

▶ La Caixa de Fang

Carrer de la Freneria 1 (Altstadt)
Katalanische und spanische Kera-
mik, traditionelle katalanische
Kochtöpfe, bunte Fliesen.

KURIOSITÄTEN

▶ La Casa del Feltre

Carrer Canvis Vells 8 (Ribera)
Alles aus Filz geschneidert, vom
Hut bis zum eleganten Kostüm.

▶ Casa Oliveras

Dragueria 11 (Altstadt)
Einer der alten Läden, wo man
Spitzen und Borten aller Art
erwerben kann. Es lohnt sich
unbedingt zuzusehen, wie die
kunstvollen Arbeiten im winzigen
Atelier an Ort und Stelle angefertigt werden.

▶ Cerería Subirà

Baixada Llibreteria 7 (Altstadt)
Seit dem 18. Jh. werden hier
Kerzen und alles Mögliche aus
Wachs hergestellt. Man kann be-
sonders kunstvolle Stücke bestau-
nen, die bis zu mehreren Tausend
Euro kosten. Auf Wunsch werden
auch Extramodelle angefertigt.

► Fantastik

Joaquim Costa 62
(Raval)
Bunt und kurios sind die Spiele,
Schreibwaren, Papiere und der
Kitsch, die aus den fernsten Win-
keln der Erde stammen: z. B.
mexikanische Marienfiguren,
japanische Schulhefte oder Recy-
clingkunst aus Thailand.

► Sombreria Obach

Call, 2
(Altstadt)
Ein Hutgeschäft wie in alten
Zeiten mit exklusiver Beratung mit
Hüten für den Herren in allen
erdenklichen Varianten.

LEDERWAREN

► Akor

Portaferrisa, 4
(Altstadt)
Vierzig Jahre Erfahrung in der
Konfektion exklusiver Leder- und
Pelzkleidung.

► Loewe

Diagonal 570 und Passeig de
Gràcia, 35 (Eixample)
Traditionsreiche spanische Leder-
warenkette (seit 1846). Hier findet
man edelste Ledertaschen und
Accessoires (auch Jacken) zu entsprechend gehobenen Preisen (seit
1846).

► Peletria Prieto

La Rambla 39 (Altstadt)
Vielseitiges und modisch origi-
nelles Angebot an Lederwaren
nebst Zubehör mit eigenem
Schneideratelier.

LEBENSMITTEL

► Caelum

Carrer de la Palla 8 (Altstadt)
Unter den Gewölben einer alten

Therme im Judenviertel. Neben
Weinen, Tees, Likören werden hier
alle erdenklichen zuckrigen
Leckereien, traditionelle Spezialitäten aus spanischen Klöstern,
zum Verkauf oder zum Probieren
angeboten: Honig, Gebäck etc.

► Colmado Quílez

Rambla de Catalunya 63
(Eixample)
Traditionelle spanische Spezialitäten wie Schinken, Käse, Kekse,
Süßigkeiten, Tee und Kaffee,
Weine und Spirituosen, Cavas aus
50 Kellereien, die unterschiedlichsten Köstlichkeiten türmen
sich in der Schaufensterauslage.

Patisseria Escribà: wundervolles Gebäck vor schöner Kulisse

Im Barri Gòtic gibt es noch viele Geschäfte wie diesen Kräuterladen.

▶ Pastisseria Escribá

La Rambla, 83
(Altstadt)
Gran Via 546
Hier findet man das feinste
Gebäck (herrliche Kuchen- und
Petitfours-Kreationen), alles im
schönstem Jugendstil-Schaufenster
der Stadt (von Cristian Escribà)
ausgestellt. Dazu gibt es Tische, im
Sommer auch auf der Terrasse, um
die Leckereien an Ort und Stelle zu
probieren.

▶ Pastisseria Mauri

Rambla de Catalunya 102
(Eixample)
Das traditionsreiche Haus hat
edelstes Gebäck und Pralinen im
Angebot. Angeschlossenem ist ein
Teesalon.

▶ Queviures Murria

Roger de Llúria 85 (Eixample)
1890 gegründeter Laden im
modernistischen Stil, original dekoriert von Ramón Casas. Hier
gibt es 200 Käsesorten, Wurst,
Leckerein in Büchsen, alles, was
ein Feinschmeckerherz begehrt. In
der hauseigenen Cava mit hervorragender Auswahl findet man ganz
sicher den passenden Wein.

▶ Enric Rovira

Josep Tarradellas 113 (Les Corts)
 Es gibt sehr gute Schokoladen-
meister und Geschäfte in Barcelona. Die kreativsten und von
anderen gerne kopierten Ideen
entwickelt Enric Rovira. Sein
Geschäft liegt etwas abseits in der
Nähe der Estació Sants.

► Formatgeria La Seu
Daguería, 16
(Altstadt)
Dieser Käseladen mitten im Barri Gòtic ist einer der ältesten der Stadt. Die feinsten Käsesorten Kataloniens und Spaniens werden hier nicht nur verkauft, sondern man erhält auch eine exzellente fachkundige Beratung rund um den Käse. Ein Teil der alten Maschinen ist noch zu bewundern.

► Vila Viniteca
Agullers 7 (La Ribera)
Weinliebhaber werden glücklich in den bestens bestückten Räumen. Die Weinhandlung liegt im Viertel La Ribera, ein Haus weiter führt Vila Viniteca zudem einen Feinkostladen mit kleiner Bar.

MODE
► Adolfo Domínguez
Passeig de Gràcia 89
(Eixample)
Seit vielen Jahren ist dieses aus Galicien stammende Bekleidungsgeschäft bekannt für seine dezent klassische Damen- und Herrenmode von erlesener Qualität.

► Armand Basi
Passeig de Gràcia, 49
(Eixample)
Die katalanische Marke von internationalem Rang zeichnet sich vor allem durch die Leichtigkeit ihrer besonders sorgfältig gewirkten und bearbeiteten Stoffe und die gelungenen Kombinationen aus.

► Contribuciones
Riera de Sant Miquel 30
(Eixample)
Hier findet man Designermode zu erschwinglichen Preisen.

► Custo Barcelona
La Rambla 109, Plaça Olles 7
Die Brüder Dalmau sind vielleicht die bekanntesten Modemacher Barcelonas. Ihre sehr bunte Mode lebt von den Kontrasten der Materialien und Dekors.

► Lydia Delgado
Minerva 21 (Eixample)
Die erfolgreiche katalanische Modedesignerin entwirft weiblichromantische Ballkleider und andere Modelle im momentan angesagten Stil der Sixties.

► Desigual
Las Ramblas 136
Las Ramblas 140 (Outlet)
Mittlerweile ist die Modemarke aus Barcelona auch in anderen europäischen Städten vertreten. Das Versprechen der oft jugendlich bunten und schrillen Mode geht auf: Wer sie trägt, will anders, individuell und urban sein. Derzeit gibt es 15 Shops in Barcelona.

► Carolina Herrera
Passeig de Gràcia 87 (Eixample)
Mit klassischer Eleganz für Damen und Herren hat sich die Designerin einen festen Platz in der katalanischen Modewelt verdient.

PARFÜM
► Regia
Passeig de Gràcia, 39 (Eixample)
Eine der ältesten und renommiertesten Parfümerien Barcelonas. Einen Besuch sollte man auf jeden Fall einplanen, denn hier befindet sich auch das Parfüm-Museum, wo anhand von mehr als 5000 Beispielen die Entwicklungsgeschichte des Parfüms in Spanien anschaulich dokumentiert wird
(► Baedeker Tipp S. 223)

Auslage eines Designshops im Raval

SCHMUCK

▶ **Bagués**
Passeig de Gràcia, 41 (Eixample)
Der bekannte Juwelier (seit 1839)
in der Casa Amatller hat mit den
Modernista-Preziosen von Mas-
riera Schmuckgeschichte geschrieben. Bagués-Masriera steht für
edle Exklusivität sowohl in der
Qualität als auch in der Bearbeitung des Schmucks.

▶ **J. Roca Joyero**
Av. Diagonal 580 (Eixample)
Die Linie des alteingesessenen
Familienbetriebs setzt Quelo Roca
fort. Exklusive und sehr elegante
Schmuckkreationen sind das
Markenzeichen des Hauses.

SCHUHE

▶ **La Manual Alpargatera**
Carrer d'Avinyó 7 (Altstadt)
Altes Schuhgeschäft; in allen Far-
ben handgefertigte Espadrilles.

(auch Zubehör). Man kann bei der
Herstellung zusehen oder sich
nach Vorbild manches promi-
nenten Kunden Leinenschuhe mit
Hanfsohle nach Maß anfertigen
lassen.

▶ **Camper**
Rambla Cataöunya 122
(Eixample) und weitere Filialen
Der schicke und bequeme Treter
dieses Herstellers ist weltweit ein
Renner. Die ursprünglich aus
Mallorca stammenden Sneaker
sind hier noch relativ billig.

▶ **Jorge Juan**
Rambla de Catalunya 125
València, 241 (Eixample)
Alteingesessene Marke für modi-
sche Damenschuhe. Farbenfrohe
Auswahl von superbequemen Tre-
tern bis zu extravaganten Sanda-
letten mit schwindelerregenden
Absätzen.

▶ Royalty

Av. del Portal del Àngel 36
(Barri Gòtic)
Große Auswahl an Marken und
Modellen spanischer und interna-
tionaler Schuhhersteller.

▶ 2046 Shoes

Via Augusta 14 (Gràcia)
Designerware von Patrick Cox,
Barbara Bui, Juan André Lopez
und anderen. Die Auswahl an
Damenschuhen ist weitaus größer
als bei den Herren.

▶ Casas Sabaters

Av. Portal de l'Àngel 40
(Altstadt)
Die besten Marken einheimischer
Schuhhersteller werden hier in
großer Auswahl angeboten.

▶ Calzados E. Solé

Carrer Amplé, 7 (Altstadt)
Hier gibt es noch maßgefertigte
Schuhe und Stiefel.

TABAKWAREN

▶ L'Estanc

Via Laietana 4 (Altstadt)

1927 eröffneter, legendärer
Tabak-laden, den jeder Tabak-
liebhaber wenigstens einmal betreten haben sollte. Zigaretten,
Zigarren, Tabak aus aller Welt
nebst jeglichem Zubehör für Ta-
bakliebhaber. Die edelsten Zigarren aus Kuba. Einmaliges
Zigarrenlager im Keller.

▶ Casa Gimeno

La Rambla, 100
Tabakladen gegenüber des
Boquería-Marktes. Kubanische
Zigarren.

SPÄT EINKAUFEN

▶ Open25

C/ Aribau 149
Lebensmittel, Snacks, Fertig-
gerichte. Rund um die Uhr
geöffnet.

▶ Opencor

u. a. Gran Via 407
Calle de Calvet 33
Ronda de Sant Pau 34
Ungewöhnliche Mischung von
Lebensmittel, Drogerieartikel,
Backwaren und Musik.

Sicherheitstipps

Vor allem in der Hauptsaison muss man mit erhöhter Eigentumskri-
minalität rechnen. Im Gedränge, insbesondere auf den Rambles, in
den Altstadtgebieten und den Bahnhöfen der Metro hat schon manche Brieftasche den Besitzer gewechselt, und die Aufklärungsquote
ist gering. Von den besonders auf den Rambles verbreiteten »Glücks-
spielen« (Hütchenspiel) sollte man sich fernhalten. Ebenso ist es
nicht ratsam, das Fahrzeug irgendwo unbeaufsichtigt abzustellen
oder gar Wertsachen sichtbar darin liegen zu lassen. Man sollte Wertsachen (Ausweispapiere, Geld) unmittelbar am Körper tragen, nur
wenig Bargeld mitführen und größere Geldbeträge sowie Schecks im
Safe des Hotels bzw. des Campingplatzes deponieren. Auch hat es

sich bewährt, vom Personalausweis bzw. Reisepass Fotokopien anzu-
fertigen. Nach Einbruch der Dunkelheit sollte man möglichst nicht
ohne Begleitung durch die Gassen des Barri Xinès gehen.

Sprache

Zur Erleichterung
der Aussprache:
Katalanisch

c vor a, o, u wie »k«
c vor e, i wie »s«
ç wie »s«
g vor a, o, u wie »g«
g vor e, i stimmhaftes »sch« wie in Genie
ll wie »j«
ll wie »l«
ny wie »gn« in Champagner
que, **qui** das u ist immer stumm, wie deutsches »k«
x stimmloses »sch« wie in Schule

Zur Erleichterung
der Aussprache:
Spanisch

c vor a, o, u wie deutsches »k«
c vor e, i stimmloser Lispellaut, stärker als engl. »th« (Bsp.: gracias)
ch stimmloses deutsches »tsch« wie in tschüs
g vor a, o, u wie »g«
g vor e, i wie deutsches »ch« in Bach
gue, **gui** / **que**, **qui** hier ist u immer stumm, wie deutsches »g«, »k«
h ist immer stumm
j immer wie deutsches »ch« in Bach
ll, **y** wie deutsches »j« zwischen Vokalen (Bsp.: Mallorca)
ñ wie »gn« in Champagner
z stimmloser Lispellaut, stärker als engl. »th«

SPRACHFÜHRER

DEUTSCH	KATALANISCH	SPANISCH
Allgemein	**Termes d'ús corrent**	**Terminos de uso corriente**
guten Morgen, guten Tag	bon dia	buenos días
guten Abend	bona tarda	buenas tardes
gute Nacht	bona tarda	buenas noches
auf Wiedersehen	adéu/a reveure	adiós/hasta luego
bis zum nächsten Mal	fina un'altra	hasta la próxima
danke	gràcies	gracias
vielen Dank	moltes gràcies	muchas gracias
entschuldigen Sie!	perdoni	perdone usted
bitte	si us plau/per favor	por favor
sprechen Sie deutsch?	parla alemany?	¿habla usted alemán?

Deutsch	Català	Español
ich verstehe nicht	no ho entenc	no entiendo
ja/nein	sí/no	sí/no
bis morgen	fins demà	hasta mañana
Herr	senyor	señor
Frau	senyora	señora
wie geht es Ihnen?	com està?	¿cómo está usted?
gestern	ahir	ayer
heute	avui	hoy
morgen	demà	mañana
früh	aviat	temprano
spät	tard	tarde
kalt	fred	frío
Hitze	calor	calor
schönes Wetter	bon temps	buen tiempo
schlechtes Wetter	mal temps	mal tiempo
es geht mir gut	estic bé	estoy bien
es geht mir schlecht	estic malament	estoy mal
rechts	a la dreta	a la derecha
links	a l'esquerra	a la izquierda
nahe	prop	cerca
weit	lluny	lejos
hoch	alt	alto

Straßenverkehr	Cirulació	Circulación
Straße/Landstraße	carretera	carretera
Autobahn	autopista	autopista
Führerschein	carnet de conduir	carnet de conducir
Kraftfahrzeugschein	permis de circulació	permiso de circulación
Grüne Versicherungs-karte	carta verda	carta verde
langsamer fahren	reduïu la velocitat	disminuir la velocidad
Vorsicht!	atenció!	¡cuidado!
halt!	alto!	¡alto!
Straße gesperrt	carretera tallada	carretera cortada
Baustelle	obres	obras
Durchfahrt verboten	prohibit el pas	prohibido el paso
Einbahnstraße	direcció única	dirección única
Vorfahrt	prioritat de pas	prioridad de paso
Überholen verboten	prohibició d'avançar	prohibición de adelantar
Umleitung	desviament	desvio
Kreuzung	cruïlla	cruce
Bahnübergang	pas a nivell	paso a nivel
schlechte Straße	carretera en mal estat	carretera en mal estado
wenden	girar	virar
zurückfahren	tornar	regresar
geradeaus	tot recte	todo derecho
Parkplatz	estacionament	estacionamiento

Park-/Halteverbot	estacionament prohibit	estacionamento prohibido
Tankstelle	estació de servei	estación de servicio
Benzin	gasolina	gasolina
abschleppen	remolcar	remolcar
Verwarnungsgeld	multa	multa

Im Krankheitsfall	**Incidents**	**Incidentes**
krank	malalt	enfermo
Arzt	metge	médico
Krankenwagen	ambulància	ambulancia
Krankenhaus	hospital	hospital
Zahnarzt	dentista	dentista
Apotheke	farmàcia	farmacia
Versicherung	assegurança	seguro
Verdauungsstörungen	indigestió	indigestión
Durchfall	diarrea	diarrea
Erkältung	refredat/constipat	resfriado
Fieber	febre	fiebre
Husten	tos	tos
Übelkeit	mareig	mareo
Kopfschmerzen	mal de cap	dolor de cabeza
Zahnschmerzen	mal de queixal	dolor de muelas
Entzündung	inflamació	inflamación
Medizin	medicina	medicina
Verband	embenat	vendaje
Bruch	fractura	fractura
Erste Hilfe	primers auxilis	primeros auxilios

Einkäufe	**Compres**	**Compras**
Geld	diners	dinero
Bank	banc	banco
bezahlen	pagar	pagar
Wechselgeld	canvi	cambio
Preis	preu	precio
wieviel?	quant?	¿cuánto?
teuer	car	caro
billig	barat	barato
geschlossen	tancat	cerrado
offen	obert	abierto
Briefmarke	segell	sello
Postamt	oficina de correus	oficina de correos

| **Lebensmittel** | **Aliments** | **Alimentos** |
| Lebensmittelgeschäft | botiga | tienda |

Brot	pa	pan
Butter	mantega	mantequilla
Kaffee	cafè	café
Tee	te	té
Schweinefleisch	carn de porc	carne de cerdo
Kalbfleisch	carn de vedella	carne der ternera
Rindfleisch	carn de bou	carne de buey
Fisch	peix	pescado
Käse	formatge	queso
Milch	llet	leche
Gemüse	verdura	verdura
Reis	arròs	arroz
Kartoffeln	patates	patatas
Salat	amanida	ensalada
Obst	fruita	fruta
Salz	sal	sal

Reichhaltig ist das Angebot in den großen Markthallen der Stadt.

Zucker	sucre	azúcar
Öl	oli	aceite

Zahlen

eins	u/un	uno
zwei	dos/dues	dos
drei	tres	tres
vier	quatre	cuatro
fünf	cinc	cinco
sechs	sis	seis
sieben	set	siete
acht	vuit	ocho
neun	nou	nueve
zehn	deu	diez
elf	unze	once
zwölf	dotze	doce
dreizehn	tretze	trece
vierzehn	catorze	catorce
fünfzehn	quinze	quince
sechzehn	setze	dieciséis
siebzehn	disset	diecisiete
achtzehn	divuit	dieciocho
neunzehn	dinou	diecinueve
zwanzig	vint	veinte
dreißig	trenta	treinta
vierzig	quaranta	cuarenta
fünfzig	cinquanta	cincuenta
sechzig	seixanta	sesenta
siebzig	setanta	setenta
achtzig	vuitanta	ochenta
neunzig	noranta	noventa
hundert	cent	cien/ciento
tausend	mil	mil
halb	mig/mitja	medio
Drittel	terç	tercio
Viertel	quart	cuarto

Wochentage

Tag	dia	día
Woche	setmana	semana
Montag	dilluns	lunes
Dienstag	dimarts	martes
Mittwoch	dimecres	miércoles
Donnerstag	dijous	jueves

Freitag	divendres	viernes
Samstag	dissabte	sábado
Sonntag	diumenge	domingo

Monate	**Mesos de l'any**	**Meses del año**
Monat	mes	mes
Jahr	any	año
Januar	gener	enero
Februar	febrer	febrero
März	març	marzo
April	abril	abril
Mai	maig	mayo
Juni	juny	junio
Juli	juliol	julio
August	agost	agosto
September	setembre	setiembre
Oktober	octubre	octubre
November	novembre	noviembre
Dezember	desembre	diciembre

Tageszeiten		
Tag	dia	día
Nacht	nit	noche
Nachmittag	tarda	tarde
Morgen	matí	mañana
Mittag	migdia	mediodía

Im Restaurant	**Al restaurant**	**En el restaurante**
Frühstück	esmorzar/desdejuni	desayuno
Mittagessen	dinar	comida/almuerzo
Abendessen	sopa	cena
Gasthaus	posada/hostal/fonda	posada/fonda
Tisch	taula	mesa
bestellen	demanar	pedir
essen	menjar	comer
trinken	beure	beber
Bier	cervesa	cerveza
Wein	vi	vino
Mineralwasser	aigua mineral	agua mineral
Wasser	aigua	agua
Flasche	ampolla	botella
Glas	got	vaso
Teller	plat	plato
Messer	ganivet	cuchillo

Die vielen Bars sind beliebte Treffpunkte der Barcelonesen.

Gabel	forquilla	tenedor
Löffel	cullera	cuchara
Kellner	cambrer	camarero
Trinkgeld	propina	propina

Speisekarte	**menú / carta**	**menú / carta**
Brot	pa	pan
Teigwaren	pasta	pasta
Vorspeise n/ Tapas	*entremesos / tapes*	*entremeses / tapas*
Suppe	sopa	sopa
Fleischbällchen	mandoguiles	albóndigas
Kutteln	tripes	callos
luftgetrockneter Schinken	pernila serrà	jamón serrano
Oliven	olives	aceitunas
Omelett	truita	tortilla
Schnecken	cargols	caracoles
Sardellen	anxova	anchoas
Sardellen in Essig, Öl und Knoblauch	seitons	boquerones
Fisch und Meeresfrüchte	*peix i marisc*	*pescado y mariscos*
Aal	anguila	anguila
Brasse	besuc	besugo
Forelle	truita	trucha
Goldbrasse	orada	dorada

Lachs	salmó	salmón
Kabeljau	bacallà	bacalao
Sardine	sardin	sardina
Seehecht	lluç	merluza
Seezunge	llenguado	lenguado
Stockfisch	bacallà	bacalao
Tunfisch	tonyina	atún
Austern	ostres	ostras
Garnelen	gambes	gambas
Hummer	llamàntol	bogavante
Languste	llagosta	langosta
Miesmuscheln	musclos	mejillones
Muscheln	cloïses	almejas
Tintenfisch	calamars	calamar

Fleisch und Geflügel	*carn i aus*	*carnes y aves*
Beefsteak	bistec	bistec
Schnitzel	escalopa	escalopa
Kalbsbraten	vedella rostida	ternera asada
Lammbraten	xai rostit	cordero asado
Leber	fetge	hígado
Kaninchenbraten	conill rostit	conejo asado
Rinderfilet	filet de bou	filete de buey
Rebhuhn	perdiu	perdiz
Schweinebraten	porc rostit	cerdo asado
Wild	caça	caza

Gemüse	*verdures*	*verduras*
Bohnen	mongetes	judías
Erbsen	pèsols	guisantes
Kartoffeln	patates	patatas
Knoblauch	all	ajo
Möhren	pastanagues	zanahorias
Pilze	bolets	hongos/setas
Rosenkohl	col de Bruselles	col de Bruselas
Rotkohl	col llombarda	col lombarda
Spargel	espàrrecs	espárragos
Sellerie	api	apio
Weißkohl	col de cabdell	repollo
Zwiebeln	cebes	cebollas

Nachspeise	*postres*	*postres*
Eis	gelat	helado
Karamellpudding	flam	flan

Obst	*fruita*	*fruta*
Apfel	poma	manzana
Banane	banana/plàten	plátano

Birne	pera	pera
Erdbeeren	maduixes	fresas
Melone	meló	melón
Orange	taronja	naranja
Pfirsich	préssenc	melocotón
Weintrauben	raïm	uvas

Im Hotel	**a l'hotel**	**en el hotel**
Zimmer	habitació	habitación
Bett	llit	cama
Einzelzimmer	habitació senzilla	habitación sencilla
Doppelzimmer	habitació doble	habitación doble
Bad	bany	baño
Toilette	lavabo	lavabo
Aufzug/Lift	ascensor	ascensor
Halbpension	mitja pensió	media pensión
Vollpension	pensió completa	pensión completa
wecken	despertar	despertar
ruhig	tranquil	tranquilo
oben	a dalt	arriba
unten	a baix	abajo
zur Straße	al carrer	a la calle
zum Hof	al pati	al patio
Rechnung	compte	cuenta
Portier	porter	portero

Stadtbesichtigung

Touristische Verkehrsmittel

Bus Turístic Der **Bus Turístic**, ein Bus mit offenem Oberdeck, fährt auf drei Routen: **Blau** im Süden der Stadt, **Rot** im Norden, auf der neu eingerichteten Route **Grün** im Nordosten (zum Fòrum 2004). Dabei passiert man zahlreiche Sehenswürdigkeiten, wobei über Kopfhörer Erklärungen in katalanischer, spanischer und englischer Sprache gegeben werden. Man kann an den Haltestellen vor den Sehenswürdigkeiten nach Belieben ein- und aussteigen. Die Busse verkehren im Schnitt alle 10 bis 20 Minuten. Da-

! *Baedeker* TIPP

Schnell und bequem

Am schnellsten und bequemsten lässt sich Barcelona mit dem Bus Turístic erkunden. Mit dem Busticket sind auch noch einige Ermäßigungen verbunden.

rüber hinaus erhalten Besitzer des Tickets allerlei Ermäßigungen, u. a. auf Eintrittskarten von Museen oder beim Kauf von Speisen in Fast-Food-Ketten. Bustickets sind erhältlich im Bus selbst, in den Touristeninformationen und bei den TMB-Infostellen. www.barcelonabusturistic.cat.

Barcelona City Tours hat ein vergleichbarem Angebot. Auch hier kann man die Tickets direkt im Bus kaufen. www.barcelonacitytours.com.

Mit den **Golondrinas**, kleinen Schiffen, kann man Hafenrundfahrten machen (▶Baedeker Tipp, S. 173). **Katamarane** fahren die Küste vor Barcelona ab (▶ Mit Kindern unterwegs). Der **Transbordador aéreo del Puerto**, die Hafenseilbahn (▶A bis Z, Hafen), überquert bei seiner Fahrt von Barceloneta zum Montjuïc hinauf den Hafen. Auch der **Funicular de Montjuïc**, eine Zahnradbahn, hat – von der Avinguda del Paral·lel aus – Barcelonas Hausberg zum Ziel. Die letzten Meter hinauf kann man mit dem **Teleféric**, einer Gondelbahn, fahren (Betriebszeiten: ab 10.00 Uhr, Juni bis Sept. bis 21.00, Frühjahr und Herbst bis 19.00, Winter bis 18.00 Uhr; Stationen Parc de Montjuïc,

Weitere Transportmittel

> **!** *Baedeker* TIPP
>
> **Barcelona aus der Luft**
>
> Mit Helikoptern der Firma CAT Helicòpters lässt sich Barcelona auf verschiedenen Rundtouren aus der Luft erkunden. Die Helikopter (max. 5 Personen) starten am Helikopterflugplatz Passeig de l'Escullera (Moll Adossat) am Hafen. Der kurze Flug geht über den Hafen, die Vila Olímpica, das Fòrum 2004 und entlang der Küste. Infos: CAT Helicòters, Moll Adosat s/n, Tel. 93 224 07 10, www.cathelicopters.com.

Mirador Castell). Oben auf dem Montjuïc verkehrt der **Tren Turístic de Montjuïc**, ein Touristenbähnchen. Auf den Tibidabo, den anderen Hausberg der Stadt, fahren die nostalgische Straßenbahn **Tramvia Blau** (zwischen Avinguda Tibidabo und Plaça Dr. Andreu; Mitte Juni bis Mitte September tgl., sonst nur am Wochenende) und – im Anschluss – die Zahnradbahn **Funicular del Tibidabo** (zwischen Plaça Dr. Andreu und Plaça del Tibidabo; ▶ Tibidabo); mit dem **Tibibus** kann man aber auch direkt von der Plaça de Catalunya zur Plaça del Tibidabo hinauffahren. Man kann auch Barcelona von oben erkunden. Am Hafen starten **Helikopter** zu einem kurzen Flug entlang der Küste von Barcelona (▶Baedeker Tipp).

Stadtführungen

Geführte Stadtbesichtigungen zu Fuß bietet das Barceloneser Tourismusamt an. Die **Walking Tours** führen durch das Barri Gòtic (Gotisches Viertel), durch Picassos Barcelona (inkl. Besuch des Picasso-Museums) zum Port Vell, zu den Highlights der Modernisme-Architektur oder zu traditionellen Märkten und Feinkostläden in der Altstadt. Die 90- bis 120-minütigen Touren finden am Wochenende statt und werden auf Katalanisch, Spanisch oder Englisch gehalten. Ausgangspunkt ist jeweils das Tourismusbüro an der Plaça de Cata-

Zu Fuß

? | **WUSSTEN SIE SCHON …?**

■ Der Tibidabo ist das älteste Ausflugsziel im Großraum Barcelona. Bereits im Jahr 1900 erstreckte sich hier oben eine Freizeitanlage, der erste Vergnügungspark Spaniens. 1901 wurde eine Standseilbahn bis zum Berggipfel gebaut und bis zu deren Talstation eine Straßenbahn, die Tramvia Blau, eingerichtet. Deren Dienste wollte allerdings einer nicht in Anspruch nehmen: Bei seinem Besuch in Barcelona weigerte sich der spanische König Alfons XIII. (1902 – 1931) strikt, die Blaue Straßenbahn zu benutzen, und ließ sich, aus welchen Gründen auch immer, im Auto zur Talstation der Standseilbahn kutschieren.

lunya, wo man sich anmelden kann. Ansonsten besteht laufend die Möglichkeite, sich durch die Stadt führen zu lassen. Infos zum **Sightjogging** im Internet unter www.sightjogging-barcelona.com.

Es gibt auch **geführte Fahrradtouren** durch die Altstadt und die Hafengegend Barcelonas zu den Highlights von Gaudí, zu literarischen Orten und anderen Themen. Die Routen dauern zwei bis drei Stunden. Informationen und Anmeldung im Tourismusbüro oder im Internet unter www.barcelonaturisme.com.

Pferdekutsche Schließlich kann man die Rambles und Teile des Alten Hafens auch von der Pferdekutsche aus kennen lernen. Die Kutschen verkehren täglich. Tel.: 93 421 15 49.

Mittlerweile befährt der Bus Turístic drei Routen.

Theater · Konzerte

Nur wenige europäische Städte verfügen über eine so lebendige Kulturszene wie Barcelona. Freunde klassischer Musik kommen hier ebenso auf ihre Kosten wie Opernfans und Liebhaber von Theater- und Tanzveranstaltungen.   **Lebendige Kulturszene**

 ## INFOS THEATER, OPER, TANZ, MUSIK

PROGRAMMVORSCHAU

► **Guía del Ocio**
Wöchentliche Programmvorschau
► Ausgehen

KARTENRESERVIERUNG

► **Servi-Caixa, Telentrada**
Karten für Konzerte, Theater, Shows und Sportveranstaltungen sind in allen Bankfilialen der Caixa de Catalunya erhältlich.
www.servicaixa.com
www.telentrada.com

THEATER

► **Teatre Nacional de Catalunya (TNC)**
Plaça de les Arts 1
(Nähe Plaça de les Glòries)
1997 eröffnetes Theater mit zwei Theatersälen und einem Konzertsaal in einem klassisch-modernen Bau, entworfen vom Stararchitekten Ricardo Bofill. Aufgeführt werden klassische und moderne Theaterstücke in katalanischer Sprache sowie Tanzdarbietungen.
www.tnc.cat

► **Teatre Grec**
Passeig de Santa Madrona 36
Im Amphitheater auf dem Montjuïc findet im Sommer das El-Grec-Festival mit Theater und Tanz statt.

► **Mercat de les Flors**
Lleida 59
Experimentelles und avantgardistisches Theater auf Katalanisch im ehem. Blumenmarkt nahe dem Messegelände an den Hängen des Montjuïc (untergebracht im Kunstkomplex Ciutat del Teatre)
www.mercatflors.org

► **Teatre de Lliure**
Passeig de Santa Madrona 40–46
Plaça Margarida Xirgu 1
Avantgardistisches Theater mit zwei Spielstätten.
www.teatrelliure.com

KONZERTE

► **Palau de la Música Catalana**
In diesem prächtigen Gebäude des Modernisme (► Sehenswertes von A bis Z) werden klassische, aber auch moderne Musikwerke dargeboten. www.palaumusica.org.

► **Liceu**
Erstrangiges Opernhaus mit eigenem Orchester. www.liceubarcelona.com

► **Palau dels Esports**
Carrer de Lleida 40
Im alten Sportpalast finden gelegentlich Rock- und Popkonzerte regionaler und internationaler Gruppen statt.

Festliche Inszenierung von Puccinis Oper »Turandot« im Gran Teatre del Liceu.

► **Auditori**

In unmittelbarer Nähe der Plaça de les Glòries Catalanes steht das zusammen mit dem National-theater – nach Plänen des Archi-tekten Rafael Moneo – errichtete und im Jahr 1999 eröffnete Audi-tori, das Sitz des katalonischen Sinfonieorchesters ist und einmal Heimstatt des Museu de la Música werden soll. Konzerte von Klassik bis Jazz. www.auditori.com

Übernachten

Rechtzeitige Reservierung ratsam

Barcelona verfügt über ein umfassendes Angebot an Unterkünften. Knapp 60 000 Betten und **alle Kategorien vom luxuriösen Fünf-Ster-ne-Hotel bis zur einfach ausgestatteten Billigpension** stehen den Gäs-ten zur Verfügung. Trotzdem sollte man nie ganz ohne Zimmerreser-vierung nach Barcelona kommen – egal in welcher Jahreszeit. Wer es dennoch tut, kann an den Informationsstellen des Barceloneser Tou-rismusamtes am Flughafen und an der Plaça de Catalunya nach einer Unterkunft fragen.

Straßenlärm

Ein Problem in den meisten Unterkünften von Barcelona ist der Straßenlärm. Man kann oft auch ein »Innenzimmer« (habitación in-terior) mit Blick auf einen Innenhof oder auf den Lichtschacht mie-ten, doch sind diese Räumlichkeiten im Gegensatz zu den »Außen-zimmern« (habitación exterior) meist kleiner und wirken nicht sel-ten ziemlich deprimierend.

● EMPFOHLENE HOTELS

NUMMERIERUNG

► **Karte S. 68 / 69**

RESERVIERUNGEN

► **Gremi d' Hotels de Barcelona**
Tel. 00 34 93 301 62 40
www.barcelonahotels.es

► **Barcelona On Line**
Tel. 00 34 933 43 79 93
Tel. 902 88 70 17 (in Spanien)
www.barcelona-on-line.es

► **Oh-Barcelona**
Open House Barcelona
Appartements, Privatunterkünfte
Tel. 0180 501 06 77
(in Deutschland)
Tel. 934 67 37 80 (in Spanien)
www.oh-barcelona.com

► **CitySiesta**
Appartements und Privatzimmer
(auf Deutsch möglich)
Tel. 00 34 933 42 56 70
www.citysiesta.com

► **APARTMENTSBCN**
Tel. 93 456 16 19, Tel. 652 599 480
www.apartmentsbcn.net

PREISE

► **Preiskategorien**
Luxus: DZ über 250 Euro
Komfortabel: DZ 100 – 250 Euro
Günstig: DZ bis 100 Euro

LUXUS

► ⑥ **Arts Barcelona**
Carrer de la Marina 19 – 21
Tel. 93 221 10 00
Fax 93 221 10 70; 482 Z.
www.ritzcarlton.com
Das Fünf-Sterne-Luxushotel mit
viel Hightech-Eleganz und exklu-
sivem Design liegt direkt neben

Claris: Hotel für Kunstliebhaber

dem olympischen Yachthafen und
gilt als Treffpunkt des internationalen Jetsets. Es belegt 44 Stockwerke in einem der beiden
avantgardistischen Türme am Port
Olímpic und ist mit ausgezeichneten Restaurants, Bars, mit
Schwimmbad, Fitness-Center und
Sauna sowie Konferenzräumen
ausgestattet. Von den edel eingerichteten, teils mit schönen Skulpturen und Gemälden dekorierten
Zimmern sowie von den Terrassen
bietet sich ein atemberaubender
Blick aufs Meer oder über die
Stadt.

► ④ **Casa Fuster**
Passeig de Gràcia 132
Tel. 932 55 30 00
Fax 932 55 30 02
www.hotelescenter.es, 96 Z.
Das nördliche Ende des Boulevard
Passeig de Gràcia wird von einem

Die bunten Fresken des Hotels Catalonia Berna (▶Baedeker Tipp S. 117) malte der italienische Künstler Raffaelo Beltramini.

Haus begrenzt, das Lluís Domenech i Montaner 1908 entworfen hat. 2004 wurde die Casa Fuster als Fünf-Sterne-Hotel eröffnet. Das Ambiente des Café Vienes mit seinen Säulen hat auch Woody Allen überzeugt, der hier Szenen für seinen Film »Vicky Barcelona« gedreht hat. Die Zimmer wurden dezent modern ausgestattet. Mit dunklen Farben und Akzenten in Rot, Violett und Gold und geschwungenen Formen wurde der Stil des Modernisme-Gebäudes aufgegriffen. Am Abend verwandelt sich das Wiener Café in einen Jazz Club. Von der herrlichen Dachterrasse mit Pool kann man den gesamten Passeig überblicken.

▶ ② **Claris**
Pau Claris 150
Tel. 93 487 62 62
Fax 93 215 79 70; 124 Z.
www.derbyhotels.com
Das Fünf-Sterne-Haus, Mitglied der Small Luxury Hotels of the World, liegt unweit der Altstadt. Seinen Ruf verdankt es unter anderem seinem innovativen Design. Die Zimmer sind individuell gestaltet und mit Stücken römischer, ägyptischer oder Hindukunst ausgestattet. Neben den rund 400 Kunstwerken verfügt das Haus über ein eigenes ägyptisches Museum. Mehrere Restaurants, eine Bar. Gelegenheit für Sport und Entspannung gibt es auf der

Dachterrasse mit Pool und
schöner Aussicht.

► ③ **Eurostars Grand Marina**
Moll de Barcelona
Tel. 93 603 90 00
Fax 93 603 90 90; 273 Z.
www.grandmarinahotel.com
Das hypermoderne Fünf-
Sterne-Luxushotel ist in den
großen, repräsentativen Gebäu-
dekomplex des neuen World
Trade Center auf dem Moll de
Barcelona integriert; es bietet
allen erdenklichen Komfort,
zeitgemäße Eleganz und ausge-
feilte Technik. Mehrere Restau-
rants, Piano-Bar, Swimming
Pool und ein Business-Center.
Unmittelbar daneben ragt der
Stahlgittermast der Hafenseil-
bahn auf.

► ⑤ **Mandarin Oriental
Barcelona**
Passeig de Gràcia 38–40
Tel. 931 51 88 88
Fax 931 51 88 89; 98 Zi.
www.mandarinoriental.com
Das erste Haus von Mandarin
Orientel in Spanien eröffnete 2010
in bester Lage am Passeig de
Gracía. Das Art-Decó-Gebäude
wurde von der spanischen
Designerin Patricia Urquioa in
einem eleganten, zeitgemäß-klas-
sischen Stil eingerichtet. Das derzeit vielleicht beste Hotel am Platz
lässt keine Wünsche offen. Großes
Spa mit 12-m-Hallenbecken.
Dachterrasse mit Pool. Die
renommierte Sterneköchin Carmen Ruscalleda leitet das Restaurant Moments.

► ⑦ **Le Meridien Barcelona**
Rambles 111
Tel. 93 318 62 00

! **Baedeker** TIPP

Nicht nur zentrumsnah

① Catalonia Berna
Carrer Roger de Llúria, 60
Tel. 93 272 00 50; Fax 93 272 00 58; 124 Z.;
www.hoteles-catalonia.com
Das 2003 eröffnete Vier-Sterne-Haus der
Hotelkette »Catalonia Hoteles« ist ein unter
Denkmalschutz stehendes ehemaliges Wohnhaus
im Eixample (nahe dem Passeig de Gràcia),
1863 – 1864 von Josep Cerdà im klassizistischen
Stil erbaut. In diesem Hotel stimmt einfach alles:
sehr hübsche Zimmer mit allem Komfort (Klimaanlage, Minibar, Telefon, TV), ausgesprochen
freundliches Personal, Lage in Zentrumsnähe
sowie ein Restaurant mit ausgezeichneter Küche,
eine gemütliche Cafeteria-Bar und ein reichhaltiges Frühstücksbüffet. Am schönsten sind die
Zimmer im 6. Stock zur Straße hin – mit großen
Terrassen, die fast alle einen Blick auf den
Tibidabo gewähren.

Fax 93 301 77 76; 212 Z.
www.lemeridien-barcelona.com
Das luxuriöse Fünf-Sterne-Hotel
gilt als erste Wahl bei Stars und
Popgrößen. Das Haus ist im
modernistischen Stil gebaut und
durch Doppelverglasung vor
Straßenlärm geschützt. Es liegt
günstig zu den wichtigsten
Sehenswürdigkeiten. Zu den Einrichtungen gehören u. a. das Restaurant Le Patio, eine Piano-Bar
(abends häufig Live-Musik) sowie
ein Fitnessbereich.

► ⑭ **Omm**
Rosselló, 265
Tel. 93 445 40 00
Fax 93 445 40 04; 59 Z.
www.hotelomm.es
Erstes Hotel der Restaurant-
Gruppe Tragaluz, ein kühner Bau
mit wie aus der Fassade herausge-

Zimmer im Condes de Barcelona

Fax 935 52 95 50; 173 Zi.
www.hotel1898.es
In zentraler Lage an den Rambles
bietet das Vier-Sterne-Boutiquehotel viel Komfort. Die geräumi-
gen Zimmer des einstigen
Gebäudes der Philippinischen
Tabak Company zitieren das
koloniale Erbe des Bauwerks.
Schöner Innenpool im Gewölbe-
keller, Spa und Dachterrasse.

▶ ⑪ **Alimara**
Berruguete 126
Tel. 93 427 00 00
Fax 93 427 92 92; 156 Z.
www.alimarahotel.com
Ein etwas abseits vom Trubel,
hoch über Barcelona gelegener
mehrstöckiger Vier-Sterne-Bau,
doch mit der Metro nur 15 Min.
vom Passeig de Gràcia entfernt; es
bietet Bar, Garten und Suiten mit
einem herrlichen Panoramablick.

▶ ⑨ **Avenida Palace**
Gran Via de les Corts Catalanes
605 – 607
Tel. 93 301 96 00
Fax 93 318 12 34; 151 Z.
www.avenidapalace.com
In der Nähe der Rambles gele-
genes, traditionelles Vier-Sterne-
Hotel mit prachtvoller Wendel-
treppe und grandiosen Treppen-
häusern, die in der Hauptlobby
von Lounge zu Lounge führen. Die
Zimmer sind strikt im klassischen
Stil, ohne Zugeständnisse an die
Moderne, gehalten.

hobenen Balkons, zeigt innen
kühles Design, schwarze Flure mit
Edelstahltüren und Leuchtstreifen
am Boden. Die komfortabel eingerichteten Zimmer muten dagegen an wie ruhige Oasen in
südlichem Licht. Die geschmack-
voll gestylte Lobby (mit einem
Gaskamin aus weißem Quarzstein)
gilt in der Stadt zur Zeit als In-Bar.
Selbstverständlich gibt es einen
Pool, sowie eine Dachterrasse und
sogar eine Diskothek. Ausgezeichnetes Restaurant Moo (▶Essen
und Trinken).

KOMFORTABEL

▶ ⑧ **1898 Hotel**
La Rambla 109
Tel. 935 52 95 52

▶ ⑬ **Colón**
Avinguda de la Catedral 7
Tel. 93 301 14 04
Fax 93 317 29 15
145 Z.
www.hotelcolon.es
Klassisches Altstadthotel mit Tra-

dition und Charme gegenüber der Kathedrale und den Stadtmauern.

► ⑩ **Condes de Barcelona**
Passeig de Gràcia 73 – 75
Tel. 93 445 00 00
Fax 93 445 32 32; 183 Z.
www.condesdebarcelona.com
Hinter denkmalgeschützter Fassade in zwei einander gegenüberliegenden Gebäuden untergebrachtes Vier-Sterne-Hotel mit mehrstöckigen Innenpatios. Das Innere ist luxuriös mit Marmor ausgestattet. Das Hotel verfügt u. a. über eine Dachterrasse mit Pool sowie eine Brasserie, eine Bar und Salons. Zu dem Hotel gehören das 2-Sterne-Restaurant Lasarte (► Essen und Trinken) und das empfehlenswerte Bistro-Restaurant Loidi.

► ⑯ **Catalonia Albinoni**
Portal de l´Àngel 17
Tel. 93 318 41 41
Fax 93 301 26 31; 74 Z.
www.hoteles-catalonia.com
Das Drei-Sterne-Hotel liegt mitten im Zentrum in der Fußgängerzone nahe der Plaça de Catalunya und der Kathedrale, ein dreistöckiges historisches Gebäude mit neoklassizistischer Fassade, 1872 von Pedro Bassegoda i Mateu erbaut. Der Innenhof mit imposanter Marmortreppe wurde originalgetreu wieder aufgebaut.

► ⑫ **Expo Hotel**
Carrer Mallorca 1-23
Tel. 93 600 30 10
Fax 93 325 11 44; 435 Z.
www.expohotelbarcelona.com
Das Vier-Sterne-Hotel liegt sehr verkehrsgünstig direkt beim Hauptbahnhof Sants, nur wenige Schritte vom Messegelände, und

eignet sich daher besonders für Geschäftsleute. Gelungene Neugestaltung des Interieurs. Das Hotel besitzt mehrere Restaurants, Piano-Bar, 11 Konferenzräume, Sauna, Solarium und Friseursalon sowie eine Dachterrasse mit Swimming Pool.

► ⑱ **Granvia**
Gran Via de les Corts
Catalanes 642
Tel. 93 318 19 00
Fax 93 318 99 97; 53 Z.
www.hotelgranvia.com
Zentral gelegenes Drei-Sterne-Jugendstilpalais mit schlichten Zimmern, aber prächtig mit Spiegeln und Kandelabern ausgestatteten Frühstücksräumen.

► ⑰ **Hesperia Metropol**
Ample 31
Tel. 93 310 51 00
Fax 93 319 12 76; 71 Z.
www.hesperia.com
Das Drei-Sterne-Hotel ist in einem ehemaligen Palais in der Nähe des Passeig de Colom eingerichtet.

► ⑳ **Husa Oriente**
La Rambla,45
Tel. 93 302 25 58
Fax 93 412 38 19; 142 Z.
www.husa.es
Traditionsreiches, im 19. Jahrhundert um ein Franziskanerkloster herum erbautes Drei-Sterne-Hotel, das illustre Gäste wie Arturo Toscanini, Maria Callas und George Orwell beherbergt hat. Der Charme des einstigen Grandhotels mit Belle-Epoque-Flair ist außer im eindrucksvollen Foyer und Restaurant (mit verglastem Dach) ein wenig verblasst. Nüchtern eingerichtete, aber komfortable Zimmer mit Parkettboden.

㉒ **Neri**

C/ Sant Server 5
Tel. 933 04 06 55
Fax 933 04 03 37; 22 Z.
www.hotelneri.com

Mitten im gotischen Viertel, an der malerischen Plaça Sant Felip Neri liegt das vielleicht romantischste Hotel der Stadt. Die Zimmer des Stadtpalasts aus dem 18. Jh. wurden mit ausgesuchten Materialien und Möbeln ausgestattet. Die Einrichtung ist individuell und zeitgenössisch ohne jedoch kühl oder nüchtern zu sein. Empfehlenswertes Restaurant für einen Abend zu zweit.

Pulitzer

C/ Bergara 8
Tel. 934 81 67 67
www.hotelpulitzer.es

Das beliebte Vier-Sterne-Boutiquehotel liegt zentral und verkehrsgünstig nahe der Plaça Catalunya. Die hellen Räume mit viel weißem Mobiliar und einem Designmix aus zeitgenössischen, kolonialen und asiatischen Elementen findet sich auch in den gut ausgestatten und komfortablen Zimmern.

⑮ **Rivoli Rambles**

La Rambla, 128
Tel. 93 481 76 76
Fax 93 317 50 53; 130 Z.
www.rivolihotels.com

Das an den Rambles in einem restaurierten Art-deco-Gebäude eingerichtete Hotel ist in einem eklektischen Stil gehalten. Es gibt Zimmer mit klassisch historisierenden Dekor, andere haben asiatische oder avantgardistische Elemente. Jedes für sich ist jedoch stimmig und gut ausgestattet.

㉑ **Sant Agustí**

Pl. Sant Augustí 3
Tel. 93 318 16 58
Fax 93 317 29 28; 75 Z.
www.hotelsa.com

Ein Drei-Sterne-Hotel in einem renovierten Klostergebäude aus dem 17. Jh. in der Nähe der Rambles, bei dem das Preis-Leistungs-Verhältnis stimmt. Der Familienbetrieb (guter Service) mit einem ordentlichen Restaurant ist mehrfach renoviert, die Zimmer, einige mit Balkon, sind nüchtern modern, aber komfortabel eingerichtet, viele mit Blick auf den seit einigen Jahren neu gestalteten, relativ ruhigen gleichnamigen Platz. Von den romantisch hergerichteten Dachzimmern genießt man einen schönen Blick über die Stadt. Große Zimmer speziell für Frauen.

Bar im Hotel Rivoli Rambles

GÜNSTIG

► ㉖ **Antibes**
Diputació, 394
Tel. 93 232 62 11
Fax 93 265 74 48; 71 Z.
www.hotel-antibesbarcelona.com
Ordentliches, im hübschen
Jugendstilviertel Eixample gele-
genes Zwei-Sterne-Hotel mit
gemütlichen Zimmern und sehr
freundlichem Service

► ㉓ **Catalonia Princesa**
Carrer Rec Comtal 16 18
08003 Barcelona
Tel. 93 268 86 00
Fax 93 268 84 91; 90 Z.
www.hoteles-catalonia.com
Drei-Sterne-Hotel im historischen
Stadtkern in einem 2001 restaurierten historischen Gebäude aus
der frühen Gründerzeit, einem
mehrstöckigen Wohnhaus mit
Seitenflügeln (ehemalige Fabrik-
hallen) um einen großen, lichten
Patio aus weißem Marmor, auf
den die verschiedenen Bereiche
(Restaurant, Bar und Salon)
hinausgehen.

► ㉕ **Condestable**
Ronda Universitat 1
Tel. 93 318 62 68
Fax 93 318 67 66; 78 Z.
www.hotelcondestable.com
Zwei-Sterne-Hotel in guter zentraler Lage, stimmiges Preis-Leistungs-Verhältnis, kein Frühstück
und kein Restaurant.

► ㉔ **España**
Sant Pau 9 – 11
Tel. 93 318 17 58
Fax 93 317 11 34; 85 Z.
www.hotelespanya.com
Zwei-Sterne-Hotel in einem Alt-
bau des Modernisme. Im Speise-
saal sind die Blumenfliesen und

Speisesaal im España

Schnitzereien im Jugendstil
sehenswert.

► ㉘ **Hostal Agua Alegre**
C/ Roger de Lluria 47
Tel./ Fax 934 87 80 32
www.aguaalegre.com Das Hostal
liegt in einer Parallelstraße zum
Passeig de Gràcia. Altstadt und
Einkaufszonen sind zu Fuß gut
erreichbar. Die Zimmer des historischen Hauses sind geräumig
und einfach eingerichtet, aber
durchaus charmant.

► ㉙ **Hostal Oliva**
Passeig de Gràcia 32
Tel. 934 88 01 62
Fax 934 87 04 97
www.hostaloliva.com
Gute Lage am Passeig de Gràcia.
Mit einem historischen Holzauf-
zug geht es in die 4. Etage. Die

Zimmer des familiären Hostals sind einfach, aber ausreichend ausgestattet und sauber.

► ㉝ **Hostal Neutral**
Rambla de Catalunya 42
Tel. 93 487 63 90
Fax 93 487 68 48
www.hostalneutral.es; 28 Z.
Ein relativ preisgünstiges, an einem recht ruhigen Boulevard gelegenes, sympathisches kleines Hotel im Eixample.

► ㉚ **Lloret**
La Rambla 125
Tel. 93 317 33 66
Fax 93 301 92 83; 52 Z.
www.hlloret.com
Charmantes Hotel an der Rambla, mit Restelementen des Jugendstilhauses in den Empfangs- und Aufenthaltsräumen. Die Zimmer sind einfach möbliert, aber mit Bad, TV und Klimaanlage und teilweise mit Balkon ausgestattet. Die Freude am Blick auf die Rambles kann allerdings etwas durch den Straßenlärm getrübt werden.

► ㉛ **Peninsular**
Sant Pau 34
Tel. 93 302 31 38, 59 Z.
www.hotelpeninsular.net
Das Peninsular ist ein nettes kleines Hotel im Raval in einem ehemaligen Karmeliterkloster, das mit einem romantischem Innenhof aufwartet. Die Atmosphäre ist locker, die Zimmer sind teilweise renovierungsbedürftig; geeignet für jüngere Gäste.

► ㉗ **Rey Don Jaime I**
Jaume 1
Tel. 934 81 67 67; 30 Z.
www.aaerey.donjaime.com; 30 Zi.

Das Rey Don Jaime I ist trotz seines Namens ein von jungen Gästen gern besuchtes, da preisgünstiges Hotel zwischen dem Gotischen Viertel und La Ribera mit nettem Ambiente.

► ㉜ **Roma Reial**
Plaça Reial 11
Tel. 93 302 03 66
Fax 93 301 18 39; 52 Z.
www.hotel-romareial.com
Ein sympathisches kleines Hotel, vornehmlich für jüngere Gäste, die das quirlige Nachtleben auf der Plaça Reial nicht stört. Die Zimmer sind einfach und sauber.

JUGENDUNTERKÜNFTE

► **Hostal de Joves de la Ciutadella**
Passeig Pujades 29
(beim Parc de la Ciutadella)
Tel./Fax 93 300 31 04

► **Alberg Mare de Déu de Montserrat**
Passeig Mare Déu Coll, 41-51
(im Stadtteil Gràcia)
Tel. 93 210 51 51

► **Alberg Kabul**
Plaça Reial, 17
(Barri Gòtic)
Tel. 93 318 51 90
www.kabul.es

► **Alberg Pere Tarrés**
Carrer Numància, 149-151
(im Stadtteil Les Corts)
Tel. 93 410 23 09
www.peretarres.org

CAMPING

► **Camping Masnou**
El Masnou
15 km nordöstlich von Barcelona gelegener Campingplatz

Urlaub aktiv

Neben Kultur, Gastronomie und Shopping-Möglichkeiten hat Barcelona auch zahlreiche sportliche Angebote im Programm. Möglichkeiten zum **Joggen** gibt es an der Strandpromenade – ab Barceloneta am Olympiahafen vorbei –, im Parc de la Ciutadella, im Parc Güell und auf dem Montjuïc. Auf Barcelonas Hausberg findet man zwar wegen der Kiefernbestände gute Luft, allerdings ist die Gegend oft recht einsam. Bareloneser joggen inzwischen überall; selbst ein Grünstreifen genügt ihnen, um sich etwa mitten auf der Diagonal in der Natur zu wähnen. Wer beim Joggen Infos zu Barcelona haben möchte, nimmt an einer **Sightjoggingtour** teil: www.sightjogging-barcelona.com. Auch **Radfahren** erfreut sich einer gewissen Beliebtheit. An einigen Stellen kann man sich Räder ausleihen, und es werden Sightseeing-Touren auf dem Fahrrad angeboten. Als eine von wenigen spanischen Städten verfügt Barcelona sogar über ein Radwegenetz (ca. 100 km); aber eine richtige Fahrradstadt ist die Metropole schon wegen des starken Verkehrs und der vielen Abgase nicht. **Frei klettern** darf man an den Festungswänden des Castell de Montjuïc (Kletterwände mit Schwierigkeitsgrad 4 – 7). Beliebte Treffs für **für Inlineskater und Skateboarder** sind der Passeig de Lluís Companys, die Plaça del Països Catalans (beim Bahnhof Sants), die Jardins de Can Mantenga (am Carrer de Joan Güell), der Turó Parc (Av. Pau Casals), die Molls am Hafen, der Passeig de Marítim de Barcelona vor Barceloneta und die Plaça de l'Àngel vor dem MACBA. Darüber hinaus gibt es zahlreiche öffentliche Tennisanlagen, man kann Schlittschuh laufen, reiten, segeln, golfen und natürlich schwimmen. Fußballfans sollten sich einen Besuch im Stadion des FC Barcelona nicht entgehen lassen.

Sportliche Möglichkeiten

> ❗ *Baedeker* TIPP
>
> **Formel-1**
>
> Jeder Formel-1-Fan weiß es: 30 km nördlich von Barcelona, in Montmeló, befindet sich der Circuit de Catalunya, ein Rundkurs von 4,627 km Länge, auf dem alljährlich im Mai der Große Preis von Spanien (Formel-1-Rennen) ausgetragen wird. Vom Barceloneser Bahnhof Sants verkehrt ein Zug nach Montmeló; die Fahrtzeit beträgt etwa 40 Minuten.

Der Großraum Barcelona besitzt eine Küstenlinie von 40 km, drei Viertel davon sind Sandstrände. Auch vor Barcelona selbst erstrecken sich einige Strände; sie beginnen am Passeig Marítim de Barcelona bei Barceloneta und ziehen sich nördlich mehrere Kilometer bis zum Fluss Riu Besòs hin. Die Strände sind gepflegt und mit Duschen versehen. Längster Strand der Stadt ist die **Platja de Barceloneta**. Die **Platja Nova Icària** grenzt direkt an den Olympiahafen, ist 400 m lang und sehr breit (Klettergerüste für Kinder, Volleyballnetze). Auch die **Platja de Bogatell**, der Anlaufstrand für Einheimische, besitzt Volleyballfelder und kleine Strandrestaurants an der Promenade.

Strände

Nördlich des Stadtviertels Barceloneta erstreckt sich ein kilometerlanger Strand.

▶ SPORTANGEBOTE

FAHRRADVERLEIH

▶ **Barcelona Rent a Bike**
C/ Tallers 45
Pg. de Joan de Borbó 35
www.barcelonarentabike.com
Hollandräder, Falträder u. a.

▶ **Bike Rental Barcelona**
Rauric 20
Maspons 12
www.bikerentalbarcelona.com
Falträder, Mountainbikes u. a.
können auch an gewünschten Ort
gebracht werden.

▶ **Budget Bikes**
Unió 22

Estruc 38
www.budgetbikes.eu
Hollandräder, auch mit
Kindersitzen.

GOLF

▶ **Federació Catalana de Golf**
Carrer d' Aribau 282
Tel. 93 414 52 62
www.catgolf.com
Informationen zum Golfsport in
Katalonien

▶ **Sant Cugat**
Sant Cugat del Vallés (15 km
nordwestlich von Barcelona)
Tel. 93 674 39 08

www.golfsantcugar.com
Ganztägig geöffnete 18-Loch-Anlage (seit 1914) mit Schwimmbad.

► El Prat
Carretera del Aeroporto
Tel. 93 379 02 78, Fax 93 370 51 02
Bekanntester Golfclub der Gegend
(18-Loch), 15 km südlich von
Barcelona.

REITEN

► Escola Municipal d'Hípica La Foixarda
Av. Montanyans 14-16
Tel. 93 426 10 66
Reitschule auf dem Montjuïc

SCHLITTSCHUHLAUFEN

► Skating
Carrer Roger de Flor 168
(Eixample)
Tel. 93 245 28 00

► Futbol Club Barcelona
Im Pavillon des Futbol Club
Barcelona
Av. Arístides Maillol
Tel. 93 496 36 30

SCHWIMMBÄDER

► Piscines Bernat Picornell
Avinguda de l'Estadi, 30-40
Olympisches Schwimmbad (mit
Außenbecken) auf dem Montjuc

► Piscina Municipal de Montuc
Freibad ist auf dem Montjuïc zu
finden.

SEGELN

► Centre Municipal de Vela
Moll de Gregal, Port Olímpic
Tel. 93 225 79 40
www.velabarcelona.com
Der Segelclub am Olympiahafen
bietet Segelkurse an.

► Federació Catalana de Vela
Port Olímpic
Tel. 93 224 39 00
Fax 93 224 39 05
www.fcv.es

TENNIS

► Pistes Municipals de Tennis de Montjuïc
La Foixarda
Tel. 93 423 97 47
Die Tennisplätze liegen auf dem
Montjuïc.

ZUSCHAUERSPORT

► FC Barcelona
Fußballstadion Camp Nou
Carrer Arístides Maillol
www.fcbarcelona.com

► RCD Espanyol Barcelona
Estadi Olímpic Lluís Companys
www.rcdespanyol.com

Verkehr

Öffentlicher Nahverkehr

Barcelona verfügt über ein gut ausgebautes Netz öffentlicher Verkehrsmittel. Pläne mit Metro- und Buslinien sind bei den Touristeninformationen (►Auskunft) erhältlich.

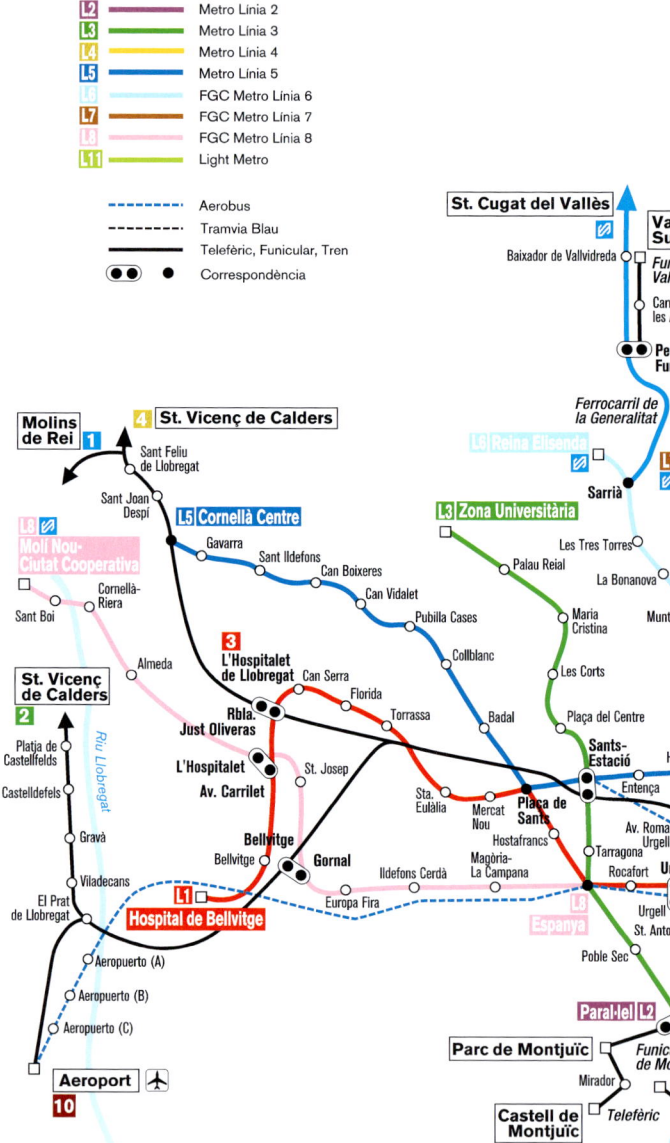

L1 Metro Línia 1
L2 Metro Línia 2
L3 Metro Línia 3
L4 Metro Línia 4
L5 Metro Línia 5
L6 FGC Metro Línia 6
L7 FGC Metro Línia 7
L8 FGC Metro Línia 8
L11 Light Metro

- - - - - Aerobus
- - - - - Tramvia Blau
───── Telefèric, Funicular, Tren
●● ● Correspondència

METRO DE BARCELONA

 LINEAS DEL FERROCARRIL (FGC)

Manresa 4

Montcada i Reixac Santa Maria

3 **Vic**

Montecada i Reixac Manresa

Montcada Ripollet

L11 **Can Cuiàs**

Ciutat Meridiana

Montcada Bifurcació

Tibidabo

Funicular Tibidabo

Montbau   Mundet   Valldaura   Canyelles   Roquetes

Casa de l'Aigua

Torre Baró/ Vallbona

2

Macanet Massanes

Peu del Funicular

Vall d'Hebron

L4 **Trinitat Nova**

L11 **Trinitat Nova**

L3 **Canyelles**

amvia Blau

Penitents

Via Júlia

uda bo

Vallcarca

L5 **Horta**

Llucmajor

Montecada i Reixac

et

ua

Lesseps

Vilapicina

Trinitat Vella

Pl. Molina

Virrei Amat

Torras i Bages

vasi

Fontana

Sant Andreu Arenal

Sant Andreu

Baró de Viver

Santa Coloma

ràcia

Alfons X

Maragall

Sant Andreu Comtal

L1 **Fondo**

Guinardó

Congrés

Fabra i Puig

Joanic

Hospital de St. Pau

Camp de l'Arpa

Sagrera

nic

Diagonal

Navas

Artigues Sant Adrià

Riu Besòs

ença

Sagrada Família

Verneda

Verda- guer

Encants

Clot

Sant Martí

L4 **La Pau**

L2 **Pep Ventura**

Girona   Tetuan

Monumental

El Clot- Aragó

Bac de Roda

Sant Roc   Gorg

t

Passeig de Gràcia

Glòries

Besòs

1 **Maçanet Massanes**

Urquinaona

Pl. Catalunya

Marina

Besòs Mar

Montgat Nord

L6

Arc de Triomf

Selva de Mar

St. Adrià de Besòs

Montgat

eu

Jaume I

Bogatell   Llacuna   Poblenou

El Maresme-Fòrum

Badalona

Drassanes

Barceloneta

Ciutadella Vila Olímpica

mar

10 **Estració de França**

Transbordador Aeri

St. Sebastià

Mar Mediterrània

Teleféric am Montjuïc, im Hintergrund die Sagrada Família

Wichtigstes Verkehrsmittel im Stadtbereich ist die Metro (Untergrundbahn), mit der dank dichtem Streckennetz und sehr rascher Zugfolge fast alle sehenswerten Punkte von Barcelona schnell und bequem zu erreichen sind. Das Metro-Netz der Transports Metropolitans de Barcelona (**TMB**) besteht aus sechs Linien (L 1–5 und die Vorortlinie L 11); weitere sind geplant. Die Metro verkehrt von Montag bis Donnerstag, Sonntag und an Feiertagen von 5.00 bis 24.00 Uhr, Freitag, Samstag und an den Werktagen vor Feiertagen von 5.00 bis 2.00 Uhr. Infos gibt es in der Informationsstelle von TMB an der Plaça Universitat und im Bahnhof Sants. Auf einigen unterirdischen Strecken wird die Metro durch Bahnen der Ferrocarrils de la Generalitat de Catalunya (**FGC**; Katalanische Eisenbahnen) und der spanischen Staatsbahn **RENFE** ergänzt. Zu den wichtigsten Stationen gehören die Plaça de Catalunya, die Plaça d´Espanya und der Zentralbahnhof Sants.

Busse
Sehr groß ist die Zahl von innerstädtischen Buslinien. Die meisten **roten Busse** fahren zwischen 4.00 und 22.00 Uhr; in den späten Nacht- und frühen Morgenstunden (23.00 – 4.00 Uhr) verkehren 16 Nachtbusse (**nitbus**), die fast alle über die Plaça de Catalunya fahren. Sonderlinien sind der **Aerobus** (► Anreise) () und der **Bus Turistic** (► Stadtbesichtigung).

Straßenbahn
Neben der nostalgischen Tramvia Blau (► Stadtbesichtigung) gibt es in Barcelona seit Beginn des 21. Jh.s **neue Straßenbahnlinien** (im nördlichen und südlichen Teil der Stadt). Die Linien T1, T2 und T3 fahren von der Plaça Francesc Macià an der Av. Diagonal in die südwestlichen Vororte, die T4 vom Zoo über das Fòrum 2004 in den nördlichen Nachbarort Sant Adrià de Besòs.

Fahrkarten
Ein Einzelticket für Metro (auch FGC und RENFE) und Bus gilt für das gesamte Stadtgebiet; beim Umsteigen benötigt man einen neuen Fahrschein. Mit der Tageskarte **T-Dia** können die U-Bahn, Busse und die Nahverkehrslinien der FGC an einem Tag unbegrenzt in Anspruch genommen werden. Außerdem gibt es Zwei-, Drei-, Vieroder Fünf-Tages-Karten, die unbegrenztes Fahren an aufeinander folgenden Tagen erlauben. Lohnend für einen Stadtbesucher sind die Sammel- bzw. Streifentickets, insbesondere das **T-10** (gesprochen »Te-Deu«). Diese Karte ist auf mehrere Personen übertragbar (pro Person ein Streifen) und für Metro, Bus, Straßenbahn und die Nahverkehrslinien von FGC und RENFE gültig. Nach dem Entwerten hat

man eineinviertel Stunden Zeit, um mit den genannten Verkehrsmitteln ans Ziel zu gelangen. Fahrkarten für die Metro werden in den U-Bahn-Stationen an Automaten und Schaltern, in Touristeninformationen und in TMB-Kundenservice-Centern verkauft. Busfahrkarten erhält man direkt beim Busfahrer. Entwertet werden die Tickets an den U-Bahn-Drehkreuzen, im Bus an dem gelben Kasten beim Fahrer.

Die Taxen sind gelb-schwarz lackiert. Ein freies Taxi (zu erkennen an **Taxis** der Schrifttafel »lliure« oder »libre« hinter der Windschutzscheibe bzw. an einem grünen Licht auf dem Dach) kann man durch Handzeichen heranwinken. Bei telefonischer Taxibestellung gibt es häufig Probleme und die Wartezeiten sind teilweise sehr lang, da zu wenige Taxen zur Verfügung stehen. Zuschläge werden für große Gepäckstücke, Hunde, telefonische Vorbestellung, Fahrten ab dem Flughafen und in der Nacht berechnet. Taxiruf: Es gibt mehrere Taxi-Unternehmen, z. B. Radio Taxi, Tel. 933 03 30 33.

Die pompöse, 1930 fertig gestellte und kürzlich renovierte **Estació de** **Bahnhöfe** **França**, am nordöstlichen Rand der Altstadt gelegen, ist Barcelonas nostalgischer Bahnhof. Für den Fernverkehr spielt der Bahnhof keine große Rolle mehr. Den größten Teil des Barceloneser Schienenverkehrs fertigt der moderne Hauptbahnhof **Estació de Sants** ab, nordwestlich der Plaça d'Espanya. Er wird von internationalen Zügen aus Richtung Frankreich angefahren, hinzu kommen die inländischen Langstreckenverbindungen nach Madrid, Andalusien, Galicien, Valencia etc. Von regionaler Bedeutung sind die Züge zu den Stränden im Süden von Katalonien.

Verkehrsvorschriften

Es besteht Anschnallpflicht. Höchstgeschwindigkeiten sind auf Autobahnen 120 km/h, auf Landstraßen 90 km/h und innerorts 50 km/h. Die Promillegrenze liegt bei 0,5. Im Auto mit dem Handy ohne Freisprecheinrichtung zu telefonieren ist verboten. Vorfahrt hat grundsätzlich das von rechts kommende Fahrzeug; Kreisverkehr allerdings hat in der Regel Vorfahrt vor dem sich eingliedernden Verkehr. Blau gekennzeichnete Parkplätze sind gebührenpflichtig, an gelb bezeichneten Stellen ist das Parken verboten.

Zeit

Von Ende Oktober bis Ende März gilt die mitteleuropäische Zeit (MEZ), im Sommerhalbjahr (Ende März bis Ende Oktober) die Sommerzeit (MEZ + 1 Std.).

Touren

MIT DEM TOURISTENBUS LERNT MAN BARCELONA SCHNELL UND BEQUEM KENNEN. SPANNENDER UND ABWECHSLUNGSREICHER JEDOCH SIND TOUREN ZU FUSS DURCH DIE KATALANISCHE METROPOLE.

TOUREN DURCH BARCELONA

Vier Spaziergänge zu den meisten Hauptsehenswürdigkeiten der katalanischen Metropole

━━ TOUR 1 **Barri Gòtic und Rambles**
Vom historischen Gotischen Viertel zu Barcelonas berühmtester Flaniermeile ▸ **Seite 135**

━━ TOUR 2 **Montjuïc**
Barcelonas Hausberg und Ausflugsziel Nummer eins lockt auch mit Sport und Kultur. ▸ **Seite 137**

━━ TOUR 3 **Eixample**
Schmuckstücke des Modernisme ▸ **Seite 139**

━━ TOUR 4 **Richtung Meer**
Barcelonas zweitgrößte Grünzone und die wunderschöne Strandpromenade ▸ **Seite 141**

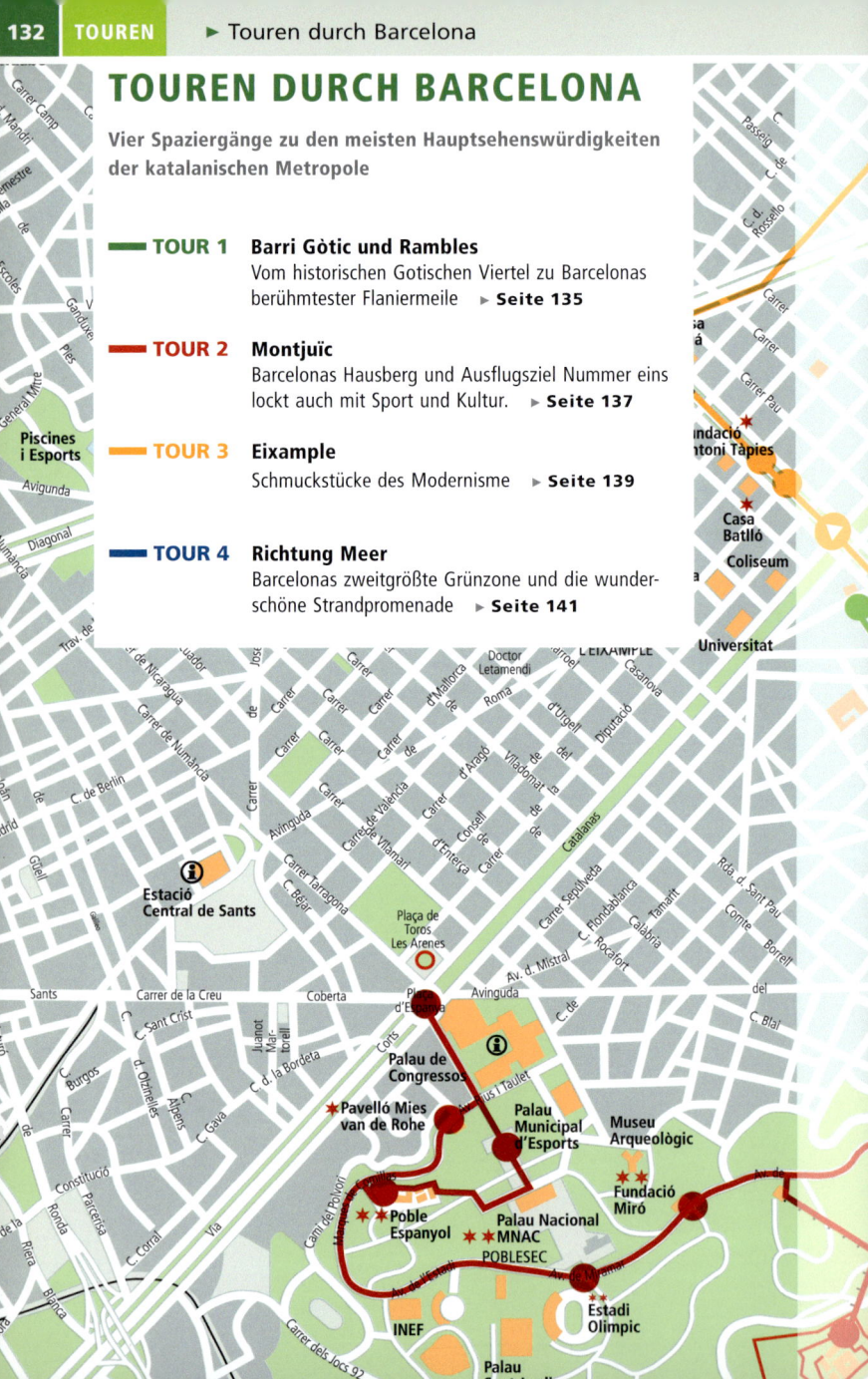

Sagrada Família

Pl. de la Sagrada Família

POBLENOU

Cementiri de l'Est

Plaça de Toros Monumental

Teatre Nacional

Auditori

Estació de Autobuses

Vila Olympica

Concepció

Nov Icàr

Port Olímpic

Arc de Triomf

Palau de Justícia

Parc de la Ciutadella

Teatre

Pl. de Catalunya

El Corte Inglés

Sant Pere

Pal. de la Música

Museu Zoològic

Museu de Geologia

Zoo

Parc Barceloneta

Santa Ana

Casa de Caritat

Betlem

Museu d'Art Contemporani
Pal. d. l. Virreina

Palau Reial

Catedral

Museu Tèxtil

Museu Picasso

Pal. Generalitat

S. Maria del Mar

Estació de França

Biblioteca Central

Boqueria

BARRI GOTIC

Llotja

Palau de Mar

Liceu

La Mercè

Sant Pau

Palau Güell

LA BARCELONETA

Museu Marítim

Paral·lel

Imax

L'Aquarium

Mon. a Colom

Aduana

Mar Mediterrània

Torre de Sant Sebastià

World Trade Center

Port Vell

POBLESEC

Castell de Montjuïc

500 m

© Baedeker

Unterwegs in Barcelona

Barcelona zählt mit zu den ersten Metropolen Europas, die von Billigfliegern in ihr Programm aufgenommen wurden. Mit ihrem typisch mediterranen Klima ist die katalanische Metropole auch das ganze Jahr über ein attraktives Reiseziel, und ein Trip lohnt schon über ein verlängertes Wochenende denn die Stadt hat dem Besucher viel zu bieten. Es gibt zahlreiche historische Bauwerke, vor allem aus der Gotik und dem Modernisme, der Zeit des katalanischen Jugendstils. In zwei ganzen Stadtvierteln sind sogar ausschließlich Sehenswürdigkeiten aus je einer der beiden Epochen zu bewundern: im **Barri Gòtic** rund um die gotische Kathedrale und im **Eixample**, wo sich stellenweise ein beeindruckendes modernistisches Haus an das andere reiht. In den über die Stadt verteilten Museen kommt sowohl der Kunstliebhaber als auch der Fußballfan voll auf seine Kosten. Prachtstraßen, wie die Rambles, der Passeig de Gràcia oder die Diagonal, laden zum Flanieren ein. Einkaufsfreudige finden in den unzähligen Geschäften – vom skurrilen Laden mit Waren aus Uromas Zeiten bis hin zur edlen Modeboutique – ein Paradies vor. Kneipenbummler können sich rund um die Uhr vergnügen, Nachtschwärmer fühlen sich nie gelangweilt. Auch wer Strandleben sucht, wird fündig. Und an schönen Tagen kann man das ganze Jahr über auf der Terrasse vor einem Straßencafé sitzen, die Passanten beobachten und unter freiem Himmel eine Kleinigkeit zu sich nehmen.

Viele der interessanten Bauwerke – wie auch die belebten Flaniermeilen, schöne Läden und schicke Kneipen – kann man **leicht zu Fuß** erkunden, da sie sich auf relativ engem Raum mitten im Stadtzentrum, rund um die Plaça de Catalunya, konzentrieren. Für weiter entfernt gelegene Sehenswürdigkeiten sollte man öffentliche Verkehrsmittel benutzen, wie die Metro, die städtischen Busse, die Straßenbahn (in den Außenvierteln), Züge der staatlichen Eisenbahn, das Taxi oder den Touristikbus, der alle sehenswerten Gebäude und Parkanlagen der Stadt anfährt. Um auf Barcelonas Hausberge zu gelangen, eignen sich die nostalgische Straßenbahn Tramvia Blau bzw. die Zahnradbahn am Tibidabo sowie die Hafenseilbahn, Zahnradbahn und Seilbahn am Montjuïc. **Nicht** empfehlenswert ist es, die Metropole **mit dem eigenen Auto oder einem Mietwagen** zu durchfahren. Tagsüber herrscht hier immer starker Verkehr, das Straßennetz besteht zu einem Großteil aus Einbahnstraßen und die Beschil-

NICHT VERSÄUMEN

- Eine Fahrt mit der Seilbahn über den Alten Hafen auf den Montjuïc hinauf
- In den dunklen Gassen des Gotischen Viertels herumschlendern
- Die Sammlungen des Museu Nacinal d'Art de Catalunya (MNAC) im Palau Nacional
- Museu Marítim (Schifffahrtsmuseum) mit der Königlichen Galeere
- Geschäfts- und Kneipenbummel auf dem Passeig de Gràcia
- Strandleben nördlich von Barceloneta

derung lässt zu wünschen übrig; die Suche nach einer Abstellmöglichkeit für den fahrbaren Untersatz kann zu einem Geduldsspiel werden, Parkhäuser sind nicht gerade billig und Autos mit fremdem Kennzeichen und Mietwagen werden leicht ausgeraubt.

Tour 1 Barri Gòtic und Rambles

Ausgangspunkt: Plaça de Catalunya   **Endpunkt:** Museu Marítim
Dauer: 3 Std.

Die Tour von der Plaça de Catalunya durch das Gotische Viertel und über die Rambles hinunter zum Alten Hafen ist der Klassiker unter den im Folgenden vorgeschlagenen Routen durch Barcelona. So ziemlich jeder Tourist, der die katalanische Hauptstadt besucht, macht einen Abstecher ins Barri Gòtic und bummelt auf dem weltberühmten Boulevard.

Ausgangspunkt ist die weiträumige ❶ **Plaça de Catalunya** am nördlichen Rand der Altstadt – der Hauptverkehrsknotenpunkt und das Zentrum der Metropole. Südöstlich des Platzes beginnen die Rambles, Barcelonas bekannte Flaniermeile, über die alles Leben der Stadt läuft. Gegenüber der Betlem-Kirche, einem ehemaligen Jesuitenkloster und einem der wenigen Barockbauten der Stadt, führt die lebhafte Einkaufsstraße Portaferrissa mitten ins Herz des Barri Gòtic, wo sich majestätisch die gotische ❷ ✲✲ **Kathedrale** erhebt. Das gotische Viertel mit seinen engen und teilweise sehr dunklen Gassen ist eines der historisch reichsten Viertel der Stadt. Rund um die Kathedrale findet man imposante Gebäude aus dem Mittelalter, die von der Zeit künden, als Barcelona eine Großmacht war. Zwei Bauten dienen noch heute als Regierungssitz (Rathaus und Sitz der Landesregierung), in anderen Häusern sind sehenswerte Museen untergebracht, darunter das Museu Frederic Marès. Von der Plaça Sant Jaume gelangt man über den Carrer del Call und den Carrer de Boqueria auf die Rambles zurück. Schräg gegenüber sollte man unbedingt den überdachten ❸ ✲ **Mercat de la Boqueria** besuchen, allein um das Ambiente zu genießen. Geht man weiter in Richtung Hafen, spaziert man über ein Kunstwerk, über

? WUSSTEN SIE SCHON …?

■ Die meisten handelsüblichen Stadtpläne von Barcelona und auch der diesem Reiseführer beigegebene große Übersichtsplan sind entgegen allgemeiner kartografischer Gepflogenheit nicht nach Norden ausgerichtet, sondern so orientiert, dass das rechtwinklige Straßennetz der Eixample genannten Stadterweiterung parallel zu den Kartennetzlinien verläuft. Dies ist zunächst ungewohnt und kann die Orientierung etwas erschweren. Die kartografisch korrekte Situation zeigt der Stadtplan auf S. 132/133 dieses Buches.

ein von Miró geschaffenes Mosaik im Straßenpflaster. Schließlich
passiert man das ❹ **Gran Teatre del Liceu**, das größte Opernhaus
Spaniens und der große Stolz der Barcelonesen. Dem Liceu direkt gegenüber befindet sich das Café de l'Opera, ein Kaffeehaus, das die
Atmosphäre des beginnenden 20. Jh.s bewahrt hat. Auf derselben
Straßenseite weiter unten erreicht man durch einen Torbogen die
von Arkadengängen umgebene ❺ ★ **Plaça Reial**, den schönsten Platz
der Stadt, in dessen Cafés und Restaurants man sich vom Trubel auf
den Rambles erholen kann. Kehrt man auf die Rambles zurück und
begibt sich gegenüber in die Straße Nou de la Rambla, steht man einige Meter später vor einem weiteren Schmuckstück, vor dem von
Antoni Gaudí erbauten ❻ ★ **Palau Güell**, der längst schon zum
Weltkulturerbe der Unesco zählt. Von den Rambles aus lohnt dann
ein Abstecher ins Museu de Cera (Wachsmuseum), bevor man den
❼ **Mirador de Colom** (Monumento a Colom) erreicht, das 60 m hohe Kolumbus-Denkmal, von dessen Spitze man einen überwältigenden Panoramablick über die Stadt und den Alten Hafen genießen
kann. Vom Kolumbus-Denkmal sind es nur noch wenige Schritte
über die Rambla del Mar, eine breite Pontonbrücke, zum Moll d'Espanya, wo das Maremàgnum mit seinen Geschäften und gastronomi-

Der Blumenmarkt auf den Rambles – einer der schönsten Abschnitte von Barcelonas herrlicher Schlendermeile

schen Betrieben sowie das Aquàrium zu einem Bummel einladen. Einen schönen Abschluss dieser Route bildet das nahe gelegene, in den ehemaligen königlichen Werften untergebrachte ❽ ✳ ✳ **Museu Marítim** (Schifffahrtsmuseum), das spektakuläre Schiffe und Zeugnisse der maritimen Vergangenheit des Landes beherbergt, darunter die Galeere von Don Juan d´Austria, unter dessen Oberkommando die türkische Flotte im Jahr 1571 bei Lepanto geschlagen wurde.

Tour 2 Montjuïc

Ausgangspunkt: Mirador de Colom **Endpunkt:** Plaça d'Espanya
Dauer: 4 Std.

Der Montjuïc, einer der beiden Hausberge von Barcelona, ist ein beliebtes stadtnahes Ausflugsgebiet. In den vielen Gärten auf dem Hügel findet man Ruhe und Erholung vom Lärm und von der Hektik der Stadt, von vielen Stellen des Berges genießt man eine wunderschöne Sicht auf Barcelona, seinen Hafen und das Meer. Doch der Montjuïc hat noch mehr zu bieten. Hier oben liegt das Olympiagelände von 1992, und auch kulturell Interessierte kommen auf ihre Kosten.

Vom ❶ **Mirador de Colom** auf der Plaça del Portal de la Pau (mit öffentlichen Verkehrsmittel, u. a. Metro leicht zu erreichen) geht man zur Zwischenstation des Transbordador Aeri (Hafenseilbahn), die sich vor dem ❷ **World Trade Center** auf dem Moll de Barcelona befindet. Mit der ❸ ✳✳ **Seilbahn** gelangt man bis zur Plaça de l'Armada, auf halber Höhe des Montjuïc. Dieser Platz liegt am oberen Eingang der Jardins Costa i Llobera, die für ihre reichhaltige Kakteen- und Sukkulentensammlung bekannt sind. Von der Plaça de l'Armada geht man – z.T. hat man dabei reizvolle Ausblicke auf die Stadt – zum Ausgangspunkt der Gondelbahn, die zur ❹ **Zitadelle** auf der Höhe des Montjuïc führt. Unterhalb des Kastells befindet sich die ❺ ✳✳ **Fundació Miró**, ein Kunstzentrum, das 1977 den Spezialpreis des Europarats für das weltbeste Museum des Jahres erhielt. Anschließend gelangt man zum ausgedehnten ❻ ✳✳ **Olympiagelände** mit dem Olympiastadion von 1992 und dem gegenüber liegenden Sportpalast Palau Sant Jordi. Auf dem Weg zum Poble Espanyol ist ein Abstecher in den Botanischen Garten zu empfehlen. Im ❼ ✳✳ **Poble Espanyol**, dem anlässlich der Weltausstellung 1929 errichteten Spanischen Dorf mit seinen zahlreichen Bars und Restaurants, sind repräsentative Beispiele der traditionellen Architektur aus verschiedenen Landesteilen Spaniens zu bewundern. Auf dem Weiterweg lohnt ein Blick in den ❽ ✳ **Pavelló Mies van der Rohe**, der von diesem Architekten für die Weltausstellung 1929 geschaffen wurde und wegen seiner perfekten Linienführung in Fachkreisen als »Paradigma der modernen Architektur« gilt. Auf dem Montjuïc sind noch das Archäologische Museum, das Ethnologische Museum und das 1929 nach dem Modell von Epidauros gebaute Griechische Theater zu besichtigen. Etwas ganz Besonderes ist jedoch der Palau Nacional mit seinem weltberühmten ❾ ✳✳ **Museu Nacional d'Art de Catalunya** (MNAC, Nationalmuseum für katalanische Kunst), das hervorragende Sammlungen aus allen Epochen der katalanischen Kunstgeschichte besitzt. Vom Palau Nacional gelangt man über eine Freitreppe zum Messegelände (Fira de Barcelona), um über die Avinguda de Reina Maria Cristina, die von Wasserspielen gesäumte

Die große Plaça d'Espanya ist Endpunkt der zweiten Route.

Hauptachse des Messegeländes, schließlich die ❿ **Plaça d'Espanya** zu erreichen, von wo man ggf. mit der Metro (Linie 3) zurück zum Portal de la Pau (Ausgangspunkt der Route) fahren kann.

Tour 3 Eixample

Ausgangspunkt: Plaça de Catalunya   **Endpunkt:** Sagrada Família
Dauer: 2-3 Std.

Auf dieser Tour sind die schönsten und kuriosesten Gebäude des Modernisme, des katalanischen Jugendstils, zu bewundern, darunter die unvollendete Kathedrale Sagrada Família des Barceloneser Vorzeigearchitekten Antoni Gaudí. Unterwegs, insbesondere auf dem Passeig de Gràcia, laden noble Geschäfte zu einem Bummel ein. Auch an schicken Tapas-Lokalen und edlen Restaurants mangelt es nicht.

Ausgangspunkt dieser Tour ist, wie bei Route 1, die ❶ **Plaça de Catalunya**. Von hier zieht der breite, repräsentative Passeig de Gràcia nach Nordwesten in den Eixample, die im 19. Jh. entstandene Stadterweiterung, deren markanteste Baudenkmäler im Quadrat d'Or – rund um den Passeig de Gràcia – zu finden sind. Links am Passeig de Gràcia ist bald die »mansana de la discòrdia« (Häuserblock der Zwietracht bzw. Zankapfel) zu sehen, zu der drei sehr unterschiedlich ge-

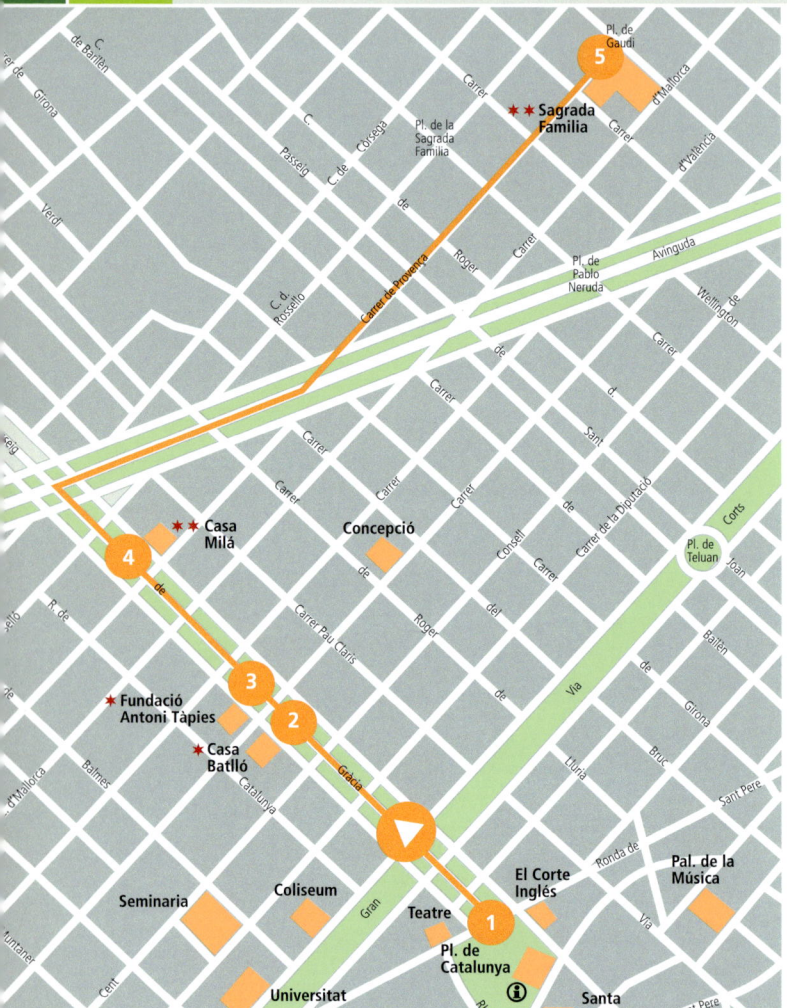

baute Häuser gehören: die Casa Lleó Morera (Nr. 35) von Lluís Domènech i Montaner, die Casa Amatller (Nr. 43) von Josep Puig i Cadafalch und die unverkennbare ❷ ✱ **Casa Batlló** (Nr. 43) von Antoni Gaudí mit ihrer »Tierknochenfassade« – so genannt wegen des Aussehens der Balkons. In der linken Seitenstraße hinter der Casa Batlló entdeckt man ein weiteres Haus des Architekten Domènech i Montaner (Aragó, 225). Das Gebäude mit der Drahtskulptur auf dem Dach beherbergt heute die ❸ ✱ **Fundació Antoni Tàpies**, ein Zentrum der modernen Kunst. Das bedeutendste modernistische

Haus im Eixample steht am Passeig de Gràcia, 92. Die mehr einer Skulptur als einem Gebäude ähnelnde ❹ ✶✶ **Casa Milà** von Gaudí erntete seinerzeit viel Spott. Nachdem es wegen der langen Bauzeit infolge ständiger Veränderungen zu Differenzen zwischen Gaudí und dem Bauherrn gekommen war, wurde das Haus bald schon abfällig »La Pedrera« (Steinbruch) genannt. Heute lockt das Gebäude zahlreiche Besucher an.

Wem es beim Einkaufs- und Kneipenbummel auf dem sehr befahrenen Passeig de Gràcia zu laut ist, der kann auf die südwestlich parallel verlaufende Rambla de Catalunya ausweichen, die Fortsetzung der Rambles (►Tour 1). Auch sie ist eine elegante Straße mit Schmuckgeschäften und Läden der Haute Couture, auf dem breiten Mittelstreifen laden Straßencafés zum Verweilen ein, die zahlreichen Kinos sind ein Anziehungspunkt.

Jenseits der breiten, von lebhaftem Verkehr durchfluteten Avinguda Diagonal setzt sich der Passeig im wesentlich schmaleren Carrer Gran de Gràcia fort. Etwas abseits davon verbirgt sich im Gassengewirr der einstigen Vorstadt Gràcia die Casa Vicens, ein relativ frühes Werk des Architekten Antoni Gaudí. Dann geht man zur nahen U-Bahn-Station Fontana und fährt mit der Metro (Linie 3; an der Haltestelle Diagonal umsteigen in die Linie 5 Richtung Horta und an der übernächsten Station wieder aussteigen) zur Kirche ❺ ✶✶ **Sagrada Família** (Temple Expiatori de la Sagrada Família), dem berühmtesten Gebäude von Barcelona und Wahrzeichen der Stadt. Von der gleichnamigen Metrostation (Linie 5 bis Diagonal; dann umsteigen in die Linie 3 Richtung Zona Universitaria) erreicht man wieder die Plaça de Catalunya, den Ausgangspunkt der Tour.

Tour 4 Richtung Meer

Ausgangspunkt: Arc de Triomf   **Endpunkt:** Zoo
Dauer: 2 Std.

Bei der letzten Route durch Barcelona stehen die zweitgrößte Grünzone der Stadt und die Viertel an der Küste inklusive Strand im Vordergrund. Wer gern Fischgerichte und Meeresfrüchte isst, hat in den zahlreichen Restaurants von Barceloneta und am Port Olímpic die Qual der Wahl.

Vom ❶ **Arc de Triomf** (gleichnamige Metrostation, Linie 1) ist es nur ein kurzes Stück zum ❷ **Parc de la Ciutadella**, der zweitgrößten Grünzone der Stadt nach dem Montjuïc. Auf dem Gelände des Parks sind das Geologische Museum, das älteste Museum Barcelonas, und das Zoologische Museum untergebracht. Verlässt man den Park rechts unten, gelangt man auf die Avinguda del Marqués de l' Argentera mit dem Bahnhof ❸ **Estació de França**. In den monumentalen

Bahnhof, der aus zwei großen Hallen mit mehr als 30 m hohen Metallbögen und einer imposanten Wandelhalle besteht, sollte man auf alle Fälle einen Blick werfen. Wendet man sich hinter dem Bahnhof nach links, erreicht man bald das alte Strandviertel ❹ **Barceloneta**, an dessen Passeig de Joan de Borbó sich ein Fischrestaurant an das andere reiht. Am Ende dieses Passeig beginnt die nach Norden führende Strandpromenade, die direkt zum Port Olímpic (Olympiahafen) führt. Man kann hierbei über den Passeig Marítim bzw. den breiten Strand mit dem goldgelben Sand unterhalb laufen. Neben dem ❺ **Port Olímpic** mit dem gut ausgestatteten Sportboothafen erheben sich das Hotel Arts und das Bürohaus Torre Mapfre, die beiden höchsten Wohn- und Arbeitsgebäude Barcelonas. Wie in Barceloneta reihen sich – auf zwei Ebenen am nördlichen Ende des Olympiahafens – Restaurants aneinander. Dann überquert man die Ronda del Litoral, geht am Olympischen Dorf vorbei und zur Nordgrenze des Parc de la Ciutadella (Carrer de Wellington). Hier befindet sich ein Eingang in den ❻ **Zoo**, der bereits 1892 gegründet wurde und von 325 Tierarten bevölkert wird.

Ausflüge

Rund um Barcelona gibt es zahlreiche reizvolle Ausflugsziele. Alle im Folgenden aufgeführten Orte sind mit der Eisenbahn erreichbar (überwiegend ab Bahnhof Sants, in Richtung Norden auch ab Passeig de Gràcia oder Plaça de Catalunya).

Die Nummer Eins unter den Ausflugszielen ab Barcelona ist Montserrat. Das fantastisch gelegene Bergkloster wird bei den Sehenswürdigkeiten von A bis Z ausführlich beschrieben.

✶ ✶
Montserrat

Nach einer ca. einstündigen Bahnfahrt erreicht man im Norden den Küstenort **Calella**. Das beliebteste Urlaubsstädtchen an der rund 50 km langen Costa del Maresme – wegen der zahlreichen deutschen Touristen auch »Calella de los alemanes« genannt – verfügt über einen wunderschönen Strand. Weiter nördlich gelangt man nach **Blanes**, dem südlichsten Ferienort der von idyllischen Küstenlandschaften und großen Urlauberzentren geprägten Costa Brava. Ab Blanes, das ebenfalls über einen herrlichen Strand verfügt und sich zudem in

Costa Brava

Im Stadtkern von Girona erlebt man Mittelalter pur.

! **Baedeker** TIPP

Catalunya en Miniatura

Ein Spaß nicht nur für Kinder ist die Anlage Catalunya en Miniatura (Katalonien in Miniatur) in Torrelles de Llobregat (17 km südwestlich von Barcelona). Hier sind Modelle (im Maßstab 1:25) von katalanischen Baudenkmälern und Sehenswürdigkeiten, auch von modernen Verkehrs- und Industriebauten aufgestellt. Anfahrt mit dem eigenen Wagen: am besten in Richtung Martorell bis Molins del Rei und weiter über Sant Vincenç dels Horts. Öffentliche Verkehrsmittel: Wegen der ziemlich dürftigen Busverbindungen ist zumindest für die Hinfahrt ein Taxi zu empfehlen (Öffnungszeiten: Okt. – Feb. Di. – So. 10.00 – 18.00; Juli, Aug. tgl. 10.00 – 20.00, sonst bis 19.00 Uhr; www.catalunyaenminiatura.com.

seinem Stadtkern noch seinen alten Charme bewahren konnte, verlässt die Bahn die Küste. Das landeinwärts gelegene **Girona**, die Hauptstadt der gleichnamigen Provinz und damit Hauptstadt der Costa Brava, ist eine der reizvollsten Städte Kataloniens. Im herrlich verwinkelten historischen Stadtkern fühlt man sich ins Mittelalter zurückversetzt. Nördlich von Girona liegt **Figueres**, ein Landstädtchen mit südfranzösischem Flair und eine kulturelle Perle, das mit dem Teatre-Museu des exzentrischen Künstlers Salvador Dalí alljährlich einen Ansturm von mehreren hunderttausend Besuchern erlebt. Auch in Montmeló nahe von Barcelona tummeln sich einmal im Jahr Tausende von Menschen, wenn die besten **Formel-1-Rennfahrer** der Welt auf dem Circuit de Catalunya um den Großen Preis von Spanien kämpfen (►Baedeker Tipp S. 123).

Helle feine Sandstrände, wie in Calella findet man auch an der **Costa Daurada**, an der Goldenen Küste südlich von Barcelona. Zu einem

An der Platja de la Ribera, am Hausstrand des südlich von Barcelona gelegenen Sitges, herrscht im Sommer großes Gedränge.

Die Kathedrale Santa Tecla von Tarragona erhebt sich auf dem höchsten Punkt der Altstadt.

beliebten Ferienzentrum hat sich vor allem **Sitges** entwickelt, das Künstler entdeckten und reiche Barceloneser Bürger schon zu Beginn des 20. Jh.s als sommerlichen Erholungsort schätzten. Bekannt ist das elegante Seebad, wo im Sommer fast rund um die Uhr Betrieb herrscht, für seine Liberalität, denn von der Gay-Szene, von Schwulen und Lesben wird der Ort heute als eine Art eigener europäischer Ferienmetropole angesehen. In eine völlig andere Welt taucht man, weiter südlich, in **Tarragona** ein. Dass der Ort in der Römerzeit die bedeutendste römische Stadt auf der Iberischen Halbinsel war, davon zeugen noch zahlreiche Bauten in der Metropole der gleichnamigen Provinz. Auch ein Besuch im Hinterland lohnt. Hier, im **Penedès**, gedeiht ein hervorragender Wein, der zu dem perlenden Cava, dem katalanischen Sekt, verarbeitet wird. Attraktion der Weinregion sind die über hundert Sektkellereien von Cava-Produzenten, darunter die der Familien Codorníu und Freixenet in Sant Sadurní d'Anoia.

! Baedeker TIPP

Busreisen

Das Unternehmen »Catalunya Bus Turístic« bietet eintägige Busreisen an nach Sitges und Montserrat (tgl. außer Mo.), Figueres und Girona (tgl. außer Mo.), eine Wein- und Cava-Tour (Mi., Do., Fr., So.), zum Markt nach Vic (Di.), eine Tour Formel 1 sowie zu Shopping und Modernismus ins Umland der Hauptstadt (Sa.). Abfahrt jeweils um 8.30 Uhr an der Plaça de Catalunya. Im Fahrpreis für die Hin- und Rückfahrt ist der Besuch mehrerer Museen eingeschlossen, außerdem gewähren diverse Geschäfte und Restaurants am Zielort Rabatte. Erhältlich sind die Tickets in lokalen Reisebüros und im Internet unter www.barcelonaturisme.com. Informationen: Tel. 932 85 38 32.

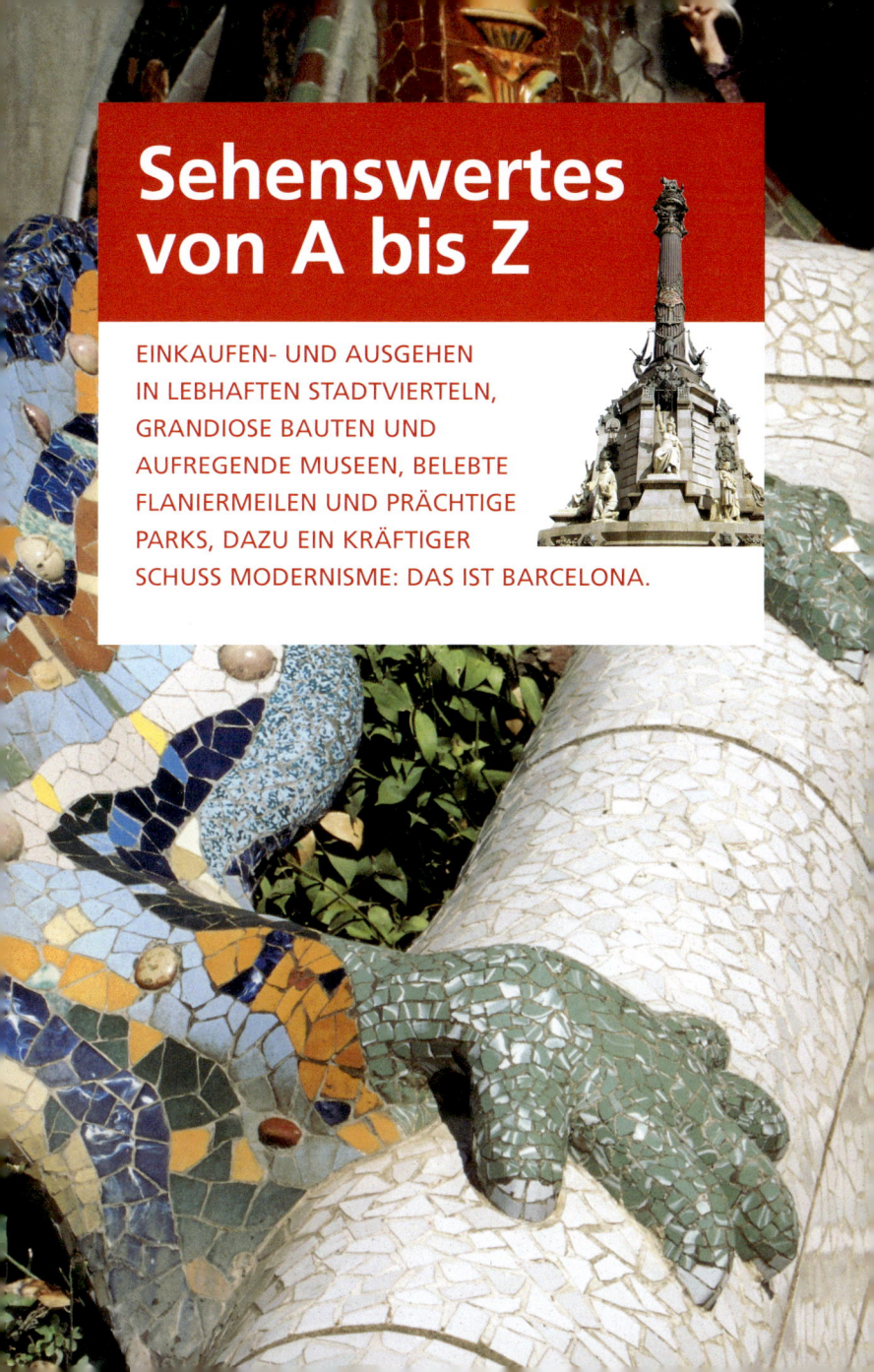

Sehenswertes von A bis Z

EINKAUFEN- UND AUSGEHEN
IN LEBHAFTEN STADTVIERTELN,
GRANDIOSE BAUTEN UND
AUFREGENDE MUSEEN, BELEBTE
FLANIERMEILEN UND PRÄCHTIGE
PARKS, DAZU EIN KRÄFTIGER
SCHUSS MODERNISME: DAS IST BARCELONA.

Arc de Triomf

J 8

Lage: Passeig Lluis Companys   **Metro:** Arc de Triomf (L 1)

Der Arc de Triomf (Triumphbogen) bildet den architektonischen Hauptakzent des breiten Passeig de Lluís Companys, der vom Parc de la Ciutadella in nordwestlicher Richtung verläuft.

Weltaus-stellungs-Triumpfbogen

Er wurde als repräsentatives Hauptportal für die Weltausstellung von 1888 von Josep Vilaseca errichtet. Der Ziegelbau greift maurische Stilelemente auf; die Reliefs zeigen Allegorien von Handel, Industrie, Landwirtschaft und Kunst.

Architektenkammer

H 8

Lage: Plaça Nova   **Metro:** Liceu (L 3)

Gegenüber der Hauptfassade der ► Kathedrale jenseits der Plaça Nova steht das Collegi d'Arquitectes (Architektenkammer).

← *Mosaikechse im Parc Güell*

Das Gebäude, eines der ersten Hochhäuser der Stadt, wurde 1962 errichtet. An der dem Platz zugewandten Seite befindet sich ein dreiteiliger Sgraffito-Fries nach Entwürfen von **Pablo Picasso**. Der Mittelteil

Der Arc de Triomf wurde für die Weltausstellung 1888 errichtet.

zeigt die »Gegants« (überlebensgroße menschliche Figuren, die bei Volksfesten mitgeführt werden) und Gestalten mit Palmzweigen; der linke Teil symbolisiert die Freude am Leben, der rechte Teil zeigt den »Standartenfries«. Im Inneren des Gebäudes befinden sich zwei weitere Wandbilder von Picasso.

Badalona

außerhalb

Lage: nordöstlich von Barcelona

Metro: Joan XXIII, Sant Roc, Gorg, Pep Ventura (L 4)

Die rund 220 000 Einwohner zählende Industriestadt Badalona liegt nordöstlich von Barcelona, jenseits des Riu Besòs.

Heute ist Badalona faktisch mit der katalanischen Hauptstadt zusammengewachsen. Das Stadtgebiet erstreckt sich rund 5 km an der flachen Küste entlang, deren Wasserqualität allerdings unter den Emissionen der Industrie leidet. Im alten Stadtkern steht die aus dem 17. Jh. stammende **Kirche Santa Maria** mit Gemälden des Barockmalers Antoni Viladomat. Dass schon die Römer diesen Landstrich schätzten, zeigen die Reste der Römerkultur, die im **archäologischen Museum** der Stadt ausgestellt sind. (Museu de Badalona; Plaça Assemblea de Catalunya, 1).

Industriestadt

Barceloneta (Stadtteil)

H–J 10

Lage: nordöstlich vom Hafen

Metro: Barceloneta (L 4)

Der Stadtteil Barceloneta (Klein-Barcelona) erstreckt sich auf einer schmal auslaufenden Landzunge nordöstlich vom Hafenbecken.

Er wurde seit 1753 auf regelmäßigem Grundriss mit einander rechtwinklig kreuzenden Straßen angelegt – eine **typische Barockplanung**. Barceloneta sollte jenen Bürgern neuen Wohnraum bieten, die durch den Bau der Zitadelle aus ihrem bisherigen Stadtviertel vertrieben worden waren.(► Parc de la Ciutadella). Die Lage zwischen Meer und Hafen macht Barceloneta noch heute zu dem Stadtteil mit der stärksten maritimen Prägung.

Klein-Barcelona

An der Plaça de la Barceloneta steht die Kirche **Sant Miquel del Port**, die gleichzeitig mit dem gesamten Viertel erbaut wurde. Raumaufteilung und Fassadengestaltung orientieren sich am italienischen Barock. Rechts von der Kirchenfassade steht das Haus, in dem der französische Diplomat Ferdinand de Lesseps, der Initiator des Suezkanals in Ägypten, während seiner Tätigkeit als Konsul in Barcelona (1842 bis 1848) gewohnt hat (Gedenktafel).

Strand   Der breite Passeig Marítim begrenzt den Stadtteil zum Meer hin. Der feinsandige Strand erstreckt sich weit nach Nordosten; er ist ein **sehr beliebtes Naherholungsgebiet**. Trotz der Nähe von Großstadt und Industrieanlagen ist man hier sehr um eine gute Wasserqualität bemüht, und Rettungsschwimmer und Erste-Hilfe-Stationen sorgen für die Sicherheit der Wassersportler.

Passeig Joan de Borbó   Der Passeig Joan de Borbó trennt Barceloneta vom Hafenbereich und führt am Moll de Barceloneta (Mole) entlang nach Süden zur Torre de Sant Sebastiá, einem 96 m hohen Stahlgittermast, auf dem die vom ▶Montjuïc kommende Hafenseilbahn (▶Hafen) endet. Die breite Straße lädt zum Spazierengehen, Radfahren, Inlinescaten ein; und wer ein Lokal mit Blick aufs Meer sucht, kann unter **zahlreichen Bars und Restaurants** – oft mit Terrasse – wählen.

✶✶ Barri Gòtic (Stadtteil)

H 8 – 9

Lage: nordöstlich der Rambles   **Metro:** Jaume I (L 4), Liceu (L 3)

Der Barri Gòtic (Gotisches Viertel) erstreckt sich vom Hafen bis zur Kathedrale bzw. von den Rambles bis zur Via Laietana. Er ist der älteste Teil der Stadt und erhielt sein charakteristisches Gepräge ganz überwiegend in der Zeit der Gotik, als Barcelona neben Genua und Venedig die wichtigste Handelsstadt im Mittelmeerraum war und über ungeheure Reichtümer verfügte.

Gotisches Viertel   Doch die Wurzeln des Viertels reichen viel weiter zurück bis in die Römerzeit, aus der noch Teile der Stadtmauer stammen und andere Überreste zu sehen sind. Seit zweitausend Jahren ist der Barri Gòtic **der geistliche und weltliche Mittelpunkt der Stadt**. Auf dem Mont Tabor, dem mit 12 m ü.d.M. höchsten Punkt des Stadtkerns, erhebt sich die Kathedrale, umgeben von engen mittelalterlichen Gassen. Ganz in der Nähe residierten die Grafen von Barcelona sowie die Könige von Katalonien und Aragón. Hier wurde Christoph Kolumbus nach seiner ersten Entdeckungsfahrt von den Katholischen Majestäten empfangen, und seit dem 14. bzw. 15. Jh. haben auch Stadt- und Provinzverwaltung hier ihren Sitz.

Heute ist das Barri Gòtic größtenteils Fußgängerzone; es gibt **viele Läden und kleine Lokale**, die von Einheimischen wie Fremden besucht werden. Neben alteingesessenen Geschäften – etwa für Hüte oder Handschuhe – finden sich solche mit High-Tech-Artikeln. Teenie-Mode, ausgefallener Modeschmuck werden ebenso angeboten wie Lederwaren sowie Antiquitäten und Bücher.

Barri Gòtic *Orientierung*

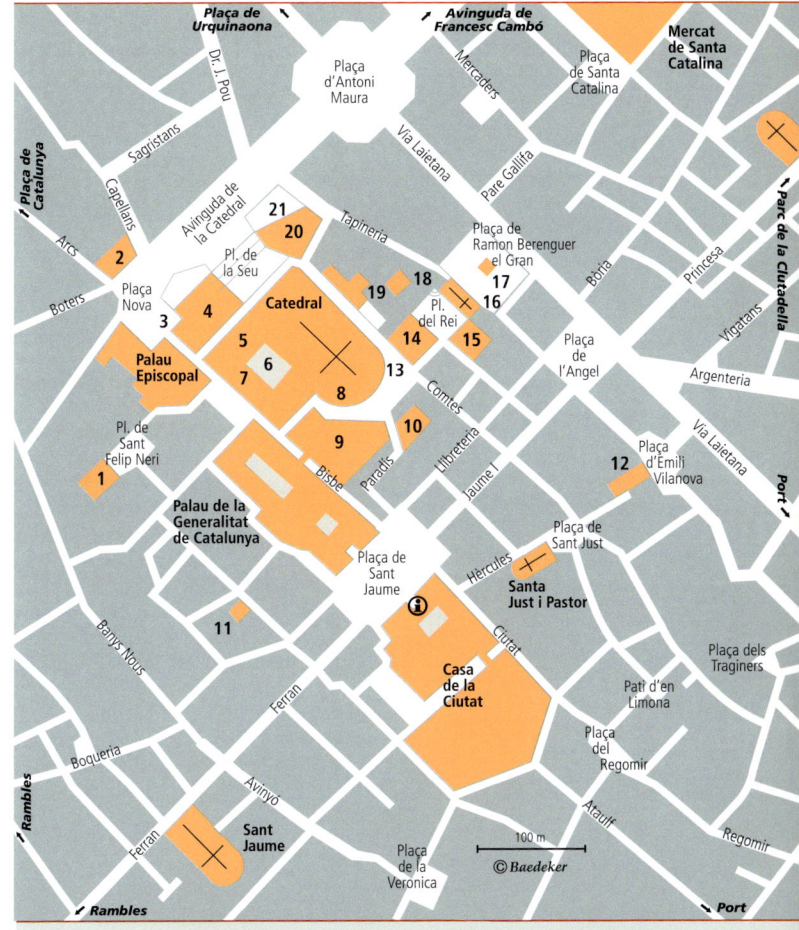

1 Museu del Calçat
  (Schuhmuseum)
2 Architektenkammer
3 Römische Stadtmauertürme
4 Haus des Erzdiakons
  (Institut Municipal d'Història)
5 Romanisches Portal
6 Kreuzgang der
  Kathedrale
7 Porta de Santa Eulàlia
8 Porta de la Pietat
  (Zugang zum Kreuzgang)
9 Domherrenhaus
10 Säulen vom Augustustempel
  (im Innern des Hauses)

11 Sinagoga Major
12 Galeria de Catalans Il·lustres
13 Portal de Sant Iu
14 Palau del Lloctinent
  (Archiv der Krone von Aragon)
15 Palau Clariana-Padellás
  (Museu d'Història de la
  Ciutat)
16 Capella de Santa Agata
17 Reiterdenkmal Ramon
  Berenguers d.Gr.
18 Saló de Tinell
19 Museu Frederic Marès
20 Casa Pia Almoina
21 Römische Stadtmauern

! **Baedeker** TIPP

Tanz vor der Kathedrale

Im Juli sowie von September bis November sollte man sich das Spektakel der Sardana nicht entgehen lassen: Sonn- und feiertags um 12.00 Uhr tanzt jeder, der will, auf dem Vorplatz der Kathedrale diesen Reigen, der Sinnbild des katalanischen Selbstverständnisses ist.

Rundgang

Plaça Sant Jaume

Ausgangspunkt des hier vorgeschlagenen Rundgangs ist die Plaça Sant Jaume, das historische und politische Zentrum Barcelonas. Auf dem weiträumigen Platz stehen sich der **Palau de la Generalitat** (Regierungspalast) und die **Casa de la Ciutat** oder Ayuntamento (Rathaus), beide Zeugen der Geschichte der Stadt, gegenüber – der Palau heute Sitz der autonomen katalanischen Landesregierung, die Casa Sitz der Stadtregierung. Für die Bewohner der Stadt hat der Platz seit 2000 Jahren Bedeutung als belebter Treffpunkt und als Machtzentrum. Seine Geschichte begann als Forum der römischen Siedlung Barcino, und immer wieder spielte er eine wichtige Rolle für die Katalanen. Hier wurde 1931 die katalanische Republik ausgerufen. Viele politische Kundgebungen fanden und finden noch immer auf diesem Platz statt. Aber hier feiern die Barcelonesen auch ihre großen Feste oder einen Sieg des FC Barcelona, hier tanzen sie die Sardana, hier feiern sie Karneval.

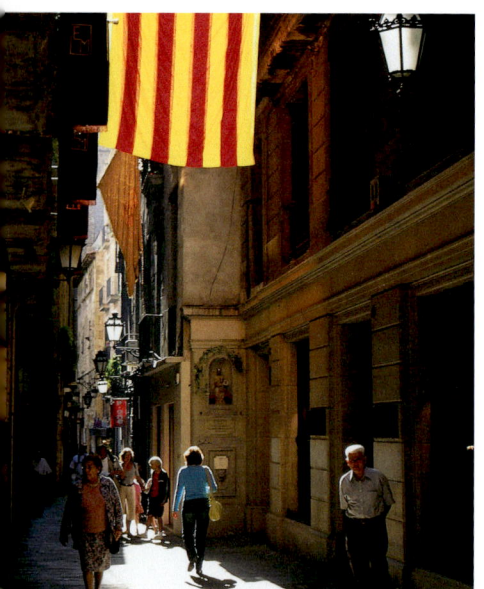

Typische Gasse im Barri Gòtic

Die **Casa de la Ciutat** steht an der Südostseite der Plaça de Sant Jaume. Der ursprünglich aus dem 14. Jh. stammende stattliche Bau besitzt z. T. noch gotische Seitenfassaden, während die Hauptfassade im Jahr 1847 von Josep Mas im Kontrast dazu in klassizistischem Stil neu gestaltet wurde. Im sehenswerten Innenhof entdeckt man eine schöne Freitreppe. Im Inneren des Rathauses ist der große **Saló de**

Cent (Ratssaal; 14. Jh.) mit Wandbehang in den katalanischen Wappenfarben rot und gelb zu sehen. Im **Saló de les Cròniques** (Chroniksaal) sind auf einem Wandgemälde von Joseph Maria Sert Höhepunkte der katalanischen Geschichte festgehalten.

Gegenüber der Casa de la Ciutat erhebt sich der frühere Palau de la Diputació, der im 15. Jh. errichtete einstige Sitz der Landstände. Hier befindet sich heute die Generalitat de Catalunya (**Autonome Regierung von Katalonien**). Beachtenswert ist der prächtige Innenhof im gotischen Stil und im ersten Stock die gleichfalls gotische Georgskapelle. Im rückwärtigen Gebäudeteil befindet sich ein reizvoller Orangenhof.

Palau de la Generalitat

Nördlich vom Palau schließt sich die Audiencia, der ehemalige Gerichtshof, an; der hier zur ► Kathedrale führende Carrer del Bisbe Irurita wird von einem zierlichen gotischen Verbindungsbau überspannt. Allerdings: So »echt gotisch« die kleine Brücke auch wirkt, sie stammt erst aus den 1920er-Jahren. Über sie erreicht der katalanische Ministerpräsident das Domherrenhaus, denn dort residiert er – und nicht, wie man vermuten möchte, im Regierungspalast.

Audiencia

Im Gassengewirr westlich der Plaça Sant Jaume stand – an der Kreuzung des Carrer de Marlet und des Carrer Sant Domènec del Call – die mutmaßliche Hauptsynagoge, das wohl im 12. Jh. errichtete und damit **älteste jüdische Gotteshaus ganz Spaniens.** Zu sehen sind Räumlichkeiten im Kellergeschoss, die auf römischen Fundamenten ruhen. Neben dem Eingangsraum befindet sich die eigentliche Synagoge, an der Wand links des heutigen Zugangs öffnen sich zwei Fenster, die auf die heilige Stadt Jerusalem ausgerichtet sind. Zwischen diesen Fenstern steht ein Schrein, in dem die Rollen der Thora aufbewahrt wurden (Öffnungszeiten: Mo. – Fr. 10.30 – 18.00, Sa., So. 10.30 – 15.00 Uhr, www.calldebarcelona.org).

Sinagoga Major

! Baedeker TIPP

Canapés

Canapés, mit allerlei Köstlichkeiten belegte Brotscheiben, sind die Spezialität der baskischen Bar Bilbao Berria an der Plaça Nova, 3.

Von der Plaça Sant Jaume gelangt man zwischen dem Palau de la Generalitat und der Casa dels Canonges (Domherrenhaus) hindurch zum Kreuzgang der Kathedrale und zum Haus des Erzdiakons.

Um die Kathedrale

Das 1922 gegründete Institut Municipal d'Història (Historisches Institut der Stadt) hat seinen Sitz in der schönen Casa de l'Ardiaca (Haus des Erzdiakons). Das Gebäude geht in Teilen schon auf das 12. Jh. zurück und erhielt im 15. Jh., zur Zeit der Spätgotik, im Wesentlichen sein gegenwärtiges Aussehen. Der Figurenschmuck zeigt allerdings deutlich den Einfluss der italienischen Renaissance.

Institut Municipal d'Història

◄ weiter auf S. 156

DER CALL VON BARCELONA

Barcelona besaß im Mittelalter eine große jüdische Gemeinde, deren Spuren jedoch verwischt sind. Jahrhunderte nach dem gewaltsamen Exodus siedelten sich in der katalanischen Metropole wieder viele Juden an.

Im 13. Jh. lebten in Barcelona um die 4000 Juden, was 15 Prozent der gesamten damaligen Stadtbevölkerung entsprach. Neben der Kathedrale, im Barri Gòtic, lag das jüdische Viertel **Call Major**, und außerhalb der Stadtmauern – zwischen dem Carrer dels Tres Llits und dem Carrer de la Lleona – befand sich das 1257 gegründete Call Menor, das Opfer der Stadtsanierung im 19. Jh. wurde. An das Call Major – über die Herkunft des Wortes gibt es in der Wissenschaft keine klare Erkenntnis, vermutlich leitet es sich von dem hebräischen Wort »kahal« (Gemeinschaft) ab – erinnern heute nur noch die Namen einiger Gässchen (Sant Domènec del Call, Carrer del Call), vereinzelte hebräische Mauerinschriften und eine 1820 entdeckte hebräische Inschrift im Carrer de Marlet (an der Ecke zum Carrer de l'Arc de Sant Ramon del Call), die auf eine fromme Stiftung eines Rabbis namens Semuel ha-Sardi hinweist. Als die jüdischen Bewohner im Lauf des 15. Jh.s ihre Viertel in Barcelona und schließlich ganz Spanien verlassen mussten, gerieten auch ihre Wohn- und Kultgebäude in Ver-

gessenheit. Erst im Jahr 2002 wurde die Sinagoga Major (► Barri Gòtic) feierlich eröffnet, obwohl ihr Standort längst lokalisiert war.

Rotgelber Knopf

Die Juden von Barcelona werden zum ersten Mal in Dokumenten aus dem 9. Jh. erwähnt. Im Mittelalter bildeten die Juden einen wichtigen Bestandteil der Wirtschaft, des Finanzwesens und der Wissenschaften. Sie waren Händler und Handwerker (Juweliere, Schneider etc.), Verleiher und Geldwechsler, Ärzte, Anwälte, Übersetzer und Gelehrte; sie arbeiteten für den katalanischen Adel, und auch die Krone schätzte ihre Dienste sehr. Doch den Barceloneser Christen blieben die Juden mit ihrer andersartigen Kultur, ihrem ausgeprägten Sinn für alles Finanzielle und ihren profunden medizinischen Kenntnissen, die im Mittelalter als okkultes Wissen galten, stets suspekt. Im Jahr 1243 mussten alle Juden der Stadt auf Anordnung König Jaumes I. hin **als Erkennungszeichen einen rotgelben Knopf** an der Kleidung tragen. Nachts wurde das Call hermetisch abgeriegelt.

Hebräische Inschrift im Gässchen Carrer de Marlet im Gotischen Viertel

Pogrom und Exodus

Doch der Hass des gemeinen Volkes auf die jüdischen Nachbarn nahm im 14. Jh. immer mehr zu. Viele Christen fühlten sich von den jüdischen Kreditgebern geprellt; Ursachen für den aufgestauten Hass waren aber auch Neid – viele Juden gelangten aufgrund ihrer wirtschaftlichen Potenz zu Macht – und christlicher Fanatismus. Im Jahr **1391** kam es – ausgehend vom andalusischen Sevilla – in vielen spanischen Städten zu Pogromen. Am 5. Juli desselben Jahres **überfiel ein christlicher Mob den Call von Barcelona**, plünderte und mordete. Mehrere hundert Juden fanden dabei den Tod. Zehn Jahre später ließ König Joan I. den Call schließen. Die wenigen Familien, die noch in Barcelona geblieben waren, mussten 1424 die Stadt verlassen; 1492 – unter den Katholischen Königen Fernando und Isabel – wurden dann alle Juden, die ihren Glauben beibehalten wollten, aus ganz Spanien vertrieben. Diejenigen Juden, die zum Christentum konvertiert waren, um der Vertreibung zu entgehen, sahen sich bald schon dem Terror der Inquisition ausgesetzt. Im Jahr 1992, genau ein halbes Jahrtausend nach dem Exodus, bat der spanische König Juan Carlos I. das jüdische Volk offiziell um Vergebung für die Vertreibung der Juden aus Spanien.

Größte jüdische Gemeinde Spaniens

Erst rund vier Jahrhunderte nach der Vertreibung, in der zweiten Hälfte des 19. Jh.s, **siedelten sich wieder Juden in Katalonien an,** zunächst vereinzelt, dann ab 1918 wieder als Gemeinde in Barcelona. Vor dem Ersten Weltkrieg (1914–1918) kamen vor allem Aschkenasim aus Deutschland und Österreich. In den 1920er-Jahren zählte die Gemeinde rund 1000 Mitglieder. Diktator Franco war zwar deutschlandfreundlich, und die Gestapo in Barcelona besaß Listen mit den Namen jüdischer Einwohner, doch wurden vom franquistischen Regime keine Juden an Nazideutschland ausgeliefert. 1956 kam es zu einer weiteren Immigrationswelle, als nach der Unabhängigkeitserklärung Marokkos jüdische Geschäftsleute aus dem nordafrikanischen Land in Südspanien und in Barcelona eine neue Heimat suchten. Die letzte Einwanderungswelle fand in den 1970er-Jahren statt. Die Juden, die sich nun in Barcelona ansiedelten, stammten aus Südamerika und waren meist Intellektuelle, die sich in ihren diktatorisch regierten Heimatländern – Argentinien, Chile und Kuba – nicht mehr sicher fühlten. Derzeit leben 4000 bis 5000 Juden in Barcelona, das damit die größte jüdische Gemeinde Spaniens besitzt.

*Im Palau de la Generalitat residiert heute Kataloniens Regierung,
die Generalitat de Catalunya.*

Das Innere des Gebäudes ist nur für Fachwissenschaftler zugänglich;
Beachtung verdient aber **der von Arkaden umgebene Innenhof** mit
farbigem Kachelschmuck und einem gotischen Brunnen.

Palau Episcopal Der Palau Episcopal (Bischöflicher Palast) gegenüber dem Institut
Municipal d'Història grenzt westlich an die Kathedrale. Er wurde
schon im Jahre 926 urkundlich erwähnt; die ältesten Teile der gegenwärtigen Bausubstanz entstanden im 12. und 13., teilweise im 15.
Jahrhundert. Erneuerungsarbeiten wurden 1883 und 1928 vorgenommen. Noch aus der Römerzeit stammen die beiden Rundtürme
am Portal del Bisbe. Im Innenhof mit seinen romanischen Arkaden
steht eine neuzeitliche Plastik der Muttergottes vom ►Montserrat.

Plaça Sant Hinter dem Bischofspalast erreicht man die malerische kleine Plaça
Felip Neri de Sant Felip Neri mit dem ► Museu del Calçat (Schuhmuseum),
während nördlich jenseits der Plaça Nova das moderne Gebäude der
►Architektenkammer mit den berühmten Picasso-Sgraffiti steht.

Plaça del Rei Die Plaça de la Seu (Vorplatz der Kathedrale) wird nördlich von der
Casa Pia Almoina begrenzt. An der nordöstlichen Langhauswand der
Kathedrale entlang kommt man zum ► Museu Frederic Marès und
weiterhin zum ►Museu d' Història de la Ciutat. Gleich neben diesem
Museum liegt die Placa del Rei, eingerahmt von den stattlichen alten
Gebäuden der vielleicht schönste Platz Barcelonas. Von dort gelangt
man wieder zurück zur Plaça de Sant Jaume gehen oder weiter zur
Metro-Station an der Plaça de l'Angel.

Börse

Lage: Pla del Palau   **Metro:** Barceloneta (L 4)

Die Börse von Barcelona (katalan. Llotja) wurde bereits im 14. Jh. gegründet, als die Stadt eine wirtschaftliche Blütezeit erlebte.

Das Gebäude, in dem die Börse heute noch untergebracht ist, entstand 1380 – 1392 im **Stil der Spätgotik**, wurde aber mehrfach erweitert und verändert, zuletzt im klassizistischen Stil. | **Traditionsreiche Finanzstätte**

Der einzige Teil der Börse, welcher seit der Entstehungszeit nicht verändert wurde, ist der elegante Gotische Saal, ein von Gewölbebögen auf schlanken Säulen gegliederter dreischiffiger Raum, in dem sich noch heute das Börsengeschehen abspielt. Beachtenswert sind ferner das Treppenhaus mit den Allegorien von Industrie und Handel sowie die rein klassizistischen Räume der Junta de Comerç (Handelskammer) im Obergeschoss. | **Gotischer Saal**

Der nördlich an die Börse angrenzende Platz (Pla del Palau) bildet das Zentrum des Seehandels von Barcelona. Um ihn gruppieren sich zahlreiche Handels-, Büro- und Verwaltungsbauten, darunter das Govern Civil (Zivilverwaltung). | **Pla del Palau**

Von der Estació de França (»Französische Bahnhof«) weiter nördlich starten Züge in nördlicher Richtung. Ende des 19. Jh.s und zur Weltausstellung von 1929 wurde der sehenswerte Bahnhof erbaut. Seine eiserne Bahnsteighalle ist in ihrer Größe einzigartig in Spanien. | **Estació de França**

Botanischer Garten

Lage: Montjuïc   **Metro:** Parallel (L 3), weiter mit Funicular und Teleferic; Autobus 50 (ab Plaça Espanya)

Der Botanische Garten von Barcelona (Jardí Botànic) ist einer der bedeutendsten seiner Art in ganz Spanien.

Die Gartenanlage am Montjuïc wurde 1999 vom spanischen Architekten Carlos Ferrater geplant. Das dreieckige Grundmuster der Gartenstruktur orientiert sich an einem Amphitheater. In etwa **70 Kleinbiotopen** zeigt der Garten Pflanzengemeinschaften aus aller Welt, die sich an das Klima subtropischer Winterregengebiete, also auch der Mittelmeerregion, angepasst haben. Die Bewahrung der Artenvielfalt ist eine der wichtigsten Aufgaben, die sich der Garten gestellt hat. | 🕐 Öffnungszeiten: Nov. – März Juli, Aug. tgl. 10.00 – 17.00 sonst bis 20.00

Caixaforum

Lage: Av. Ferrer i Guàrdia 6 – 8   **Metro:** Plaça Espanya (L 1, L 3)

Am Fuß des Montjuïc zwischen Messegelände und MNAC befindet sich die ehemalige Textilfabrik Casaramoma.

Öffnungszeiten: tgl. 10.00–20.00 Mi., Juli, Aug. bis 23.00 und bis 22.00

Der modernistische Backsteinbau wurde von Josep Puig i Cadafalch erbaut. Die kulturell äußerst engagierte Stiftung der katalanischen Bank La Caixa ließ das Industriedenkmal zu einem **Ausstellungs- und Kulturzentrum** umbauen. Den Museumsbereich betritt man über einen strahlen-weißen Eingangsbereich, den der Japaner Arata Isozaki entworfen hat. Die Kunstsammlung vereint Werke zeitgenössischer Kunst. Besonders sehenswert sind die regelmäßig stattfindenden Sonderausstellungen des Hauses.

✳ Casa Batlló

Lage: Passeig de Gràcia 43   **Metro:** Passeig de Gràcia (L 2, L 3, L 4)

Die Casa Batlló an der Kreuzung des Passeig de Gràcia mit dem Carrer Aragó wurde 1904–1906 von Antoni Gaudí für den Textilfabrikanten Josep Batlló i Casanovas gestaltet und zählt zu den bekanntesten Bauten des Modernisme.

Öffnungszeiten: tgl. 9.00–20.00 (bei Veranstaltungen nur bis 14.00)

► Titelbild ►

Das Äußere des Gebäudes widerspricht so ziemlich allen überkommenen Bauprinzipien. Dies ist nicht einfach ein Haus, es ist eine **überdimensionale Skulptur**, mit Motiven aus dem Mythos vom Drachentöter St. Georg (Sant Jordi). Gaudi hat sich in der Gestaltung stark an der Natur orientiert, alles wirkt fließend und organisch. Frei schwingende Formen an der Fensterfront des ersten Stocks lassen teils an Pflanzen, teils an Höhleneingänge denken. Darüber ist die Fassade mit glasierten Keramikfliesen in Grün-, Blau- und Ockertönen verkleidet. Die Balkonbrüstungen aus getriebenem Stahlblech erinnern an Schädelknochen; und das wellenartig geschwungene Dach mit den reich verzierten Kaminen wirkt wie der Rücken des Drachens. Ebenso originell wie die Fassade ist das Innere: geschwungene Wände, kunstvolle Decken und schöne Tischlerarbeiten.

✳
Casa Amatller

Neben der Casa Batlló erwartet den Besucher ein weiteres Highlight des Modernisme. Josep Puig i Cadafalch entwarf das Haus 1898 für den Schokoladenfabrikanten Antonio Amatller. Die Fassade greift Motive gotischer Profanarchitektur auf und ist mit bunten Keramiken geschmückt. Durch die Vorhalle mit reichem Azulejo-Schmuck kommt man zunächst am sehenswerten Treppenhaus vorbei. Auf einem quadratischen Grundriss führt es mit einem figurativ gestalteten Geländer in die oberen Stockwerke und wird von einem Buntglasdach geschützt. Im **Erdgeschoss** befinden sich ein Shop und ein Informationsbereich, wo ein Film über die Baugeschichte des Hauses berichtet. Besonders sehenswert sind die Räume der **ersten Etage**, wo die Fundació Institut Amatller ihren Sitz hat. Es ist der einzige Bereich des Hauses, der noch original eingerichtet ist. In den kommenden Jahren wird die Casa Amatller restauriert. Führungen nach Anmeldung Mi. 12 Uhr, Tel. 934 87 72 17, www.amatller.org.

Am südöstlichen Ende des Straßenkarrees (Kreuzung mit dem Carrer Consell de Cent) steht die Casa Lleó Morera. (1905; Inneres unzugänglich). Dieses Werk von Lluís Domènech i Montaner ist in reinstem Jugendstil mit üppigem Blumendekor ausgestattet.

Casa Lleó Morera

Casa Calvet

H 8

Lage: Carrer Casp 48   **Metro:** Urquinaona (L 1, L 4)

Auch die Casa Calvet (1898–1900 errichtet), etwas nördlich von der Plaça de Catalunya, ist ein Werk von Antoni Gaudí.

Im Vergleich zu seinen übrigen Entwürfen mutet sie mit ihrem sparsamen Fassadendekor geradezu spartanisch an. Der Architekt erhielt für das Gebäude den Architekturpreis der Stadt Barcelona. Das ebenfalls von Gaudí gestaltete Mobiliar ist heute teilweise im Gaudí-Museum (►Parc Güell) zu finden. Das Innere der in Privatbesitz befindlichen Casa Calvet ist nicht zugänglich.

Gaudí-Werk

★★ Casa Milà

H 6

Lage: Passeig de Gràcia 92   **Metro:** Diagonal (L 3, L 5)

Die Casa Milà, an der Kreuzung des Passeig de Gràcia mit dem Carrer de Provença, ist der späteste und wohl bekannteste Profanbau von Antoni Gaudí.

Der Bau, der heute zum **Weltkulturerbe** gehört, gleicht eher einem monströsen, aus Wachs oder Ton gekneteten Gebilde als einem Wohnhaus. Das Auge sucht vergeblich nach einer geraden Linie. Die ganze Fassade mit den pflanzenhaft geschwungenen Balkons scheint in wellenhafter Bewegung erstarrt zu sein. Selbst die zahlreichen Schornsteine und Lüftungsschächte auf dem begehbaren gewellten Dach sind als skurrile Skulpturen gestaltet. Bei diesem Bau hat Gaudí

Berühmtes Gaudí-Werk

Über die Casa Milà, heute Welt-kulturerbe, wurde einst viel gespottet.

sich in einzigartiger Konsequenz über alle sonst üblichen Konstruktionsprinzipien hinweggesetzt. Im Innern des Gebäudes gibt es keine einzige tragende Wand, nur Säulen und Träger, und keine zwei Räume haben den gleichen Grundriss. Bekannt wurde das Haus nicht zuletzt deshalb, weil es seit seiner Entstehung (1905 – 1911) keineswegs nur Bewunderung, sondern auch immer wieder spöttische Kommentare und leidenschaftliche Ablehnung auslöste. Wegen der langen Bauzeit und immer wieder von Gaudí verlangten Änderungen kam es zu erheblichen Differenzen mit dem Bauherrn Milà i Camps-Segimon, weshalb sich schon bald die abfällige Bezeichnung **La Pedrera (Steinbruch)** einbürgerte. Der gesamte Bau gruppiert sich um zwei sehenswerte, ovale Lichthöfe. Im Erdgeschoss wurde das Kulturzentrum, in dem regelmäßig beachtliche Kunstausstellungen gezeigt werden, eingerichtet. Die Besichtigung führt zu zwei im Stil des Modernisme restaurierten Wohnungen und zum Dach, wo ein Ausstellungsbereich über die Baukunst von Antoni Gaudí informiert.
Der Eingang befindet sich am Carrer de Provença. Von dort aus gelangt man durch das einer Grotte ähnelnde Treppenhaus nach oben. Den einfach überwältigenden Blick über die Stadt vom Dach aus darf man sich auf keinen Fall entgehen lassen.

⏲ Öffnungszeiten: tgl. 9.00 – 20.00, Nov. – Feb. bis 18.30 Voranmeldung in der Hauptsaison empfohlen Tel. 93 484 59 00

Casa-Museu Verdaguer

außerhalb

Lage: Villa Joana (Vallvidrera); außerhalb des Stadtplans

Bahn (FGC): Baixador de Vallvidrera

Die zu einem Museum für den katalanischen Dichter Jacint Verdaguer umgestaltete Villa Joana befindet sich in dem nordwestlich gelegenen Stadtteil Vallvidrera.

⏲ Öffnungszeiten: Sa., So. 10.00 – 14.00

Man erreicht es von der Plaça de Catalunya am besten mit der in Richtung Sant Cugat fahrenden Eisenbahn bis Station Baixador de Vallvidrera; von hier sind es noch fünf Minuten zu Fuß in südöstlicher Richtung. Die Villa war ursprünglich ein Gutshaus, das teilweise auf das Mittelalter zurückgeht und dessen Eigentümer im Jahr 1920 den kranken Verdaguer aufnahm. Nach wenigen Wochen verstarb der Dichter hier am 10. Juni im Alter von 57 Jahren. Das Museum zeigt, z. T. in den praktisch unverändert erhaltenen Räumen Verdaguers, Originalmanuskripte, ferner zeitgenössische Gemälde und Zeichnungen. Ein großer Teil ist seinem Epos »L' Atlàntida« gewidmet, zu dem der Maler F. Vall eine Serie von Ölbildern gemalt hat.

✶ Casa Vicens

H 5

Lage: Carrer Carolines 24   **Metro:** Lesseps (L 3)

Die Casa Vicens (in einer engen Nebenstraße des Carrer Gran de Gràcia) wurde von Gaudí 1883 – 1888 für den Keramikfabrikanten Manuel Vicens i Montaner erbaut.

Sie ist einer der ersten verwirklichten Entwürfe des Architekten. Die noch weitgehend lineare Gestaltung verrät einen starken Einfluss der maurisch-spanischen Bautradition, ebenso die großzügige Verwendung von Kachelschmuck. Der Metallzaun um das Grundstück herum besteht aus stilisierten Blättern der Fächerpalme. Das Innere des Hauses ist unzugänglich.

Bau in maurisch-spanischem Stil

Col·legi de les Teresianes

F 4

Lage: Carrer Ganduxer 95 – 105   **Bahn (FGC):** Bonanova

Das Collegi de les Teresianes ist das Stammhaus des 1876 gegründeten Theresianerinnenordens.

Im Jahr 1888 erhielt **Antoni Gaudí** den Auftrag, den bereits begonnenen Bau fertig zu stellen. Gemessen an anderen Werken des Architekten ist das Theresianerinnenkolleg von ungewöhnlicher Nüchternheit – eine Konzession an die Ordensregel. Die aus Ziegeln gemauerten Spitzbögen der Fassade, vor allem am Dachgeschoss, verraten gotische Vorbilder. Die Gebäude beherbergen eine Schule und sind daher nur mit Führung (Voranmeldung Tel. 93 212 33 54) zugänglich.

Nüchterner Sakralbau

✶ Colonia Güell

außerhalb

Lage: Santa Coloma del Cervelló (außerhalb des Stadtplans)   **Bahn (FGC):** bis Colonia Güell oder Santa Coloma del Cervelló

Mit der von der Plaça d'Espanya ausgehenden Ferrocarril de la Generalitat erreicht man den Bahnhof Colonia Güell.

Graf Eusebi Güell, der große Gönner von Antoni Gaudí, ließ ab 1898 für die Arbeiter seiner Textilfabrik in dem südwestlich außerhalb von Barcelona gelegenen Ort Santa Coloma del Cervelló eine Sozialsiedlung anlegen: die Colonia Güell. Für sie sollte **Gaudí** eine Kirche er-

🕐
Öffnungszeiten:
tgl. 10.00 – 14.00
15.00 – 19.00
Nov. – Apr.
tgl. 10.00 – 15.00

Von der Kirche der außerhalb von Barcelona gelegenen Arbeitersiedlung Colonia Güell wurde nur die Krypta fertig gestellt.

bauen, und seine Vorskizzen zeigen eine frappierende Ähnlichkeit mit der ► Sagrada Família. Doch ähnlich wie diese wurde auch die Kirche der Arbeitersiedlung nicht vollendet. Der 1908–1916 entstandene Unterbau der geplanten Kirche, die so genannte **Krypta**, steht auf einem flachen, kiefernbewachsenen Hügel. Hier wird deutlich, wie sich Gaudí einerseits in Statik und Gestaltung der Kirche an der Gotik orientierte, und andererseits sein Prinzip der »schrägen Stütze« nutzte, das eine scheinbar von allen Zwängen freie Raumgestaltung ermöglicht. Besondere Aufmerksamkeit verdienen die Mosaiken, v. a. über der Eingangspforte, und die farbigen Glasfenster. Die Kirchenbänke im Inneren wurden gleichfalls von Gaudí entworfen.

Església de la Concepció

H 7

Lage: Carrer d'Aragó   **Metro:** Girona (L 4)

Eine neogotische Kirche hier, in der erst seit 1860 angelegten Stadterweiterung, überrascht.

Neogotische Kirche In der Tat hat die Església de la Concepció (Kirche Mariae Empfängnis) eine interessante Geschichte. 1293 wurde sie im Barri Gòtic erbaut. Als man die Stadtmauern abriss, um Barcelona zu erweitern, wurde das Gotteshaus in den Jahren 1871–1888 im Carrer Jonqueres Stein für Stein abgetragen und an seinen heutigen Standort überführt. Das einschiffige Innere ist von Kapellen flankiert; der hübsche Kreuzgang stammt aus dem 14. Jahrhundert.

Eixample (Stadtteil)

E – K 6 – 7

Lage: nordwestlich der Plaça de
Catalunya bzw. der Rambles

Metro: Passeig de Gràcia (L 2, 3, 4)

Zeitlich fällt die Anlage des Eixample mit der Entwicklung des Modernisme (►Baedeker Special S. 168) zusammen.

Dieser vor allem in Barcelona heimische Bau- und Kunststil umfasst alle Varianten vom späten Historismus bis zum Jugendstil. Das neue Stadtgebiet zog vor allem großbürgerlich-vermögende Kreise an, und Architekten wie Antoni Gaudí, Lluis Domènech i Montaner und Josep Puig i Cadafalch haben mit ihren Prachtbauten dem Eixample seinen unverwechselbaren Reiz verliehen.

Vornehmes Viertel

Als Quadrat d'Or (Goldenes Quadrat, ► Karte, S. 164 / 165) wird derjenige Teil des Eixample bezeichnet, in welchem sich **die besten und variantenreichsten Beispiele für die Baukunst des Modernisme** konzentrieren. Im Wesentlichen wird das Gebiet von der Plaça de Catalunya im Süden, von der Avinguda de la Diagonal im Norden, vom Passeig de Sant Joan im Nordosten und dem Carrer Muntaner im Südwesten begrenzt. Die Hauptachse bildet der ► Passeig de Gràcia. Buchstäblich auf Schritt und Tritt stößt man auf bemerkenswerte Details – Keramikkunst, Buntglasfenster, Schmiedeeisen, Reliefs, Mosaiken, Plastiken.

Quadrat d'Or

Finca Güell

D 4

Lage: Avinguda Pedralbes 7

Metro: Palau Reial, Maria Cristina (L 3)

Die Finca Güell, 1884 – 1887 von Antoni Gaudí für seinen Mäzen, den Grafen Güell, als Landsitz errichtet, liegt heute im Stadtteil Pedralbes, einem der bevorzugten Wohngebiete Barcelonas.

Der Gebäudekomplex des Landgutes besteht aus drei Baukörpern: dem eingeschossigen Pförtnerhaus links vom Eingang, den großen einstigen Pferdeställen und der runden Reithalle. Stilistisch ähnelt das Ensemble der ►Casa Vicens; es zeigt ebenfalls Anklänge an die Architektur der spanischen Maurenzeit. Die kuppelförmigen Dächer von Pförtnerhaus und Reithalle tragen Laternen. Die Fassaden sind mit Schmuckkacheln verkleidet, nur die Fensterpartien sind in Klinker ausgeführt. Beachtung verdient das kunstvolle durchbrochene Backsteingesims, welches das Dach der Stallungen umzieht. Die Finca (nicht zugänglich) beherbergt heute die **Càtedra Gaud**í, ein auf die Arbeit des Architekten spezialisiertes Forschungszentrum.

Gräflicher Landsitz

◄ weiter auf S. 170

Quadrat d'Or *Orientierung*

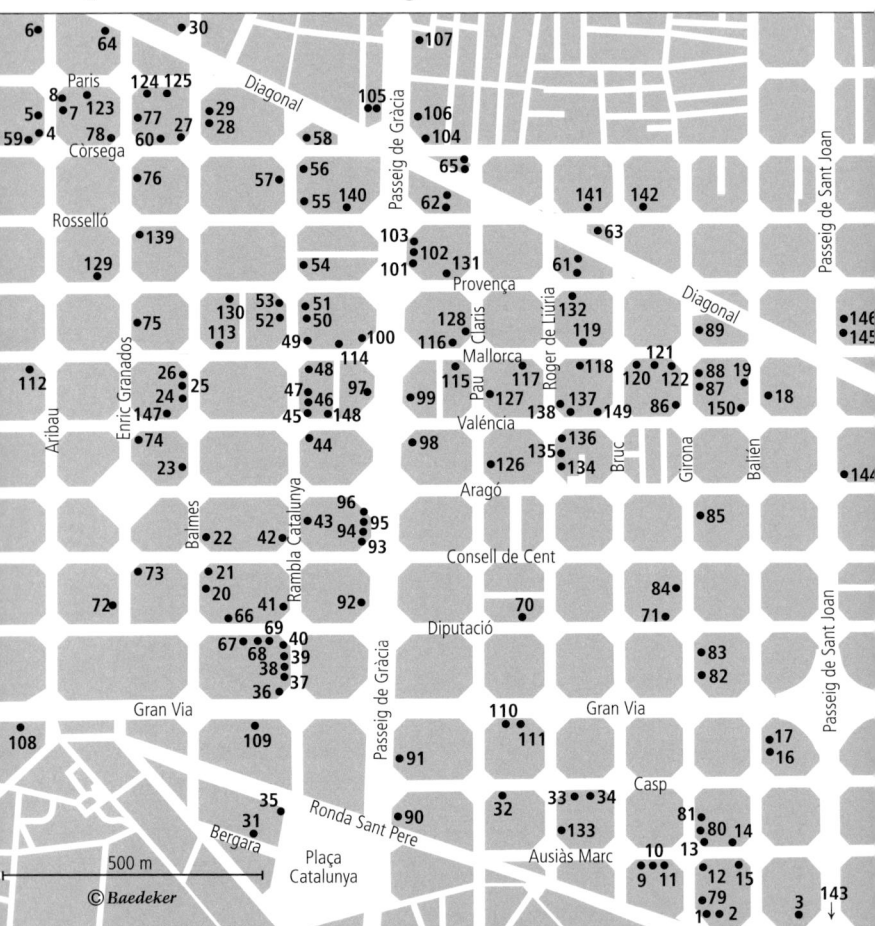

© Baedeker
500 m

Weitere Legende
zu Eixample

Drachentor Besonders eindrucksvoll ist das 5 m breite Eingangstor aus Schmiedeeisen; nach seinem Hauptmotiv wird es auch »Drachentor« genannt. Bei dieser Arbeit hat Gaudí sich besonders stark vom Jugendstil inspirieren lasen.

✴ Fundació Antoni Tàpies

H 7

Lage: Carrer Aragó 255   **Metro:** Passeig de Gràcia (L 2, L 3, L 4)

Der 1880–1885 von dem bekannten Modernisme-Architekten Lluís Domènech i Montaner entworfene dekorative Ziegelbau steht am Carrer Aragó.

🕐
Öffnungszeiten:
Di. – So.
10.00 – 20.00

Ursprünglich war dies der Sitz des Verlagshauses Montaner i Simon. Seit 1984 ist hier die Fundació **Antoni Tàpies** untergebracht, eine Stiftung des 1923 in Barcelona geborenen Künstlers (►Baedeker Special S. 44).

Die 1990 von Tàpies geschaffene surrealistische Plastik »Stuhl und Wolke« auf dem Dach des Gebäudes fällt sofort ins Auge, auch wenn sie mit ihren Metalldrähten und -bändern von einem unbefangenen Betrachter auf den ersten Blick nicht unbedingt als Kunstwerk erkannt werden mag.

Das Innere des Gebäudes wurde weitestgehend ausgeräumt, um Platz für die Ausstellungen zu schaffen. Auf der Hauptebene finden Wechselausstellungen statt, eine Ebene tiefer ist die permanente Ausstellung, eine Auswahl aus dem grafischen Werk von Antoni Tàpies, untergebracht. Auf der von zierlichen gusseisernen Säulen getragenen Empore, welche die Gebäudemitte ausspart, ist in alten Holzregalen die reichhaltige Spezialbibliothek eingerichtet, deren Schwerpunkte auf der Kunst des 20. Jh.s und den Kulturen Asiens liegen. Die Stiftung besitzt **die umfassendste Werksammlung des Künstlers**, sie versteht sich aber darüber hinaus auch als Forschungszentrum zur Gegenwartskunst.

Fundació Francisco Godia

H 7

Lage: Diputació 250   **Metro:** Passeig de Gràcia (L 2, L 3, L 4)

Eines der jüngsten Museen der Stadt und eine aparte Bereicherung der Museumslandschaft ist die Fundació Francisco Godia, die aus der Privatsammlung des Kunstkenners und Motorsportlers Francisco Godia Sales (1921 – 1990) hervorgegangen ist.

Die Exponate umfassen den Zeitraum vom 12. Jh. bis zur Gegenwart und stellen eine ungewöhnliche **Mischung von bildender Kunst, Kunstgewerbe und Industriedesign** dar: Ein Maserati 250 F und Renntrophäen sind ebenso zu sehen wie mittelalterliche Tafelbilder, Plastiken und Keramik. Bei den Gemälden nimmt die religiöse Malerei der Gotik breiten Raum ein, aber es sind auch Werke von Barockmalern, u. a. Luca Giordano und Jakob Ruisdael, zu sehen. Das 19. und 20. Jh. sind durch Bilder von Ramon Casas, Joaquim Mir, Antoni Tàpies und Lucio Fontana vertreten.

Öffnungszeiten:
Mo., Mi. – So.
10.00 – 20.00

✶✶ Fundació Joan Miró

E 9

Lage: Parc de Montjuïc   **Metro:** Parallel (L 2, L 3), weiter mit Funicular; Bus: 50 (ab Plaça Espanya)

Für jeden Kunstliebhaber wird der Besuch der Fundació Joan Miró zu einem besonderen Erlebnis.

1971 gründete der Künstler die Stiftung. 1988 fand sie ihren Platz in dem außergewöhnlichen **kubistischen Bau aus leuchtend weißem Sichtbeton**, der ihr einen optimalen Rahmen gibt und selbst ein Kunstwerk ist. Den mit Miró befreundeten Architekten Josep Lluís Sert und Jaume Freixa ist es gelungen, ein sehr mediterran wirkendes Werk zu schaffen, das durch die aufgelockerte Gestaltung, die Anordnung der Gebäudeteile und der lichten Innenhöfe geschickt Innen und Außen verbindet und sich perfekt in die parkähnliche Landschaft an der Nordflanke des Montjuïc einpasst. Von hier aus genießt der Besucher einen weiten Blick über die Stadt. Die Sammlung ist mit einem Bestand von ca. 10 000 Einzelobjekten – darunter neben **Gemälden, Grafiken, Zeichnungen und Collagen** eine Reihe großer Textilarbeiten und mehr als 150 **Skulpturen** – überaus reich bestückt. Der Besucher erhält einen guten Überblick über das Lebenswerk des Künstlers, das viel mehr umfasst als die bekannten – fast schon zu oft reproduzierten – idyllisch wirkenden Bilder mit ihren nur scheinbar naiven Formen und kontrastreich leuchtenden Farben. In der Eingangsebene befinden sich links die Räume für

Öffnungszeiten:
Juli – Sept.
Di. – Sa.
10.00 – 20.00
(ansonsten bis
19.00)
Do. bis 21.30
So., Fei.
10.00 – 14.30

◄ weiter auf S. 170

Die »Tierknochenfassade« der Casa Batlló

MODERNISME

Barcelona ist das bedeutendste Zentrum des Modernisme, der katalanischen Variante des Jugendstils an der Wende vom 19. zum 20. Jahrhundert. Noch heute prägen vom Triumvirat der Stararchitekten jener Zeit entworfene Prachtbauten weite Teile der katalanischen Hauptstadt.

Gerade Linien waren dem Architekten **Antoni Gaudí** (▶Berühmte Persönlichkeiten) ein Gräuel. Weiche, fließende Formen mussten seine Bauwerke aufweisen – bunte Fliesen im maurischen Stil, an Blütenblätter oder die Flügel eines Schmetterlings erinnernde Glasfenster, gewölbte Balkonbrüstungen und schmiedeeiserne Geländer, geschwungene Treppen, in anthropomorphe Skulpturen verwandelte Schornsteine und Belüftungsschächte.

Eigenständige katalanische Kunstrichtung

Antoni Gaudí war der Hauptvertreter des verspielten, von mittelalterlichen Architekturelementen und organischen Naturformen inspirierten sowie neue Techniken und Materialien mit alter Handwerkskunst (Kunstschmiede, Schreinerei, Keramikwesen, Glaserei) verbindenden Modernisme, dessen Blütezeit in Katalonien in der Zeit zwischen 1880 und 1920 lag. Anders als die vergleichbaren Bewegungen des deutschen Jugendstils, des französischen Art Nouveau oder des englischen Modern Style präsentierte

sich der Modernisme als **stark nationalistisch geprägter Kunststil**, er ist die **erste eigenständige katalanische Kunstrichtung**. Ausschlaggebend für seine Entstehung war der durch die Industrialisierung eingeleitete wirtschaftliche Wiederaufschwung in der zweiten Hälfte des 19. Jh.s, der den Katalanen zu einem wachsenden Selbstbewusstsein verhalf und die Renaixença einleitete, die Rückbesinnung auf die eigene kulturelle Identität, auf die Geschichte und Sprache der Heimatregion. Mit dem Wirtschaftswachstum entstand auch eine wohlhabende bürgerliche Schicht, die über genügend Geldmittel verfügte, das neu gewonnene Selbstwertgefühl in Form von repräsentativen Bauwerken nach außen zu demonstrieren. So entwickelte sich der Modernsime zu einer Kultur des Großbürgertums, die von der ihr nachfolgenden Bewegung des Noucentisme wegen ihrer Nähe zur Macht und zum Geld scharf kritisiert wurde. Der Modernisme wies aber auch sozialreformerische Ansätze auf. So suchten viele Architekten nach humaneren Bauweisen

Auch das Interieur der Casa Milà wurde von Antoni Gaudí gestaltet.

für Fabriken und Arbeiterwohnungen, bei denen auch die Ästhetik nicht zu kurz kommen sollte.

Das Triumvirat

Die Stararchitekten des Modernisme waren neben Antoni Gaudí (1852 bis 1926) Lluís Domènech i Montaner (1850 bis 1920) und Josep Puig i Cadafalch (1867–1957). Am stärksten geprägt wurde Barcelonas Stadtbild von Antoni Gaudí. Neben seinem Hauptwerk, dem Temple de la Sagrada Familia, sind die vielen Entwürfe für seinen großzügigen Förderer Eusebi Güell zu nennen: die Casa Milà, die Casa Batlló mit ihrer »knöchernen Fassade« und die Casa Vicens, sein erstes wichtiges Werk, das durch den historistischen Mudéjar-Stil inspiriert ist und Stein, Ziegel und farbige Fliesen vereinigt. An vielen Plätzen und Boulevards stehen von Gaudí entworfene Kandelaber, und auch das ornamental strukturierte Pflaster der Gehsteige in weiten Teilen des Eixample geht auf ihn zurück. Charakteristisch für Gaudís Entwürfe ist die Vermengung gotischer Stil- und Konstruktionselemente (denen er freilich recht kritisch gegenüberstand) mit der zu seiner Zeit üblichen weichen Linienführung. Überdies war er ein exzellenter Statiker, der seine Tragwerkskonstruktionen empirisch anhand von Draht- und Faden-

modellen entwickelte. Von ähnlicher Bedeutung ist **Lluís Domènech i Montaner**, der an der Hochschule für Architektur in Barcelona lehrte und eine stattliche Zahl von Zweckbauten – großenteils für die Weltausstellung von 1888 – sowie den prachtvollen Palau de la Música Catalana schuf. Wegweisend war die Funktionalität des von ihm konzipierten Hospital de la Santa Creu i de Sant Pau unweit des Temple de la Sagrada Familia. Nicht weniger als dreimal wurden von ihm errichtete Objekte mit dem Preis für das schönste Gebäude der Stadt ausgezeichnet. Weniger spektakulär sind die Entwürfe von **Josep Puig i Cadafalch**, der in erster Linie praxisorientierte Bauten für Industrie und Wirtschaft errichtete. Auf ihn geht auch ein guter Teil der Neugestaltung der Plaça de Catalunya sowie der nahe gelegenen Via Laietana zurück.

Quadrat d'Or

In den Häuserblocks inmitten des ab 1859 errichteten Stadtviertels Eixample – beiderseits des Passeig de Gràcia und südlich der Avinguda Diagonal (zwischen den Straßen Aribau und Passeig de Sant Joan) – findet sich die größte Konzentration modernistischer Gebäude. Dieses Gebiet umfasst etwa hundert Häuserblocks und steht als »Quadrat d'Or« (Goldenes Quadrat) unter Denkmalschutz.

Über 150 Skulpturen besitzt die Fundació Joan Miró.

Wechselausstellungen zeitgenössischer Kunst, die permanente Ausstellung nimmt den rechten Teil des Erdgeschosses und das Obergeschoss ein; einige Skulpturen befinden sich auch auf dem Dach und im angrenzenden Park.

Die einzelnen Säle tragen die Namen von für Miró wichtigen Personen, seiner Frau, von Freunden und Förderern. Nach einer chronologischen Übersicht kann man in den ausgestellten Werken die Entwicklung des Künstlers verfolgen: von seiner anfänglichen Anpassung an Kubismus und Fauvismus über die Orientierung am Surrealismus und die Spuren unterschiedlicher künstlerischer Anregungen, die er von Malerfreunden oder auf Reisen erhielt, bis zu seinem eigenen **surrealistisch-abstrakten Stil**. Deutlich wird auch, wie weit die katalanische Landschaft das Werk Mirós beeinflusste, obschon er Jahre im französischen Exil und in seinen letzten Lebensjahren auf Mallorca lebte. In den 1930er- und 1940er-Jahren dominierte immer wieder das politische

! **Baedeker** TIPP

Alle auf einmal

Mit dem Articket BCN kommt man ins Museu Picasso, ins CCCB, MACBA, MNAC, in die Fundació Joan Miró und die Fundació Tapies und in Gaudís La Pedrera. Erhältlich im Tourismusbüro oder unter www.barcelonaturisme.com.

Geschehen seine Arbeit. In dieser Zeit schuf er eine Reihe düsterer Bilder von alptraumhafter Wirkung, in denen er sich mit den Schrecken des Spanischen Bürgerkriegs und der Francodiktatur auseinandersetzte. Zu den bekanntesten Werken, denen man in der Ausstellung begegnet, gehören das Gemälde »Schnecke Frau Blume Stern« (1934), der »Sonnenvogel«, eine große Skulptur aus weißem Carrara-Marmor (1968) und die Lithografienserie »Barcelona« (1939 bis 1944), die als Mirós entschiedenste Stellungnahme zum Bürgerkrieg gilt. Im oberen Stockwerk sind auch verschiedene Werke von Zeitgenossen Mirós (etliche Katalanen; **Alexander Calder, Max Ernst, Henry Moore** u. a.). ausgestellt. Die Bibliothek ist ebenfalls hier untergebracht. Auf der Dachterrasse, im lichten Innenhof oder in der Cafeteria kann man in Muße die Eindrücke der Ausstellung nachwirken lassen. www.fundaciomiro.bcn.org.

Gràcia

G – J 4 – 6

Lage: nördlich des Stadtzentrums   **Metro:** Fontana (L 3), Joanic (L 4)

Gràcia ist ein lebendiges, interessantes Viertel, das sich jenseits der Avinguda Diagonal in Richtung auf den Tibidabo an Eixample anschließt.

Dass der Stadtteil früher ein Dorf war und erst 1897 von Barcelona eingemeindet wurde, kann man an seiner immer noch recht beschaulichen Atmosphäre spüren. Gràcia hatte im letzten Drittel des 19. Jh.s politisch einen radikalen Ruf, einmal erklärten die Einwohner es sogar zur unabhängigen Republik.   **Künstlerviertel**

Wenn seit den 1980er-Jahren auch einige bauliche Veränderungen vorgenommen wurden, so hat das Viertel doch sein dörfliches Flair nicht völlig verloren. Die Häuser sind nicht sehr hoch, die Straßen schmal, überall stößt man auf hübsche Plätze und stille Patios; einfache Läden für den täglichen Bedarf, Handwerksbetriebe, Eckkneipen, Lokale mit bodenständiger Küche, lebhafte kleine Märkte – sie alle tragen zu der **sympathischen, wenig großstädtischen Atmosphäre** bei. Viele Künstler und Studenten schätzen das Leben unter den unprätentiösen Bürgern Gràcias. In den 1970er-Jahren ging von hier die alternative Kulturbewegung aus; inzwischen ist die Avantgarde eher in Raval und Ribera zu finden, aber Gràcia hat den Charakter eines Künstlerdorfes mit Galerien und alternativen Läden behalten. Literarisch wurde dem Viertel in dem berühmten Roman »Auf der Plaça del Diamant« von Mercè de Rodoreda (▶Berühmte Persönlichkeiten) ein Denkmal gesetzt. Auch an Sehenswürdigkeiten hat der Stadtteil einiges zu bieten, nicht nur den ▶Parc Güell, eines der bekanntesten Werke von Antoni Gaudí, und die ▶Casa Vicens, ebenfalls ein Werk Gaudís. Bei einem Spaziergang stößt man auf dem

Carrer Gran de Gràcia (der schmaleren Fortsetzung des Passeig de Gràcia) gleich hinter der Avinguda Diagonal auf die Casa Fuster, die Lluís Domènech i Montaner und sein Sohn Pere gebaut haben und die heute ein Luxushotel beherbergt. Über den Carrer Gran de Gràcia kommt man auch zum **Mercat de Llibertat**. Diese gut gelungene modernistische Markthalle erbaute 1893 Gaudís Assistent Francesc Berenguer. Auf der Plaça de Rius i Taulet steht ein 30 m hoher **Uhrenturm** aus dem 19. Jh., weshalb der Platz allgemein Plaça del Rellotge genannt wird. Der Turm war früher ein Freiheitssymbol, revolutionäre Demonstrationen wurden hier veranstaltet. Wenn der Turm geöffnet ist, sollte man die Gelegenheit nutzen und über die schöne Wendeltreppe die Aussichtsplattform ersteigen. Zwischendurch kann man sich gut auf einem der idyllischen kleinen Plätze des Viertels eine Verschnaufpause gönnen; vielleicht sieht man gerade eine spontane Sardana oder Proben für das ganz große Fest des Viertels, das in der Woche nach dem 15. August gefeiert wird, die Festa Major de Gràcia.

Überall laden nicht zu teure Bars und Restaurants ein. Eine Institution geworden ist »Flash Flash« (Carrer de La Granada del Penedès), die seinerzeit erste Designerbar von Barcelona, die ihren 1960er-Jahre-Stil immer noch beibehalten hat. Spezialität ist hier Tortilla in allen nur denkbaren Varianten. Auch abends ist Gràcia ein lohnendes Ziel; v. a. an der – für manch einen etwas heruntergekommen wirkenden – Plaça del Sol findet man zahlreiche Bars und Nachtklubs.

Hafen

A–H 10–12

Lage: östliches Stadtgebiet   **Metro:** Drassanes (L 3), Barceloneta (L 4)

Der Hafen (Port Franc de Barcelona) nimmt den gesamten Küstenstreifen zwischen dem Stadtteil Barceloneta und den südlichen Ausläufern des Montjuïc ein.

Wichtigster Hafen des Landes

Ehe Spanien sich im 17. Jh. verstärkt dem Atlantik und den Besitzungen in Mittel- und Südamerika zuwandte, gehörte er zu den bedeutendsten Häfen im Mittelmeerraum, und noch heute ist er der wichtigste des Landes. Der nördliche Teil des Hafengeländes und der jenseits von Barceloneta liegende Küstenabschnitt wurden 1992 großzügig umgestaltet und ausgebaut. Der Handelshafen erstreckt sich am Fuß des Montjuïc, von dem er durch den breiten Cinturó del Litoral getrennt ist.

Für den Touristen weitaus am interessantesten ist der völlig neu gestaltete, besonders attraktive nordöstliche Teil des Hafens. Am **Moll de Barcelona**, der diesen Abschnitt südlich begrenzt, legen die Passagier- und Fährschiffe an, die zu den Balearen (Mallorca, Menorca) und Pityusen (Ibiza) verkehren.

! *Baedeker* TIPP

Mit der Schwalbe durch den Hafen
In der Nähe der Kolumbussäule erreicht man die Anlegestelle der Golondrinas (Schwalben), der 20 m langen Boote, mit denen man eine Hafenrundfahrt (Dauer ca. 30 Min.) unternehmen kann. Von hier aus starten auch zwei moderne Katamarane und ein großer Segel-Katamaran.

Kolumbus-Denkmal

Einen Bummel durch das Hafengelände kann man gut an der Kolumbussäule beginnen. An der Plaça del Portal de la Pau erhebt sich das 60 m hohe und 205 t schwere Denkmal (Monument a Colom bzw. Mirador de Colom), das für die Weltausstellung 1888 errichtet wurde. Die eiserne Säule ist über und über mit allegorischen Figuren bedeckt; ganz unten am Sockel mit einer Reihe von Reliefs, die wichtige Stationen aus Kolumbus' Leben und Entdeckungsfahrten darstellen. Gekrönt wird die Säule von einer 8 m hohen Kolumbus-Statue, die meerwärts (also nicht direkt in Richtung der Neuen Welt!) weist – vielleicht eine Konzession an die Stadt Barcelona, die jahrhundertelang vom Amerikahandel ausgeschlossen blieb und so letztlich durch Kolumbus für lange Zeit ihre Vormachtstellung auf dem Meer verlor. Mit einem **Aufzug** kann man in der Säule zu der Kugel, auf der Kolumbus steht, hinauffahren; von hier aus hat man eine exzellente Aussicht über den Alten Hafen und die Stadt.

Der Alte Hafen ist heute ein beliebtes Einkaufs- und Freizeitziel.

Nachbau der »Ictíneo II«, die ihr Erbauer verschrotten musste.

TRÄUMER UND ERFINDER

Er träumte von einer besseren Welt und er baute ein brauchbares Unterseeboot. Sein zweites und technisch ausgefeilteres U-Boot musste er allerdings verschrotten lassen.

Der Name der Avinguda d'Icària ist dem 1839 erschienenen Buch »Reise nach Ikarien« des französischen Sozialutopisten Etienne Cabet entlehnt. Der Autor träumte davon, ein neues gerechtes Gesellschaftssystem zu schaffen, und hatte vor allem in Barcelona zahlreiche Anhänger. Zu seinen Bewunderern zählte auch der in Figueres geborene **Narcís Monturiol** (1819–1885), der in Barcelona die Wochenzeitung »Vamos a Icaria« (»Gehen wir nach Icaria«) herausgab. Monturiol machte sich später als genialer Erfinder einen Namen: Er baute ein funtionstüchtiges Unterseeboot.

Erfolg und Scheitern

Die Idee, ein Unterseeboot zu bauen, kam Monturiol, als er an der Küste bei Cadaqués mit ansehen musste, wie ein Korallentaucher ertrank. So versuchte er zunächst ein Tauchboot zu entwickeln, mit dem es möglich sein sollte, zum küstennahen Boden zu tauchen und Korallen zu sammeln, was damals eine recht einträgliche Tätigkeit war. Seine **»Ictíneo«** war ein 13,5 m langes U-Boot aus Holz, das durch menschliche Zugkraft angetrieben wurde. Es tauchte erstmals 1859 in den Häfen von Barcelona und Alicante erfolgreich jeweils zwei Stunden lang. Zwischen 1859 und 1862 fanden über 50 Tauchgänge statt. Das Problem der Sauerstoffversorgung hatte Monturiol durch den Einsatz einer Mischung von Zink, Manganperoxid und Kaliumchlorat gelöst, die große Mengen dieses Gases abspaltet. Das Steigen und Fallen bei der Unterwasserfahrt wurde schon damals durch das Lenzen oder Fluten von Ballasttanks geregelt.

Als im Jahr 1862 die spanische Regierung Interesse an dem U-Boot-Projekt bekundete, baute Narcis Monturiol die **»Ictíneo II«**, ein 17 m langes Boot, das von einer 6 PS starken Dampfmaschine angetrieben werden sollte. Doch finanziell war der geniale Erfinder am Ende. Um seine Schulden zu bezahlen, musste er die »Ictíneo II« zum Schrotthändler bringen.

In der Folgezeit widmete sich Monturiol nur noch der Politik, wurde Abgeordneter der Ersten Republik und schrieb Abhandlungen u.a. über Sozialutopien.

Moll de la Fusta

Als Moll de la Fusta wird der Hafenabschnitt zwischen Portal de la Pau und Plaça d'Antoni Lòpez bezeichnet. Der unmittelbar parallel verlaufende Moll de Bosch i Alsina ist mit diesem durch zwei Zugbrücken verbunden und wurde zu einer großzügigen Strandpromenade mit Ruhebänken, Restaurants und Tiefgarage gestaltet.

Moll de Barcelona

Am Ende des südlich gelegenen Moll de Barcelona steht auf annähernd kreisförmigem Grundriss ein auffälliges Gebäude, das World Trade Center, ein Werk von Pei, Cobb, Freed u. Partners, dem Architektenteam, das u. a. auch die Friedrichstadt-Passagen in Berlin entworfen hat. Das Center hat sich bereits zu einem der bedeutendsten Einfallstore für die Märkte Südeuropas entwickelt. Es umfasst ein Auditorium, mehr als dreißig Konferenzräume mit modernster Medientechnologie, mehrere Spitzenrestaurants und das Top-Hotel Grand Marina mit 290 Zimmern.

World Trade Center

Port Vell und Moll d'Espanya

Vom Kolumbus-Denkmal kommt man am Gebäude der Hafenverwaltung vorbei zur Rambla del Mar, einer breiten Pontonbrücke (Fußgängerzone), die das Becken des Alten Hafens abriegelt und zum Moll d'Espanya führt. Etliche Neubauten haben ihn in ein riesiges Freizeitzentrum mit großer Tiefgarage verwandelt.

Rambla del Mar

Das Maremàgnum, ein mächtiges Gebäude aus dunklem Glas, Metall und Beton, zieht viele Besucher und Kauflustige an. Es vereint unter seinem Dach eine große Zahl von gastronomischen Betrieben, ganztägig geöffneten Ladengeschäften und Boutiquen. Auch für Unterhaltung ist gesorgt: Ein großes **Kinozentrum** (Cines Maremàgnum) ist auf der Mole entstanden. Der Besucher kann zwischen acht Lichtspielhäusern und einem Imax-Kino wählen.

Maremàgnum

Die Hauptattraktion auf dem Moll d'Espanya ist das Aquarium, das angeblich größte seiner Art in Europa. In einer großen Zahl von nahezu raumhohen Salzwasserbecken sind Tiere und Pflanzen aus allen Weltmeeren zu sehen. Das Nonplusultra ist eine riesige Unterwasserlandschaft, mit Haien, Muränen, Mondfischen und anderem größeren und kleineren Meeresgetier. Hier liegt auch ein gesunkenes Amphorenschiff, an dem die Arbeitsmethoden der Unterwasserarchäologie veranschaulicht werden. Man durchquert das Großbecken in zwei verglasten Unterwassertunnels auf Laufbändern und fühlt sich wie ein Taucher, der durch das Meer gleitet, in engem Kontakt mit seinen Bewohnern. Vom Aquarium führt eine Treppe nach oben in die Rotunde, wo sich eine didaktisch gut gestaltete Ausstellung zum

★★
Aquàrium

Im Aquarium schwimmen Haie über die Besucher hinweg.

Thema »Das Meer als Weg für Handelsgüter und Kulturen« befindet, mit Zeitleiste (beginnend mit dem 2. / 1. Jh. v. Chr.), Schautafeln und Videosequenzen. (Öffnungszeiten: tgl. 9.30 – 21.00. Hochsommer bis 23.00 Uhr).

Ictíneo II   Nahe dem nördlichen Ende des alten Hafenbeckens steht der Nachbau eines hölzernen U-Boots. Das von Narcís Monturiol (▶Baedeker Special, S.174) konstruierte Original, die Ictíneo II., lief 1859 in Barcelona vom Stapel und hat 54 Tauchfahrten in Tiefen bis 20 m absolviert; die Kopie wurde 1993 für den Film »Monturiol, Senyor del Mar« angefertigt.

Museu d'Història de Catalunya   Den nördlichen Abschluss des Hafenbereichs bildet der aus einem alten Lagerhaus hervorgegangene **Palau de Mar** mit dem Museu d'Història de Catalunya und anderen kulturellen Einrichtungen. In dem Museum wird der Besucher auf einem interaktiven Rundgang über die Geschichte Kataloniens von der Prähistorie bis in die unmittelbare Gegenwart informiert. Schwerpunkte sind dabei die Entwicklung Kataloniens zur dominierenden Mittelmeermacht, der Niedergang in der spanischen Kolonialzeit, die industrielle Revolution und die Wiedergewinnung der katalanischen Autonomie. (Öffnungszeiten: Di. – Sa. 10.00 – 19.00, Mi. bis 20.00, So. und Fei. 10.00 – 14.30 Uhr; www.mhcat.net).

★ ★ Hafenseilbahn

Ein Vergnügen – für Schwindelfreie – ist eine Fahrt mit der quer über das Hafenbecken verlaufenden Hafenseilbahn (**Transbordador Aeri**) aus dem Jahr 1931; man genießt während der Fahrt einen reizvollen Blick über die Hafenanlagen und den breiten Passeig de Colom. Die Endstation der Bahn am Hafen ist die auf der Moll Nou am Südende von Barceloneta stehende Torre de Sant Sebastià, ein 96 m hoher Stahlgittermast; die Zwischenstation bildet die 158 m hohe Torre de Jaume I auf dem Moll de Barcelona vor dem World Trade Center. Die Schwebebahn endet an der Nordostflanke des Montjuïc, nahe den Jardins Mossèn Costa i Llobera (Kakteengarten).

🕐
Öffnungszeiten:
tgl. 11.00 – 19.00
im Hochsommer
bis 20.00
im Winter
bis 18.00

★ Hospital de la Santa Creu i de Sant Pau

K 5–6

Lage: Carrer Sant Antoni Maria Claret   **Metro:** Hospital de Sant Pau (L 5)

Zu Beginn des 20. Jh.s übernahm das Hospital de la Santa Creu i de Sant Pau die bisherige Funktion des alten Hospital de la Santa Creu im Raval.

Der berühmte modernistische Architekt **Lluís Domènech i Montaner** erbaute nördlich der Sagrada Família einen Krankenhauskomplex, der nicht, wie in der damaligen Zeit üblich, aus einem einzigen großen Gebäude besteht. Stattdessen sind die einzelnen Abteilungen in **Pavillongruppen** untergebracht, die durch weite Grünflächen voneinander getrennt und durch Tunnels miteinander verbunden sind. Die Bauten zeigen den typischen Fassadenschmuck des Modernisme aus Ziegel-Sichtmauerwerk, bunter Keramik und Naturstein. Seit 1997 gehört das Hospital zum Weltkulturerbe der UNESCO.

Weltkulturerbe

★ ★ Kathedrale

H 9

Lage: Plaça de la Seu   **Metro:** Jaume I (L 4), Liceu (L 3)

Auf dem Mont Tabor, dem mit 12 m ü. d. M. höchsten Punkt des Barri Gòtic, steht die gotische Kathedrale (Santa Creu oder Santa Eulàlia) oder La Seu, wie die Barcelonesen sie lieber nennen.

Sie wurde im Jahr 1298 an der Stelle eines alten romanischen Baues, von dem am nordöstlichen Seitenportal noch einige Steinreliefs erhalten sind, begonnen und 1448 bis auf die Hauptfassade und den

🕐
Öffnungszeiten:
tgl. 8.00 – 13.30
16.00 – 19.30

Blick auf den Altar in der gotischen Kathedrale von Barcelona

Kuppelturm vollendet, die erst 1898 bzw. 1913 angefügt worden sind. Diese Bauphasen sind an der Kathedrale auch zu erkennen. Die Fassade mit ihren Spitztürmchen und filigranen Bögen ist viel reicher verziert als der Altarraum und als dies bei typisch katalanischen Kirchen üblich ist; sie erinnert teilweise an weiter nördlich entstandene Bauten, etwa an den Kölner Dom. Die Kathedrale ist ungewöhnlich orientiert: Apsis und Altarraum liegen im Südosten, die Hauptfassade wendet sich nach Nordwesten.

Kommt man von der Plaça Sant Jaume, so gelangt man durch das Portal de Santa Eulàlia zunächst zu dem wunderschönen **Kreuzgang** (Claustre). Er stammt aus den Jahren 1380 – 1451 und ist von zahlreichen Kapellen mit den Altären verschiedener Heiliger gesäumt, darunter auch die viel besuchte Capella de Santa Llúcia (1270 gestiftet). Magnolien, Palmen und Orangenbäume bilden einen lieblichen Kontrast zu den Zeugnissen gotischer Bildhauerkunst. Der bemooste Brunnen in der Mitte des Kreuzgangs trägt eine Statue des hl. Georg (Sant Jordi) mit dem Drachen; zu Fronleichnam lässt man auf der Fontäne ein ausgeblasenes Ei tanzen. In dem Kreuzgang lebt eine kleine Gänseherde. Diese alte Tradition wird auf zweierlei Weise erklärt: Im Mittelalter sollen die Kathedrale und ihre Schätze – wie zuvor das römische Kapitol (387 n. Chr.) – von Gänsen bewacht worden sein. Einer anderen Deutung nach symbolisieren die weißen Vogelfedern die Jungfräulichkeit der heiligen Eulàlia.

Das **Museum der Kathedrale** (Museu de la Catedral) im ehemaligen Kapitelsaal (Sala Capitular) zeigt Gemälde von spanischen Meistern aus dem 15. und 16. Jh. (insbesondere von Jaume Huguet), Skulpturen und liturgisches Gerät (Öffnungszeiten: tgl. 10.00 – 12.30, 17.15 bis 18.45 Uhr).

Inneres Das hochgotische Innere (83 m lang, 37 m breit, 26 m hoch) ist in drei Schiffe gegliedert. Hauptschiff und Seitenschiffe der Kathedrale sind annähernd gleich hoch. An den Seitenschiffen ziehen sich Zwerggalerien entlang, unter denen sich Kapellen, großenteils aus dem 16. / 17. Jh. und mit bombastischen Barockaltären, aufreihen.

Kathedrale Santa Eulàlia *Orientierung*

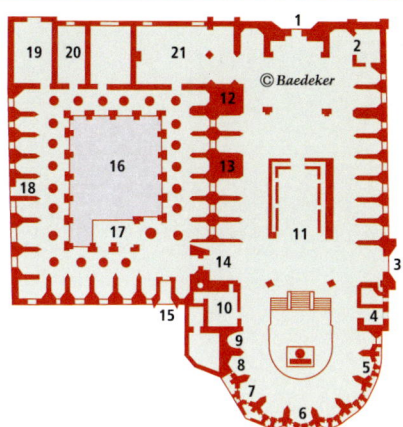

1 Haupteingang
2 Taufkapelle
3 Porta de Sant Iu
4 Capella de les Sants Innocents
5 Capella de l'Aparició
6 Capella de Sant Crist
7 Capella del Patrocini
8 Capella de Sant Miquel
9 Capella de Sant Antoni
10 Sakristei
11 Chorgestühl
12 Capella de Sant Climent
13 Capella de Sant Raimund de Penyafort
14 Porta de Sant Severi
15 Porta de la Pietat
16 Claustre (Kreuzgang)
17 Font de Sant Jordi (Georgsbrunnen)
18 Porta de Santa Eulàlia
19 Capella de Santa Llúcia
20 Sala Capitular (Kapitelsaal)
21 Capella del Santíssim

Die stattlichste unter ihnen ist die Capilla del Santíssim Sagrament. Sie befindet sich links neben dem Hauptaltar; in ihr steht das aus dem 15./16. Jh. stammende alabasterne Grabmal des heiligen Bischofs Olegarius († 1136) sowie der so genannte »Christus von Lepanto«, angeblich die Galionsfigur vom Flaggschiff des Don Juan d'Austria (►Museu Marítim) in der gegen die Türken gewonnenen Seeschlacht von 1571. In der letzten Seitenkapelle vor dem linken Querhausarm ist eine schwarze Madonna zu sehen, die dem berühmten Marienbild vom ►Montserrat gleicht.

Besonderes Augenmerk verdient der an drei Seiten ummauerte Chor, nicht nur, weil er seinen Platz mitten im Hauptgang des Altarraums hat. Die fein geschnitzten Chorstühle aus dem 15. Jh. tragen auf den Rückseiten königliche Wappen. Hier versammelten sich 1519 die Ritter des Ordens vom goldenen Vlies. Auch die **Kanzel** (1403) ist ein Zeugnis großartiger Holzschnitzkunst. Die prächtigen Glasgemälde entstammen teilweise dem 15. Jh. In der Capilla Major steht ein bemerkenswerter spätgotischer Retablo (Altaraufsatz; 16. Jh.).

◄ Chor

Von der Capilla Major führt eine Treppe hinab zu der von zahlreichen Kerzen erhellten Krypta; dort steht ein Alabastersarkophag – eine um 1330 entstandene italienische Arbeit – der die sterblichen Überreste der Stadt- und Kirchenpatronin Eulàlia enthalten soll.

◄ Krypta

In der Sakristei kann der Kirchenschatz (katalan. Tresor) besichtigt werden (u. a. Alabasterbild der Madonna im Rosenkranz).

◄ Kirchenschatz

Vom begehbaren Dachfirst (Zugang vom Kircheninnern bei der Porta de Sant Iu) bietet sich eine weite Aussicht auf die Stadt, das Hinterland und das Meer (www.catedralbcn.org).

Dachterrasse

Der prachtvolle Zuschauerraum des Liceu

Liceu

G 9

Lage: Rambla dels Caputxins 65   **Metro:** Liceu (L 3)

Das prächtige Gran Teatre del Liceu war einst das größte Opernhaus Spaniens.

Wiederaufgebautes Opernhaus

Das 1848 eingeweihte Gebäude verbarg hinter seiner schlichten Fassade einen prachtvollen Zuschauerraum. Im Jahr 1994 löste ein technischer Fehler einen Brand aus, der den Bau nahezu vollständig vernichtete. **Montserrat Caballé** (▶ Baedeker Special, S. 44 – 47), die berühmte Operndiva, setzte sich für den sofortigen Wiederaufbau der Oper in ihrer Heimatstadt ein; großzügige Spenden machten ihn zur Erleichterung nicht nur der barcelonesischen Opernfreunde rasch möglich. Das Gebäude wurde nach den alten Vorlagen, aber mit neuer Technik und verbesserter Akustik errichtet, innen nicht weniger prächtig ausgestattet als sein Vorgänger. Den üppigen Samtvorhang schuf Antoni Miró, die avantgardistische Ausgestaltung der Decke übernahm der katalanische Künstler Perejaume. Die festliche Neueröffnung fand im Herbst 1999 statt. Täglich um 10.00 Uhr gibt es Führungen durch die repräsentativsten Räume, eine Gelegenheit nicht nur für Opernliebhaber, das Haus kennen zu lernen.

Mercat del Born

H 9

Lage: Carrer del Comerç   **Metro:** Barceloneta (L 4)

Unweit südwestlich vom Parc de la Ciutadella befindet sich der Mercat del Born, einst die größte Markthalle der Stadt.

Sie entstand in den Jahren 1873–1876 nach Entwürfen der Architekten Antoni Rovira, Josep Fontserè und Josep Cornet als Stahlskelettbau. Schon in den 1970er-Jahren wurde der Markt geschlossen und sollte schließlich zu einer Stadtteilbibliothek ausgebaut werden. Bei den Umbauarbeiten stieß man auf Fundamente, die im 18. Jh. zerstört wurden. Pläne, die archäologischen Funde in eine Neunutzung der Markthalle zu integrieren, gibt es seit vielen Jahren. Am traurigen Zustand des Antic Mercat del Born hat sich dadurch bislang noch nichts geändert.

Ehemals wichtigste Markthalle der Stadt

Mercat de Sant Antoni

F 8

Lage: Ronda de Sant Pau/Ronda de Sant Antoni

Metro: Universitat (L 1), Parallel (L 2, L 3), Sant Antoni (L 2)

Eine der größten, noch betriebenen Markthallen der Stadt ist der Mercat de Sant Antoni am südwestlichen Rand von El ►Raval.

Der Stahlskelettbau (1872–1882) von Antoni Rovira i Trias nimmt ein ganzes Straßengeviert ein und bietet ein überaus reichhaltiges Angebot an Obst, Gemüse, Fisch und Meeresfrüchten. An den Außenseiten des Gebäudes findet man auch Verkaufsstände mit Textilien, Schallplatten und allerlei Trödel. Derzeit wird die Markthalle restauriert, und die Stände sind in eine provisorische Halle in der Ronda de Sant Antoni umgezogen.

Riesige Markthalle

★ Mercat de Sant Josep (Boqueria)

G 8

Lage: Rambla de Sant Josep

Metro: Liceu (L 3)

An der Südwestseite der Rambla dels Flors, wo vormittags der farbenprächtige Blumenmarkt abgehalten wird, befindet sich der große Mercat de Sant Josep, die älteste, wichtigste und sehenswerteste Markthalle von Barcelona.

Der Besuch der in den Jahren 1840 bis 1914 errichteten Markthalle ist ein Muss für jeden Besucher. Im »Bauch von Barcelona« wähnt man sich in einem kulinarischer Paradies. Hier kaufen Küchenchefs der besten Restaurants der Stadt fangfrischen Fisch und Meeresfrüchte, Fleischprodukte, Gemüse und Obst von der katalanischen Küste bzw. aus dem Hinterland ein. Bunte Obstauslagen wirken wie Farbkompositionen moderner Gemälde, und das Rondell in der Mitte des Marktes, wo alle Arten von Meeresgetier liegen – oder sich noch bewegen – bietet mehr Abwechslung als manches Meereskun-

»Bauch von Barcelona«

demuseum. Aber nicht nur das stimmungsvolle Treiben, die Gerüche, Geräusche und Farben lohnen einen Abstecher. Man sollte auch eine Kleinigkeit kaufen, z.B. den katalanischen Frischkäse Mató oder die würzige Xoriço-Wurst.

Pla de l' Os

Der Platz vor der Markthalle ist der Pla de l' Os (Bärenplatz, da hier fahrendes Volk mit einem Tanzbären auftrat), ein Teil der Rambla. Ins Straßenpflaster ist ein Bodenmosaik (1976) von Joan Miró eingearbeitet. Gegenüber fällt das etwas skurrile Gebäude eines Schirmgeschäftes mit einem großen chinesischen Drachen an der Fassade auf.

Messegelände

E 8

Lage: Avinguda Reina Maria Cristina   **Metro:** Plaça d'Espanya (L 1, L 3)

Das Messegelände (Fira de Barcelona) nimmt das gesamte Areal zwischen der Plaça d'Espanya und der zum Palau Nacional hinaufführenden Freitreppe ein.

Wichtigster Messeplatz des Landes

Mitten durch das Gelände zieht sich die Avinguda de la Reina Maria Cristina; sie ist von hübschen Wasserspielen gesäumt – ein prächtiger Anblick, wenn diese am Wochenende bei Dunkelheit angestrahlt werden. Barcelona ist – noch vor Madrid – der wichtigste Messeplatz des Landes und spielt mit gegenwärtig rund vierzig internationalen Großveranstaltungen jährlich auch im internationalen Vergleich eine bedeutende Rolle.

★ ★ Montjuïc

D – F 8 – 10

Lage: südlich des Stadtzentrums   **Metro:** Parallel (L 2, L 3); dann Funicular und Telefèric

An der Südseite der Stadt erhebt sich der 213 m hohe, zum Meer steil abfallende Montjuïc, der von einer Festung gekrönt wird. Der »Zauberberg« wird er manchmal noch genannt; in keltiberisch-römischer Zeit trug er einen Jupitertempel.

Beliebtestes Naherholungsgebiet

Für Barcelona ist der Montjuïc ein **Berg mit zwei Gesichtern**. Die strategisch die Stadt beherrschende Festungsanlage erinnert an die düstere Seite seiner Geschichte. Von hier aus wurde Barcelona im Spanischen Erbfolgekrieg von den kastilischen Besatzern in Schach gehalten. Später, während der Franco-Diktatur, war die Festung ein gefürchtetes Gefängnis, und politische Gefangene wurden am Osthang des Berges exekutiert und ins Meer geworfen. Heute ist der

Montjuïc das ausgedehnteste und beliebteste Naherholungsgebiet im Stadtbereich, nicht nur wegen seiner schönen Landschaft und der üppigen großen Parks. Der langsame Imagewandel setzte schon mit der Weltausstellung 1929 ein. Seitdem sind Ausstellungshallen, olympische Sportstätten, Theater- und Freilichtbühnen entstanden, die von einer ganzen Reihe von Museen, darunter so bedeutende wie die Miró-Stiftung, ergänzt werden. Wenn möglich sollte man sich unbedingt die Zeit für einen längeren Besuch des Montjuïc nehmen.

Vom Hafen kann man mit der Seilbahn (**Transbordador aéreo del Puerto**) zum Parc de Miramar gelangen. Darüber hinaus führt von der Avinguda del Paral·lel bei der Metro-Station Paral·lel eine zunächst unterirdisch verlaufende Standseilbahn (**Funicular**) hinauf zur Avinguda de Miramar auf halber Höhe des Montjuïc; eine Gondelbahn (**Telefèric**; Betriebszeiten: ab 10.00 Uhr, Juni – Sept. bis 21.00, Frühjahr/Herbst bis 19.00, Winter bis 18.00 Uhr) bildet die Fortsetzung bis unmittelbar zum Kastell. Oben auf dem Montjuïc verbindet ein kleines dieselgetriebenes Touristenbähnchen (**Tren Turístic**) alle Sehenswürdigkeiten miteinander.

Anfahrten

🕐

Der gesamte Gipfelbereich wird von den weitläufigen Festungsanlagen des Castel de Montjuïc eingenommen, das ist eng mit der Geschichte Barcelonas verknüpft ist. Die unter König Felipe IV 1640 angelegte und im 18. Jh. ausgebaute Festungsanlage erlangte vor allem während des spanischen Bürgerkriegs traurige Berühmtheit. Damals wurde der 170 m hohe Hausberg für Hinrichtungen unliebsamer Gegner missbraucht. Während der Franco-Diktatur diente die Anlage als Militärgefängnis. Um der historischen Rolle des Montjuïc gerecht zu werden und die kritische Auseinandersetzung zu fördern, soll die Festung zu einem Ort des Gedenkens und des Friedens um-

Kastell

🕐
Öffnungszeiten:
Tgl. 9.00 – 21.00
Okt. – März bis
19.00

Castell de Montjuïc *Orientierung*

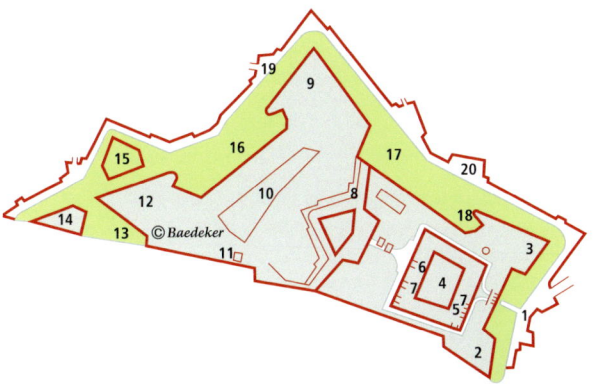

1 Brücke
2 Bastion Sant Carles
3 Bastion Santa Amalia
4 Plaça de Armes
5 Bibliothek
6 Toiletten
7 Informationszentrum
8 Wallgraben Santa Elena
9 Bollwerk Velasco
10 Wasserreservoir
11 Transformatorenstation
12 Bollwerk Lengua Sierpe
13 Geheimtür
14 Seeseitiges Vorwerk
15 Landseitiges Vorwerk
16 Graben
17 Bogenschießbahn
18 Geheimtür
19/20 Wehrgang

© Baedeker

Faszinierend sind die beleuchteten Fontänen der Font Màgica.

funktioniert werden. In den Räumen, die bislang vom Museu Militar genutzt wurden, sollen künftig ein internationales Friedenszentrum, ein Informationszentrum zum Montjuïc und ein Besucherzentrum entstehen. Die Anlage, von der man eine ausgezeichnete Sicht über die Stadt und den Hafen hat, bleibt geöffnet.

Nördlich vom Kastell, an der zur Stadt hinunterführenden Straße (Carrer Montjuïc), erreicht man den **Mirador del Alcalde** (vorzüglicher Blick auf Innenstadt und Hafen) mit Wasserspielen; sehr originell ist hier die Pflasterung im Fußgängerbereich, die aus ornamental angeordneten Betonröhren, Flaschenhälsen und -böden, Transmissionsketten u. ä. besteht.

Jardins de Mossèn Jacint Verdaguer

Nordwestlich des Kastells erstrecken sich hangabwärts bis zur Plaça Dante bzw. der Talstation der Gondelbahn die schönen Jardins de Mossèn Jacint Verdaguer, benannt nach dem berühmten katalanischen Poeten (1845 – 1902). Den Hauptteil der Gärten bilden die beiderseits der Freitreppe gelegenen Wasserterrassen, in denen zahlreiche Seerosenarten gedeihen; ein Inschriftenstein trägt ein Gedicht von Verdaguer.

Plaça de l'Armada

Nahe der Bergstation der Hafenseilbahn liegt die Plaça de l'Armada, von wo man einen guten Blick auf den Hafen und die Altstadt hat; in den angrenzenden kleinen Jardins de Miramar steht eine Frauenplastik von Josep Clarà.

Jardins de Mossèn Costa i Llobera

Die steile Flanke des Montjuïc zum Meer hin ist bedeckt von den weitläufigen Jardins de Mossèn Costa i Llobera (der Dichter Miquel Costa i Llobera war ein Zeitgenosse Verdaguers). Man erreicht sie von der Plaça Dante über die Avinguda de Miramar. Der vorzüglich gestaltete Park ist berühmt für seine großen Bestände an Sukkulenten, Kakteen und Euphorbien; auf einer Plattform steht das bronzene Sitzbild einer Spitzenklöpplerin, ein Werk von Josep Viladomat.

Weitere Sehenswürdigkeiten

Anschließend geht man zurück zur Plaça Dante und an der Fundació Joan Miró vorbei. Im Westteil des Montjuïc befinden sich ein Teil der für die Olympischen Spiele erheblich erweiterten Sportanlagen (▶Olympiastadion), das ▶Museu Arqueològic, das ▶Museu Etnològic, der ▶Palau Nacional, der ▶Botanische Garten, der ▶Pavelló Mies van der Rohe und der ▶Poble Espanyol.

✶ ✶ Montserrat

Lage: 40 km nordwestlich von Barcelona

Der Montserrat erhebt sich rund 40 km nordwestlich von Barcelona. Berühmt ist er vor allem durch das Kloster, dessen Gründung auf das 9. Jh. zurückgeht. Früher hat man den Montserrat fälschlicherweise für den Monsalvatsch in Wolfram von Eschenbachs Gralssage gehalten. Dieser ist aber mit größerer Wahrscheinlichkeit bei dem kleinen Wallfahrtsort Salvatierra an der Pyrenäensüdflanke zu suchen.

Kloster-Berg

Man erreicht ihn über die Avinguda Diagonal nach Südwesten, weiter auf der Autobahn nach Martorell und von Martorell auf einer Landstraße über Olesa nach Monistrol; kurz hinter Olesa liegt die Talstation der Seilbahn (Aeri), die direkt zum Kloster führt. Zu der Seilbahn gibt es auch eine direkte Bahnverbindung ab dem Verkehrsknotenpunkt unter der Plaça d'Espanya. Mit der Bahn kann man auch bis zur Endstation Monistrol fahren und dort in die Cremallera, eine Zahnradbahn, umsteigen.

Geschichte

Nach der Legende wurde das Kloster im Jahr 880 zu Ehren eines als wundertätig geltenden Marienbildes gegründet; die erste urkundliche Erwähnung stammt von 888. Im Jahre 976 wurde es dem Benediktinerorden übergeben, 1025 von Mönchen aus den katalanischen Orten Ripoll und Vich erheblich erweitert. Papst Benedikt XIII. erhob es 1409 zur unabhängigen Abtei; gegen Ende des Jahrhunderts wurde die Klosterdruckerei eingerichtet. Die ungeheuren Reichtümer des Klosters gingen während der Befreiungskriege (ab 1808) verloren, und der Konvent wurde 1811 von den Franzosen zerstört.
Weitere empfindliche finanzielle Einbußen brachte die Schließung während der Karlistenkriege (1835–1860). Während des Bürgerkriegs und in der Zeit der Francodiktatur, war der Montserrat auch ein Zufluchtsort für politisch Verfolgte. Flugblätter wurden verfasst, und die Mönche druckten eine regimekritische Zeitung. Heute engagiert sich das Kloster eher in der angeschlossenen **Schule für geistliche Musik**, die im 15. Jh. gegründet worden ist. Ihre jugendlichen Mitglieder kann man beim Ave Maria (13.00 Uhr) und bei der Vesper singen hören.

✶ ✶
Landschaftsbild

Der Montserrat (Gesägter Berg), der Montsagrat (Heiliger Berg) der Katalanen, ist ein mächtiger, steil abfallender Bergstock, der sich über dem rechten Ufer des Riu Llobregat aus der Hügelebene erhebt. Mit seinen durch Auswaschung entstandenen phantastischen Felsbildungen erscheint er von fern wie eine ungeheure Burg. Der höchste Gipfel des Massivs ist der 1241 m hohe Sant Jeroni.

Montserrat *Orientierung*

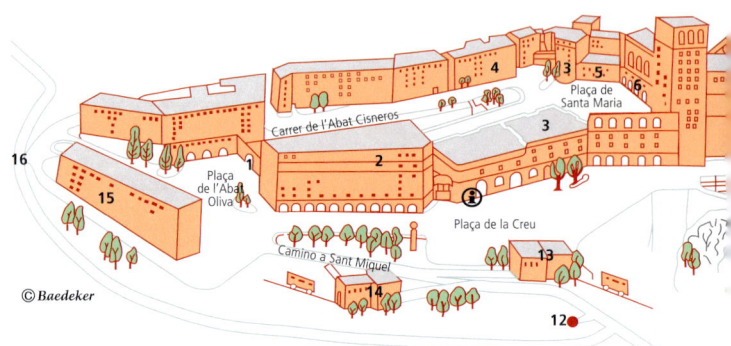

Carrer de l'Abat Cisneros

Plaça de Santa Maria

16

Plaça de l'Abat Oliva

15

Plaça de la Creu

Camino a Sant Miquel

© Baedeker

1 Hauptzugang zum Klosterbezirk
2 Audiovisuelle Informationsschau
3 Museum (in zwei Gebäuden)
4 Hotel

5 Gotischer Kreuzgang
6 Torbau
7 Basilika
8 Gesangsschule (Escolania)

Kloster Das Kloster mit der Basilika und den Nebengebäuden bildet quasi eine kleine, in sich geschlossene Stadt. Die Zufahrtsstraße endet bei den Parkplätzen. Man erreicht das Innere des eigentlichen Klosterkomplexes bei der Plaça de la Creu (Kreuzplatz; benannt nach der Kreuzplastik von 1927 an der linken Seite). Der Platz wird flankiert von Restaurant, Andenkengeschäften, Postamt und Wechselstube. Dann betritt man einen weiten Platz, die Plaça de Santa Maria.

Museum ▶ Rechts des breiten, zur Basilika führenden Mittelstreifens befindet sich der Eingang zu der unter dem Platz gelegenen **modernen Abteilung** des Museums. Sie enthält Werke katalanischer Maler aus dem 19. und 20. Jh. und ist von eher regionaler Bedeutung.

Die **alte Abteilung** befindet sich links vor der Hauptfassade des Kirchenbereiches; sie umfasst eine kleine ägyptologische Sammlung (mehrere Kopien bekannter Großplastiken, Kleinterrakotten, Rollsiegel, eine menschliche Mumie und zwei Sarkophage), auch Funde aus dem Neolithikum, römische und byzantinische Keramik und Schmuck, Münzen, antike Gläser, verschiedene jüdische Kultgegenstände, darunter Tora-Rollen. Am Rand des Hofs gibt es ein Hotel, das Hostal Abad Cisneros.

Basilika Am Ende des Platzes erhebt sich ein im unteren Teil fünf-, im oberen Teil dreibogiger Torbau aus den Jahren 1942–1968, welcher den Kirchenbezirk begrenzt. Die Reliefs in den oberen drei Rundbögen stellen (von links) den hl. Benedikt, die Himmelfahrt Mariä und den hl. Georg, Schutzpatron von Katalonien, dar. Wenn man Glück hat, trifft man an dieser Stelle auf eine der Pilgergruppen aus Katalonien, die hier manchmal die Sardana, einen alten Volkstanz, tanzen. Links von der Fassade sieht man noch Reste des einstigen gotischen Kreuz-

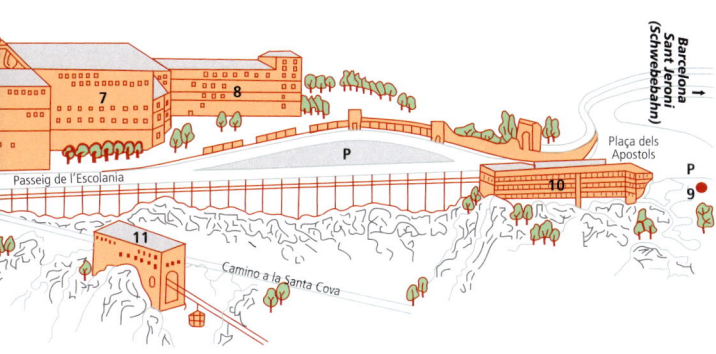

9 Denkmal für Raimundus Lullus
10 Restaurant
11 Bergstation der Seilbahn (Funicular)
12 Denkmal für Pau Casals

13 Standseilbahn zur Cova Santa
14 Standseilbahn nach Sant Joan
15 Gendarmerie (Guardia Civil)
16 Via Crucis (Kreuzweg)

gangs aus dem 15. Jahrhundert. Zwischen dem Torbau und der eigentlichen Kirche liegt ein ziemlich enger Innenhof mit dem Standbild (1927) des hl. Benedikt neben der Pforte zum Kloster (unzugänglich). Der mit modernen Reliefs geschmückte Eingang der Taufkapelle befindet sich ebenfalls in dem Innenhof.

Die Basilika, in der sich das hoch verehrte Madonnenbild befindet, stammt aus dem 16. Jh., wurde aber im 19. und 20. Jh. großenteils verändert und erneuert. Die Fassade zeigt Formen der Renaissance, aber die Figuren Christi und der Apostel wurden erst um das Jahr 1900 aufgestellt.

Das **Madonnenbild vom Montserrat**, von den Katalanen »Santa Imatge« genannt, befindet sich erhöht hinter dem Hauptaltar und ist über Treppen im rechten Querhausarm zu erreichen; hier sind die Treppenaufgänge mit getriebenen Silberbeschlägen umrahmt. Die farbig gefasste hölzerne Skulptur ist im 12. oder 13. Jh. entstanden; Gesicht und Hände sind vom Alter schwärzlich, weshalb sie auch »La Moreneta« genannt wird. Die Legende berichtet, sie sei ein Werk des hl. Lukas, das durch den hl. Petrus nach Spanien kam.

Durch den linken Querhausarm verlässt man die Kirche wieder; draußen an der Felswand sind viele Votivgaben (u. a. wächserne Gliedmaßen zum Dank für Heilungen) und Opferkerzen zu sehen sowie die heilige Quelle (Mistica Font de l'Aigua de la Vida), mit einem farbigen Majolikabild der Muttergottes.

An der Plaça del Abat Oliba beginnt die Via Crucis (Kreuzweg), deren vierzehn große Statuengruppen zwischen 1904 und 1919 entstanden sind und nach dem Bürgerkrieg erneuert wurden. Am Ende des Stationenweges steht eine Kapelle (Virgen de la Soledad); bei der **Kreuzweg**

Das Kloster Montserrat liegt in einer grandiosen Berglandschaft.

14. Station führt ein Weg zur Ermita Sant Miquel (19. Jh.), deren Vorgängerbau bereits im 10. Jh. bestanden hat.

Die **Cova Santa** (Heilige Höhle), zu der eine Standseilbahn führt, verfügt über eine im 17. Jh. erbaute Kapelle. In der Grotte soll das Marienbild von Montserrat während der Maurenzeit verborgen gehalten und später durch Hirten wieder entdeckt worden sein.

Bei der Plaça de la Creu befindet sich die Talstation der nach **Sant Joan** führenden Standseilbahn; am Weg steht ein Denkmal für den katalanischen Cellisten Pau (Pablo) Casals (1876–1973). Sant Joan ist eine der einst dreizehn E**ensiedeleien** im Gebiet des Montserrat; von der Bergstation bietet sich ein schöner Blick auf das Kloster.

Sant Jeroni

Ein steiler 20-minütiger Aufstieg muss man auf sich nehmen, um zur Capella de Sant Jeroni zu kommen. Von dort gelangt man in ca. 1 Std. zu Fuß auf den Gipfel des Sant Jeroni, der mit 1241 m höchsten Erhebung des Massivs.

Museu d'Arqueologia de Catalunya

E 9

Lage : Passeig Santa Madrona 39 – 41   **Metro:** Espanya (L 1, L 3)

Nahe beim südöstlichen Rand des Messegeländes und am Fuß des Montjuïc liegt das Museu d'Arqueologia de Catalunya, das Archäologische Museum.

Öffnungszeiten: Di. – Sa. 9.30 – 19.00, So., Fei. 10.00 – 14.30

Der imposante pseudoklassizistische runde Ziegelbau war ursprünglich als Palau d'Arts Gràfiques für die Weltausstellung 1929 errichtet worden. Er wurde 1932 vergrößert und seiner jetzigen Bestimmung zugeführt. Die Bestände des Museums gehen auf eine schon 1888 begründete Sammlung zurück. Das Museum befasst sich mit den Wurzeln der katalanischen Geschichte; eine Abteilung ist den Balearen gewidmet. Die Exponate stammen von Ausgrabungen aus der Zeit der Iberer, Karthager, Griechen und Römer und erstrecken sich bis auf die frühchristliche Ära und die Westgotenkultur. Besonders erwähnenswert sind die Funde aus der berühmten karthagischen Nekropole am Mühlenhügel in Ibiza-Stadt (Kleinterrakotten, Porträtbüsten, Schmuck) sowie attische und etruskische Gefäße aus der Griechenstadt Empúries an der Costa Brava.

> **!** *Baedeker* TIPP
>
> **Griechisches Theater**
>
> Unmittelbar jenseits der auf den Montjuïc führenden Straße ist in einem aufgelassenen Steinbruch in den Hang das Teatre Grec (Griechische Theater) hineingebaut, das nach dem Vorbild von Epidauros – wenngleich in weit geringerer Größe – ebenfalls für die Weltausstellung von 1929 konzipiert wurde. Konzentrisch angeordnete Sitzreihen umgeben die tief gelegene Bühne, die im Juni und Juli bespielt wird. Umgeben ist das Theater von dem an barocken Mustern orientierten Jardín Amargos.

Westlich gegenüber dem Museum steht die weitläufige Gebäudegruppe des ehemaligen **Mercat de les Flors** (Blumenmarkt), die heute als Espai Escénic Municipal (städtisches Theaterzentrum) dient und wo die verschiedensten kulturellen Veranstaltungen stattfinden. Man sollte zumindest einen Blick ins Foyer werfen und sich die Deckengemälde von Miquel Barceló anschauen.

✳ Museu d'Art Contemporani

G 8

Lage: Plaça dels Àngels 1

Metro: Universitat (L 1, L 2), Catalunya (L 1, L 3)

Der hypermoderne, weiße Bau mit seiner großzügigen Fassadenverglasung, ein Werk des amerikanischen Architekten Richard Meier, bildet einen Kontrast zum Ambiente der umliegenden alten Gebäude und der engen dunklen Gassen von ►Raval.

Wegen der hohen Kosten für das Museum für Zeitgenössische Kunst (MACBA) in dem sanierungsbedürftigen Viertel wurden bei seiner Eröffnung 1995 auch kritische Stimmen laut. Inzwischen hat es sich zu einem Anziehungspunkt in der Museumslandschaft der Stadt entwickelt, und für manchen Besucher ist das Gebäude eindrucksvoller als die Ausstellung selbst. Die Schwerpunkte der Sammlung sind Informalismus, Malerei und Plastik der 1970er-Jahre, der katalanische Konzeptualismus und der Neoexpressionismus. www.macba.es

🕐
Öffnungszeiten:
Di. – Fr.
11.00 – 19.30
Sa. 10.00 – 20.00
So., Fei.
10.00 – 15.00

Das Museum liegt an der Plaça dels Angels (nicht zu verwechseln mit der Plaça de l' Angel). Hier steht auch der gleichnamige ehemalige Konvent, der um 1560 in spätester Gotik errichtet wurde. Heute ist er Sitz der Zentralbibliothek für die städtischen Museen.

Els Angels

Casa de Caritat   Die Casa de Caritat grenzt direkt an das Museum an. Ab dem 13. Jh. gehörte das Areal den Augustiner-Chorherren, und später wurde hier ein Seminar eingerichtet. Der mit ornamentalen Sgraffiti gezierte Kreuzgang erhielt in der Mitte des 18. Jh.s nach toskanischen Vorbildern seine jetzige Gestalt. Heute ist in der um einen modernen Anbau vergrößerten Casa de Caritat das **Centre de Cultura Contemporània de Barcelona (CCCB)**, ein Kunstzentrum, untergebracht: Architektur, Design, Mode, Fotografie (Öffnungszeiten: Di.–So. 11.00 bis 20.00, Do. bis 22.00 Uhr).

Museu Barbier-Mueller d' Art Precolombí

H 9

Lage: Carrer Montcada 12 – 14   **Metro:** Jaume I (L 4)

Wer sich für die Kunst Südamerikas interessiert, sollte das Museu d' Art Precolombí (Museum präkolumbischer Kunst) besuchen.

Öffnungszeiten:
Di. – Fr.
11.00 – 19.00
Sa. 10.00 – 19.00,
So., Fei. – 15.00

Das Museum ist im mittelalterlichen Palau Nadal untergebracht. Gezeigt werden hier Plastiken, Keramik, Textilien und Ritualgegenstände der Maya- und Aztekenkultur, sowie der Olmeken, Inka der präkolumbischen Kunst, d.h. aus der Zeit vor Beginn der spanischen Kolonisierung. Die Exponate sind ein Teil der Sammlung Barbier-Mueller aus Genf.

Museu de Cera

G 9

Lage: Passatge de la Banca 7   **Metro:** Drassanes (L 3)

Das Museu de Cera (Wachsfigurenkabinett) ist an den Rambles in einem etwas zurückversetzten Gebäude aus dem 19. Jh. zu finden. Sein Gründer, Enrique Alarcón, ein großer Cinéast, hat hier mit wechselnden Gruppen von insgesamt mehr als 300 Wachsfiguren eine schaurig-schöne Attraktion geschaffen.

Öffnungszeiten:
Mo. – Fr.
10.00 – 13.30,
16.00 – 19.30
Sa., Fei.
11.00 – 14.30
16.30 – 20.30
im Sommer Mo. – Fr.
10.00 – 22.00

Allerdings sind die dargestellten Personen weniger durch physiognomische Ähnlichkeit als vielmehr durch Kleidung und Ambiente zu identifizieren. Die Hauptabteilung des Museums ist in einem Gebäude untergebracht, das – weitgehend unrestauriert und im Inneren mit großen Wand- und Deckengemälden ausgestattet – einen guten Eindruck von der Baukunst des frühen Modernisme vermittelt. Der Rundgang beginnt im **ersten Stock**. Hier trifft man auf unterschiedlichste Berühmtheiten der jüngeren und ferneren Vergangen-

Über 300 Wachsfiguren sind im Museu de Cera ausgestellt.

heit, Politiker, Künstler, Wissenschaftler und gleich in doppelter Ausführung auf Papst Johannes Paul II. Im zweiten Stockwerk begegnet man u. a. einer Gruppe von Filmgrößen auf dem schwankenden Deck eines Ozeandampfers.

Im **Erdgeschoss** befindet sich die Abteilung »Viaje Ficción« (Fantastische Reise). Durch eine Tiefsee-Tauchkugel und einen Unterwassertunnel gelangt man in eine Fantasiewelt mit Tropfsteinhöhle, Steinzeitmenschen, Raumfahrt und Science-Fiction-Monster. Hinter dem Andenken-Kiosk folgt die Abteilung »Terror« einschließlich verschiedener Hinrichtungsarten. Den Abschluss bildet das Horrorkabinett mit Frankenstein, Dracula und Dr. Mabuse.

Museu del Clavegueram

Lage: Pg. Sant Joan 98   **Metro:** Tetuan (L 2), Verdaguer (L 4, L5)

Das Museu del Clavegueram (Kanalisationsmuseum) – im ▶Eixample, nahe der Kreuzung des Passeig de Sant Joan mit der Avinguda Diagonal – zeigt Barcelona von unten.

Auf einer Gesamtfläche von 900 m² veranschaulicht es die Entwicklung des Kanalisationsnetzes in Barcelona und anderen Großstädten seit der Römerzeit. Wer es noch konkreter wünscht, kann einen Teil des realen unterirdischen Kanalnetzes anschauen oder sogar unter sachkundiger Führung einen Rundgang durch die »Unterwelt« von Barcelona machen.

Wegen Umbaus geschlossen

Museu de Geologia (Museu Martorell)

J 9

Lage: Parc de la Ciutadella

Metro: Arc de Triomf (L 1), Jaume I (L 4), Barceloneta (L 4)

Zu den im Parc de la Ciutadella liegenden Museen gehört auch das Museu de Geologia (Geologische Museum).

Öffnungszeiten:
Di. – Sa.
10.00 – 18.30
So., Fei.
10.00 – 14.00

Es ist dem Naturwissenschaftlichen Institut angegliedert. Das Museum ist in einem niedrigen neuklassizistischen Gebäude untergebracht, das für die Weltausstellung 1888 erbaut wurde und von Anfang an als Museumsbau geplant war.

Es werden Exponate zum technischen Einsatz von Edel- und Buntmetallen gezeigt. Weibliche Besucher interessieren sich vielleicht eher für die ausgestellten Edel- und Schmucksteine, darunter die aus Bergkristall geschliffenen Kopien der bekanntesten Großdiamanten. Interessante Leuchteffekte erlebt man in einem abgedunkelten Raum mit Mineralien durch lang- bzw. kurzwelliges UV-Licht.

Umbracle Direkt neben dem Geologischen Museum steht das 1883 – 1887 errichtete Umbracle (**Palmenhaus**) mit seiner exotischen Flora.

Hivernacle Zwischen dem Museu de Geologia und dem Museu de Zoologia sieht man das Hivernacle (**Wintergarten**), ein verglaster Stahlskelettbau aus der Zeit um 1900, der heute als Kulturzentrum dient.

★ Museu de la Ciència

H 3

Lage: Carrer Roviralta 55

Bahn (FGC): Avinguda Tibidabo

Das Museu de la Ciència (Wissenschaftsmuseum) wird von der Stiftung der Caixa de Pensions de Catalunya (Pensionskasse von Katalonien) unterhalten.

Öffnungszeiten:
Di. – So.
10.00 – 20.00

Die umfangreiche Experimentalsammlung bezweckt, der Bevölkerung naturwissenschaftliche Phänomene und Zusammenhänge auf interaktive Weise näher zu bringen.

Einer der Schwerpunkte des Museums ist der »Saal der Materie«, der in vier verschiedene Bereiche unterteilt ist. Die »Materie der Gase« zeigt die Entstehung des Universums vor mehr als 13 Milliarden Jahren, den »Ur-Knall« und das Entstehen von Materie, Energie, Raum und Zeit. In der Abteilung »Lebende Materie« wird veranschaulicht, wie sich vor 3 bis 4 Milliarden Jahren Leben auf der Erde entwickelte. In der Zeit der »Intelligenten Materie« entdeckt man schließlich die Neutronen und erfährt, wie das Leben auf Änderungen in der

Umgebung reagiert. Im Raum der »Materie der Zivilisation« gelangt man an den Zeitpunkt, als Vorläufer des Menschen begannen, sich zum Homo Sapiens zu entwickeln, der lernte, selbst Materie zu schaffen. Darüber hinaus gibt es eine riesige Geologische Wand von 65 Metern mit allen möglichen geologischen Formationen und ein Gletschermodell aus Brasilien. Im

Baedeker TIPP

Refugio 307

Während des Spanischen Bürgerkriegs wurden hunderte Zivilbunker angelegt. Einer von ihnen ist das Refugio 307. Sa., So. von 11.00 bis 14.00 Uhr kann man das 400 Meter lange Höhlensystem besichtigen. Zugang: Nou de Rambla 169.

»Amazonasdschungel« gerät man inmitten der typischen Fauna und Flora in einen tropischen Regen und spürt die Luftfeuchtigkeit von 80 % am eigenen Körper.

Museu de la Música

außerhalb

Lage: C/Lepant 150

Metro : Glories (L 1, T 4 – 6) Monumental (L 2), Marina (L 1, T 4)

Das 1947 gegründete Museu de la Música (Musikmuseum) befindet sich im Auditori neben dem ▶Teatre Nacional de Catalunya.

Berühmt ist das Museum für seine Instrumentensammlung. Zu den Saiteninstrumenten gehört eine außergewöhnliche Gitarrensammlung (seit dem 17. Jh.), die eine der vollständigsten in Europa ist. Beachtung verdient auch die Sammlung von bogengestrichenen Instrumenten; originelle Einzelstücke sind eine Violine aus blau bemaltem Porzellan und eine, die als Spazierstock getarnt ist. Zu sehen sind ferner Holz- und Blechblasinstrumente sowie Tasteninstrumente (v. a. Cembali und Orgeln). Zum Museum gehören noch eine Sammlung von Wiedergabegeräten, ein Schallarchiv und eine Spezialbibliothek.

Öffnungszeiten: Mo. – Fr. 10.00 – 18.00 Sa. bis 19.00 So. bis 20.00

Museu del Calçat

H 8

Lage: Plaça de Sant Felip Neri 5

Metro: Liceu (L 3), Jaume I (L 4)

Das Museu del Calçat (Schuhmuseum) ist an der kleinen Plaça de Sant Felip Neri, südwestlich der Kathedrale, in einem hübschen Renaissancebau untergebracht.

Früher war dies der Sitz der städtischen Schuhmachergilde inmitten des Judenviertels El Call. Das Museum zeigt die historische Entwicklung des traditionsreichen Schuhmacherhandwerks, vornehmlich in

Öffnungszeiten: Di. – So. 11.00 – 14.00

! *Baedeker* TIPP

Bigfoot

Als rekordverdächtige Kuriosität zeigt das Schuhmuseum einen für die Statue auf der Kolumbussäule maßgefertigten Stiefel, der als der größte der Welt gilt.

Katalonien, sowie eine große Zahl von Schuhen aus verschiedenen Jahrhunderten. Unter den Schaustücken finden sich auch solche, die berühmten Persönlichkeiten gehört haben.

Die **Plaça de Sant Felip Neri** ist ein idyllischer kleiner Platz, den schon Antoni Gaudí während seiner Arbeit an der Sagrada Família gerne aufsuchte. Der Name bezieht sich auf den 1622 heilig gesprochenen Italiener Filippo Neri (1515 bis 1595), der 1575 die Kongregation der Oratorianer gegründet hat. Die Konventsgebäude am Platz wurden 1673 errichtet und im 18. Jh. umgestaltet. Dieses typische Werk der Gegenreformation zeigt **barockes Gepräge**, was in Barcelona eher eine Seltenheit ist. An der Außenfassade sind Einschusslöcher aus der Zeit des Bürgerkrieges (►Baedeker Special, S. 30) zu erkennen; damals wurden hier mehrere Mönche erschossen.

✳ Museu del Futbol Club Barcelona

D 5

Lage: Carrer Aristides Maillol   **Metro:** Collblanc (L 5), Palau Reial (L 3)

Barça, der Fußballklub F.C. Barcelona, ist kein Verein, sondern eine Institution mit 130 000 Mitgliedern (►Baedeker Special, S. 196).

🕐
Öffnungszeiten:
Mitte Apr. – Mitte
Okt. Mo. – Sa.
10.00 – 20.00
So., Fei.
10.00 – 14.30
Mitte Okt – Mitte
Apr. Mo – Sa
10.00 – 18.30
So., Fei.
10.00 – 14.30
An Spieltagen ist
das Museum von
10.00 – 15.00
geöffnet.

Entsprechend ist das Stadion des Klubs, das **Camp Nou**, ebenfalls etwas Besonderes. Es liegt südöstlich der Zona Universitària, in einem Gelände, das für Einrichtungen der Olympischen Spiele umgestaltet wurde. Mit knapp 100 000 Plätzen ist das Stadion eines der größten der Welt. Der Verein, der in seiner wechselvollen Geschichte mehrmals Landesmeister und Europapokalsieger war, unterhält hier auch ein eigenes Museum. Es kann allein oder im Rahmen der Tour Camp Nou besucht werden. Sie führt durch die Umkleideräume der Gastmannschaft, zum Spielfeld, über die Ehrentribüne, in die Pressekabinen und die VIP-Räume. Anschließend geht es ins **Museum**. Von der etwas angestaubten Ästhetik des derzeit meistbesuchten Museums von Barcelona ist nach der Renovierung nichts mehr zu spüren. Mit viel Einsatz von Technik und Design werden die Spieler des Clubs multimedial und emotional inszeniert. Der Rundgang endet in einem riesigen Fanshop, wo man vom frisch bedruckten Trikot bis zur Krawatte oder dem Babylätzchen in Vereinsfarben alles bekommt, was die Fußballseele erfreuen könnte. www.fcbarcelona.com

Museu de Zoologia

Lage: Parc de la Ciutadella   **Metro:** Arc de Triomf (L 1), Jaume I (L 4)

Das Museu de Zoologia (Zoologisches Museum) steht am westlichen Ende des Parc de la Ciutadella.

Das Gebäude in einem pseudo-maurischen Mischstil wurde von **Lluis Doménech i Montaner** als gastronomischer Betrieb für die Weltausstellung von 1888 errichtet und heißt im Volksmund »Castell dels tres dragons« (Drei-Drachen-Schloss). Die Sammlungen umfassen Säugetiere, Reptilien, Amphibien, Fische und Vögel. Es gibt auch eine umfangreiche Insektensammlung sowie ein Wal- und ein Mammutskelett. Das Museum ist in seiner bisherigen Ausstattung zwar völlig antiquiert, aber sehr gut gepflegt.

⏲
Öffnungszeiten:
Di. – Fr.
10.00 – 18.30
Sa., So.
10.00 – 20.00

★ Museu d'Història de la Ciutat

Lage: Plaça del Rei   **Metro:** Catalunya (L 1, L 3), Liceu (L 3), Urquinaona und Jaume I (L 4)

Das Museum ist an der Plaça del Rei in der Casa Padellás, einem typischen Stadtpalais des Mittelalters, untergebracht.

Das Gebäude aus dem 15. Jh. stand ursprünglich an einer anderen Stelle und wurde 1931 Stück für Stück an die Plaça del Rei versetzt. Bei den Ausschachtungsarbeiten für die Fundamente am neuen Standort stieß man auf die Reste einer großen römischen Stadt, Zeugen der Vergangenheit Barcelonas. In dem Gebäude wurde dann das **Museum für Stadtgeschichte** eingerichtet. Mit der Eintrittskarte für das Museum kann man drei weitere Sehenswürdigkeiten an der Plaça del Rei besichtigen: die höher gelegene königliche Kapelle Santa Agata mit einem außergewöhnlichen Altarbild von Jaume Huguet, den Mirador del Rei Martí (König Martins Wachtturm), von dem aus man eine großartige Aussicht genießt, und einen großen Saal des einstigen königlichen Palastes (► Museu Frederic Marès), den im 14. Jh erbauten Saló de Tinell. Hier wurde Christoph Kolumbus nach der Rückkehr von seiner ersten Amerikafahrt von den Katholischen Majestäten empfangen.
Die Bestände des Museums werden den Besuchern sehr detailliert und verständlich nahe gebracht. So ist das Museum in großen Teilen durchaus auch für Kinder geeignet. Die meisten Exponate dokumentieren die historische Entwicklung der Stadt seit dem Mittelalter. Am interessantesten aber sind im Tiefgeschoss des Museums die **Reste der Römerstadt** sowie Modelle der Ausgrabungen. Freigelegt sind

⏲
Öffnungszeiten:
Di. – Sa.
10.00 – 14.00,
16.00 – 19.00
So., Fei.
10.00 – 15.00

◄ weiter auf S. 198

MÉS QUE UN CLUB

»Més que un club« lautet das Motto des FC Barcelona: Mehr als ein Verein. Barça, so die liebevolle Abkürzung des Klubnamens, ist eins der führenden Wirtschaftsunternehmen Spaniens, vor allem aber ist Barça »das Haus aller Katalanen, eine politische Institution«, wie César Luis Menotti, der argentinische Starcoach, der den FC Barcelona eine Zeit lang trainierte, richtig erkannte. Denn Barça symbolisiert auch den Kampf der Katalanen gegen die Zentralregierung in Madrid, weshalb den Spielen gegen Real Madrid immer besondere Aufmerksamkeit geschenkt wird.

Als am 29. November 1899 der Schweizer **Hans Gamper** eine Annonce in eine Barceloneser Zeitung setzte, weil er Fußballspieler suchte – als Ausländer durfte er nicht im damals existierenden Fußballclub Cataluña spielen –, konnte er nicht ahnen, dass aus seiner Elf eine der berühmtesten Mannschaften der Welt und der mitgliederstärkste Fußballverein unseres Planeten entstehen würde.

Größter Fußballclub der Welt

Rund 170 000 Mitglieder weltweit zählt der Verein, sogar **Papst Johannes Paul II.** gehörte ihm als Ehrenmitglied an (diese Ehre teilt der FC Barcelona allerdings mit einem deutschen Fußballverein – mit dem FC Schalke 04). Da jedes Mitglied im Durchschnitt 130 Euro jährlich zahlt, kann sich Barça seit jeher einige der besten und teuersten Kicker der Welt leisten, darunter den Niederländer Johan

Cruyff, der hier in den 1970er-Jahren spielte und später die Mannschaft trainierte, und den Deutschen Bernd Schuster, der 1980 unter Vertrag genommen wurde. Mit dem 1957 eingeweihten **Estadi Camp Nou**, das ca. 100 000 Zuschauer fasst und trotz seiner Größe berühmt für die gute Sicht ist, die man von den Rängen auf das Spielfeld genießt, besitzt der Verein sogar das größte Fußballstadion in Europa. Früher ein Club der Arbeiter, vereint der FC Barcelona heute **alle gesellschaftlichen Schichten**.

Schmährufe gegen Madrid

Für seine Anhänger, die ihren Spitznamen »culés« (Ärsche) mit Stolz tragen – der Name entstand in der Zeit, als im alten Stadion Les Corts die Hinterteile der Zuschauer durch die Sitzbänke schimmerten –, ist der Verein eine Ersatzreligion, ein **Symbol für die politische und kulturelle Iden-**

Das Museum des FC Barcelona ist eines der meistbesuchten Museen Kataloniens.

tität Kataloniens. Zu Francos Zeiten war das Anfeuern Barças für die Katalanen die einzige Möglichkeit, ihren Unmut gegen die Diktatur zum Ausdruck zu bringen; Schmährufe gegen die weiß gekleideten Spieler von Real Madrid waren letztlich Protest gegen die Regierung General Francos. Erzfeinde blieben die »Königlichen« aus Madrid auch nach der Einführung der Demokratie in Spanien. Endet die Rasenschlacht mit einem Sieg über den Erzrivalen, fällt ganz Barcelona in einen Freudentaumel; dann ertönt in der ganzen Stadt aus Tausenden von Autos ein ohrenbetäubendes Hupkonzert und auf der Plaça Sant Jaume weht ein Fahnenmeer, in dem die katalanischen Nationalfarben Rot und Gelb mit den Farben Blau und Rot des Clubs bunt durcheinander flattern. Verliert Barça jedoch gegen die Madrileños, dann ist der Katzenjammer in der katalanischen Metropole groß. Und wer es wagt, vom FC Barcelona zu Real Madrid zu wechseln, wie 2000 / 2001 der portugiesische Starkicker Luís Figo, darf auf keine Sympathie mehr hoffen: Figo ist und bleibt für Barcelona ein Verräter.

Ewige Rivalen

Dumm nur, dass die **»Azulgranas«**, die Blau-Roten von Barcelona – Hans Gamper soll dem Club diese Farben als Hommage an seinen früheren Verein FC Basel verpasst haben –, bisher weit weniger Titel nach Hause getragen haben als die Erzrivalen aus Madrid. Auch die Bilanz der insgesamt 157 Begegnungen zwischen Real Madrid und dem FC Barcelona sieht so gut nicht aus für Barça: Gegen 59 Siege stehen 71 Niederlagen. Das Team von Real Madrid wurde wegen seiner vielen Stars – als da waren Zinedine Zidane, Luís Figo, Ronaldo, Roberto Carlos, David Beckham – von der spanischen Presse einst als **»Galácticos«** gefeiert. Nach einer Saison, in der Real Madrid keinen Titel erringen konnte, konterte die katalanische Presse dann entsprechend voller Häme, die »Außerirdischen« produzieren sowieso »nur noch Weltraumschrott«.

Nachdem Barça im neuen Jahrtausend längere Zeit und keine Meisterschaft und keinen bedeutenden Pokal mehr einspielte, gewann das ebenfalls mit Weltstars wie Ronaldinho oder Deco besetzte Team in der Saison 2004/2005 und nochmal 2005/2006 endlich wieder die spanische Meisterschaft und 2006 die Champions League. 2007 und 2008 ging die spanische Meisterschaft wieder an Real Madrid, der ewige Rivale von Barça. 2009 konnte Barça sowohl den Titel in der spanischen Liga als auch der Champions League gewinnen.

Museu d'Història de la Ciutat / Plaça del Rei

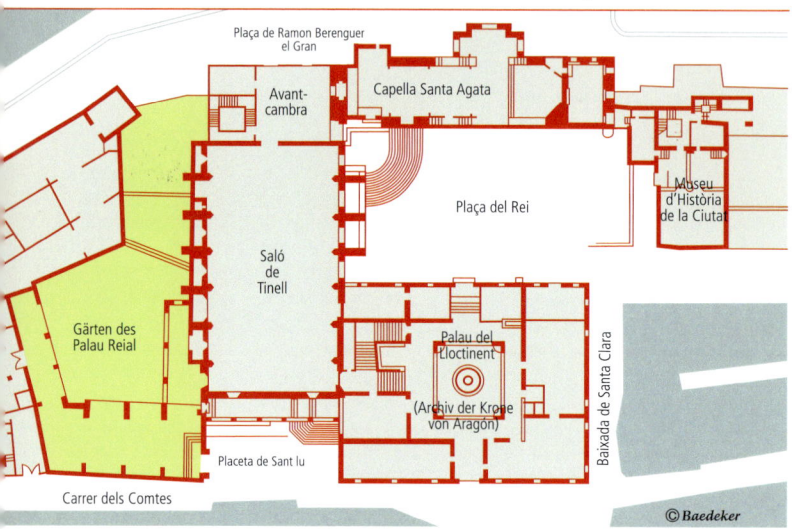

u. a. Teile der Thermenanlage, Fußbodenmosaike, Reste der Ummauerung sowie des Zu- und Abwassersystems. Auch eine Ölmühle mit großen, bauchigen Vorratsgefäßen ist an ihrem Fundort zu sehen. Vom Kellergeschoss des Museums aus kann man einen schmalen, senkrecht in die Stadtmauer getriebenen Schacht betreten, wo sehr gut zu erkennen ist, wie in die mittelalterliche Mauer alte römische Spolien (Säulentrommeln u. a.) verbaut worden sind. Zum Abschluss des Museumsbesuchs sollte man vielleicht noch den Blick auf die Plaça del Rei genießen, den die kleine Terrasse im 2. Stock bietet.

Plaça del Rei

Die Plaça del Rei (Königsplatz), den man nicht mit der ► Plaça Reial nahe den Rambles verwechseln sollte, zählt zu den schönsten Platzanlagen der Altstadt, die ihre stärkste Wirkung in der Abendsonne entfaltet. Der Platz wird rings von stattlichen Gebäuden, die aus dem 12. bis 16. Jh. stammen, eingefasst und besitzt nur an seiner Südseite eine Öffnung – eine großartige Kulisse für **Konzerte und Theateraufführungen**, die hier vor allem im Sommer öfter veranstaltet werden. Auch sonst trifft man sich hier gern, etwa zu einem nächtlichen Cocktail.

Links neben der Öffnung in der Häuserreihe steht der Palau del Lloctinent del Rei (**Palast des königlichen Statthalters**), ein abweisend-glattflächiger Bau aus dem mittleren 16. Jh. Früher war er Sitz des Statthalters von Barcelona, heute ist hier das Arxiu de la Corona d'Aragó (Archiv der Krone von Aragón) untergebracht. An der Fassade ist mehrfach das Wappen der Generalitat zu erkennen.

Palau del Lloctinent

Gegenüber erhebt sich der 1370 in romanischem Stil erbaute Block des Saló de Tinell (**Thronsaal**), Teil des Palau Reial, des ehemaligen königlichen Palastes; daneben ein hoher Wachtturm. Man sollte sich unbedingt die Zeit für einen Blick von der Spitze des Turms gönnen, die Aussicht auf die Kathedrale, die Umgebung und tief unten die Plaça del Rei ist schlichtweg atemberaubend. Auf jeden Fall aber sollte man den Thronsaal besichtigen. Man muss sich nicht unbedingt für die wechselnden Ausstellungen interessieren, die hier stattfinden; doch abgesehen von seiner historischen Bedeutung wirkt der gewaltige, tonnenüberwölbte Saal selbst höchst beeindruckend. Natürlich stellt der Besucher sich auch die Szenen vor, die sich hier abgespielt haben.

Saló de Tinell

Hier wurde **Christoph Kolumbus** nach seiner ersten Expeditionsfahrt in die Neue Welt vom spanischen Herrscherpaar Ferdinand II. und Isabella I. (Reyes Católicos = Katholische Könige) fast als Ebenbürtiger empfangen. In diesem Saal saß im 15. Jh. die Inquisition zu Gericht über die Ketzer; und unten auf dem Platz wurden dann die Scheiterhaufen für die Verurteilten errichtet.

Die in gotischer Zeit auf der einstigen römischen Stadtmauer erbaute Capella Santa Agata war früher **königliche Palastkapelle**. In dem einschiffigen Inneren fällt ein großer Bildaltar (1465) von Jaume Huguet auf, eins der wichtigsten Werke der katalanischen Gotik. Die alten Glasfenster im Chor zeigen Wappenschilde, u. a. diejenigen der Grafen von Barcelona – Erinnerung an die einstige Bedeutung des Gotteshauses. In der ehemaligen Sakristei ist das große eiserne Räderwerk einer Uhr aus dem Jahr 1576 zu sehen.

Capella Santa Agata

Museu Diocesà

H 9

Lage: Av. de la Catedral 4   **Metro:** Jaume I (L 4), Liceu (L 3), Urquinaona (L 1, L 4)

Das Museu Diocesà de Barcelona (Museum der Diözese Barcelona) liegt am Carrer Bisbe in unmittelbarer Nähe der Kathedrale.

Öffnungszeiten:
Di. – Sa.
10.00 – 14.00
17.00 – 20.00
So. 11.00 – 14.00

Es beherbergt Teile des Diözesanarchivs und besitzt eine Sammlung kirchlicher Kunst, vorwiegend aus dem Wirkungsbereich der Diözese, darunter eine Reihe bemerkenswerter romanischer Arbeiten. Schwerpunkte der Sammlung sind Skulpturen, Gemälde, Keramik- und Goldschmiedearbeiten sowie liturgische Gewänder vom frühen Mittelalter bis in die jüngste Vergangenheit.

Museu Egipci

H 7

Lage: Carrer Valencia 284   **Metro:** Passeig de Gràcia (L 2, L 3, L 4)

Öffnungszeiten:
Mo. – Sa.
10.00 – 20.00
So. 10.00 – 14.00

Das Museu Egipci, 1994 gegründet, ist eine mit rund 600 Exponaten nicht sonderlich große, aber anspruchsvolle Sammlung mit **Funden aus allen Epochen der ägyptischen Hochkultur**. Es informiert über den Pharao, die Verwaltungsstrukturen, Handwerk und Kunst, den Totenkult, den Gottesdienst und das altägyptische Pantheon.

Museu Etnogràfic Andino-Amazònic

E 3–4

Lage: Carrer Cardenal Vives i Tutó 2-16   **Metro:** Espanya (L 1, L 3)

Ein kleines Museum, das aber durchaus seinen eigenen Reiz hat, ist das Museu Etnogràfic Andino-Amazònic, das Völkerkundliche Museum des Anden- und Amazonasraumes.

Öffnungszeiten:
n. Vereinbarung
Tel. 93 204 34 58 ►

Es wird vom **Kapuzinerorden** (Caputxins de Sarria) betreut und befindet sich in dessen Klostergebäuden. Die nicht umfangreiche, aber hervorragend gepflegte und präsentierte Sammlung ist spezialisiert auf die **Eingeborenenkulturen in den lateinamerikanischen Missionsgebieten des Ordens**. Zu sehen sind Kleinkunst, Waffen, Präparate von mittelamerikanischen Tieren sowie eine Schmetterlings- und Insektensammlung.

Museu Etnològic

E 8–9

Lage: Passeig de Santa Madrona   **Metro:** Espanya (L 1, L 3)

Das Museu Etnològic (Völkerkundemuseum) liegt am Passeig de Santa Madrona, der von der Messe zum Montjuïc hinaufführt.

Der Grundriss des 1973 eigens für die Ausstellungen errichteten Gebäudes besteht aus aneinandergefügten Sechsecken, welche mit ihrer großzügigen Verglasung optimale, helle Stellflächen bieten. Die Sammlungen mit über 20 000 Einzelobjekten befassen sich mit den **Kulturen Asiens, Afrikas, Amerikas und Ozeaniens**, wobei biologische, ethnographische, kulturelle und soziale Aspekte berücksichtigt werden. Aus den überaus reichen Beständen werden immer nur temporäre Ausstellungen zu Einzelthemen zusammengestellt, so dass man vor einem Besuch Erkundigungen über die aktuelle Thematik einholen sollte (Tel. 93 424 64 02).

🕐
Öffnungszeiten:
Juni – Sept. Di. – Sa.
10.00 – 18.00
So. 10.00 – 14.00
15.00 – 20.00
Okt. – Mai
Di., Do., Sa.
10.00 – 19.00
Mi., Fr.
10.00 – 14.00
So. 10.00 – 14.00
15.00 – 20.00

✳ Museu Frederic Marès

H 9

Lage: Plaça Sant Iu 5 – 6   **Metro:** Jaume I (L 4)

Das Museum zeigt die Sammlung von Frederic Marès Dulovol (1893 bis 1991), eines erfolgreichen Bildhauers.

Die Sammlung wurde der Stadt übereignet und umfasst neben kirchlicher Kunst auch eine große kulturgeschichtliche Abteilung. Das schöne Gebäude, in dem sich das Museum seit 1946 befindet, gehört zum Komplex des Salò de Tinell (►Museu d' Història de la Ciutat).

◄ Bis Sommer 2011 wegen Renovierung geschlossen

Marès war ein geradezu besessener, aber absolut unsystematischer Sammler. So trug er im Lauf seines langen Lebens eine Unmenge **unterschiedlichster Dinge aus allen Epochen** zusammen, von wertvollen Kunstwerken bis zu banalen Alltagsgegenständen. Der Besuch seiner Ausstellung ist beeindruckend wegen der Fülle der Exponate, anstrengend wegen der überweit gespannten Thematik und anrührend, weil man sich in die Person des leidenschaftlichen Sammlers zu versetzen versucht.

Dann wird man hin- und hergerissen zwischen hervorragenden kirchlichen Kunstwerken – darunter

> ❗ *Baedeker* TIPP
>
> **Stadt der Kunst**
>
> Barcelona ist eine Stadt der Kunststiftungen. Die jüngste ihrer Art ist die Fundació Alorda Derksen (C/ Aragó 314). Zeitgenössische Kunst von Jaume Plensa, Anish Kapoor oder Damien Hirst sind in den Galerieräumen zu sehen. Öffnungszeiten: Mi – Fr 10.00 – 13.00, 16.00 – 19.00, Sa 10.00 – 14.00, 16.00 – 20.00 Uhr.

ter als einer der Höhepunkte Jaume Juguets »Christus auf dem Weg nach Golgatha« – und römischen Funden im Erdgeschoss, weiteren religiösen Ausstellungsstücken und Truhen, Münzen und Puppen im ersten Stock. Im zweiten Obergeschoss befindet sich die nicht so ernste »Col·lecció Sentimental«, die kuriose Sentimentale Abteilung, die barocke Kleinkunst, Reklamebilder, Trockenblumengestecke, Aschenbecher, historische Fotoapparate und noch vieles mehr friedlich vereint präsentiert.

Museu Frederic Marès Orientierung

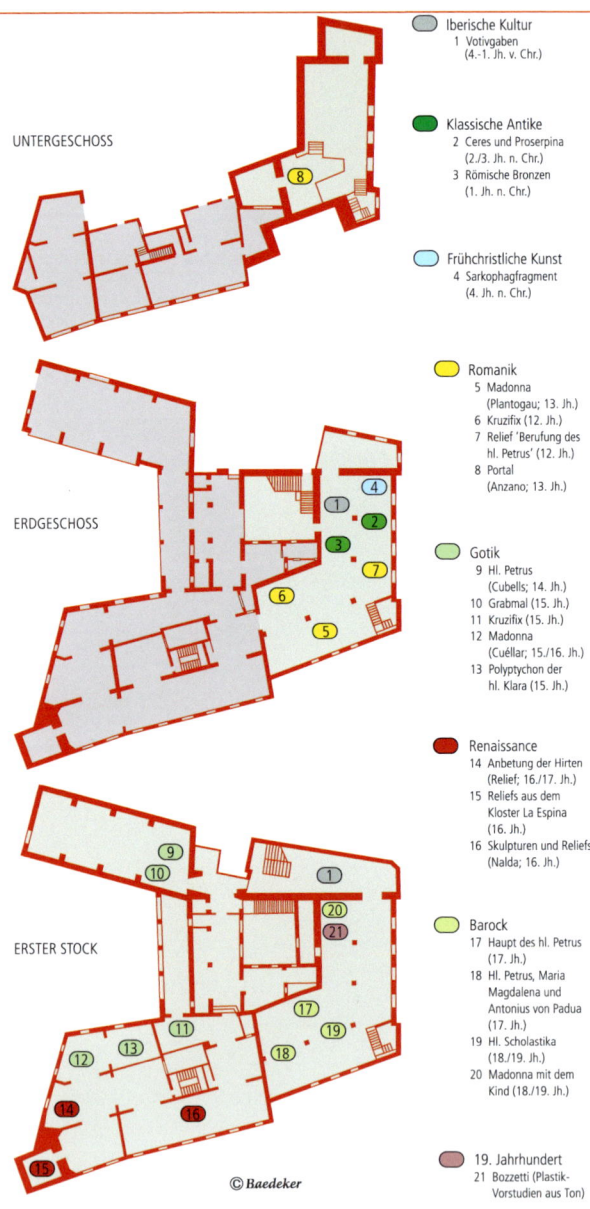

Iberische Kultur
1 Votivgaben
(4.-1. Jh. v. Chr.)

Klassische Antike
2 Ceres und Proserpina
(2./3. Jh. n. Chr.)
3 Römische Bronzen
(1. Jh. n. Chr.)

Frühchristliche Kunst
4 Sarkophagfragment
(4. Jh. n. Chr.)

Romanik
5 Madonna
(Plantogau; 13. Jh.)
6 Kruzifix (12. Jh.)
7 Relief 'Berufung des
hl. Petrus' (12. Jh.)
8 Portal
(Anzano; 13. Jh.)

Gotik
9 Hl. Petrus
(Cubells; 14. Jh.)
10 Grabmal (15. Jh.)
11 Kruzifix (15. Jh.)
12 Madonna
(Cuéllar; 15./16. Jh.)
13 Polyptychon der
hl. Klara (15. Jh.)

Renaissance
14 Anbetung der Hirten
(Relief; 16./17. Jh.)
15 Reliefs aus dem
Kloster La Espina
(16. Jh.)
16 Skulpturen und Reliefs
(Nalda; 16. Jh.)

Barock
17 Haupt des hl. Petrus
(17. Jh.)
18 Hl. Petrus, Maria
Magdalena und
Antonius von Padua
(17. Jh.)
19 Hl. Scholastika
(18./19. Jh.)
20 Madonna mit dem
Kind (18./19. Jh.)

19. Jahrhundert
21 Bozzetti (Plastik-
Vorstudien aus Ton)

UNTERGESCHOSS

ERDGESCHOSS

ERSTER STOCK

© Baedeker

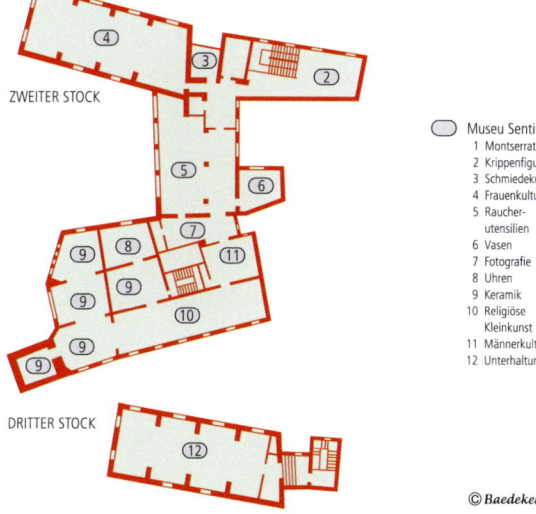

ZWEITER STOCK

DRITTER STOCK

Museu Sentimental
1 Montserrat
2 Krippenfiguren
3 Schmiedekunst
4 Frauenkultur
5 Raucher-
  utensilien
6 Vasen
7 Fotografie
8 Uhren
9 Keramik
10 Religiöse
  Kleinkunst
11 Männerkultur
12 Unterhaltung

© Baedeker

Museu de l'Esport Melcior Colet

G 6

Lage: Carrer Buenos Aires 56 – 58

Bus: 6, 7, 14, 15, 27, 33, 34, 59, 66, 67, 68

Das Museu de l'Esport Dr. Melcior Colet (Sportmuseum) befindet sich in einem bemerkenswerten, von Puig i Cadafalch entworfenen Haus aus der Zeit des Modernisme.

Hier hatte der Arzt Dr. Melcior Colet früher seine Praxis und Privatklinik. 1982 übereignete er das Haus der Stiftung, die seinen Namen trägt und der Pflege des Sports und seiner kulturellen Bedeutung dient. Heute wird in dem Gebäude eine Vielzahl von Ausstellungen zu wechselnden sportlichen Themen (meist mit engem Bezug auf Katalonien) gezeigt; daneben hat hier ein sportwissenschaftliches Forschungsinstitut seinen Sitz.

Zu den Ausstellungsstücken des Museums zählen rund 900 Objekte. Viele von ihnen sind Sportartikel, mit denen es katalanischen Sportlern gelang, Meisterschaften zu gewinnen oder Siege zu erringen. Dazu gehört auch ein Eispickel, mit dem der Katalane Carles Vallès 1985 den Gipfel des Mount Everest bestieg.

🕐
Öffnungszeiten:
Mo. – Fr.
10.00 – 17.00
Aug. geschl.

✶✶ **Museu Marítim**

G 9

Lage: Av. de les Drassanes   **Metro:** Drassanes (L 3)

Nahe beim Hafen, westlich des Kolumbus-Denkmals, liegen die Drassanes, die ehemalige königliche Werft. Hier ist heute das Museu Marítim (► 3 D S. 206) untergebracht, das zu den bedeutendsten Museen in Katalonien zählt.

⊙ Öffnungszeiten: tgl. 10.00 – 20.00

Das Schifffahrtsmuseum bietet eine Fülle von Exponaten zur Geschichte der Seefahrt bis in die Gegenwart – Schiffe und Schiffsmodelle, nautisches Gerät, Werkzeug und Waffen – sowie Informationen über den Hafen und die königliche Werft von Barcelona. Glanzstück ist die **Königliche Galeere**, die 1571 bei Lepanto über die Türken siegte. Segelsportbegeisterte dagegen können sich am Modell des Flying Dutchman erfreuen, des Rennboots, mit dem Spanien 1992 olympisches Gold gewann. Zum Schifffahrtsmuseum gehört auch der dreimastige, 1918 gebaute Holzsegler **»Santa Eulàlia«**, der, aufwändig restauriert, vor dem Moll de la Fusta vor Anker liegt und besichtigt werden kann.

> **!** *Baedeker* TIPP
>
> **Unbedingt Audioguía ausleihen**
>
> Beim Besuch des Museu Marítim sollte man sich unbedingt einen »« ausleihen (Erklärungen auch auf Deutsch). Beeindruckend ist die Beschreibung des traurigen Schicksals der Galeerensträflinge.

✶✶ **Museu Nacional d'Art de Catalunya** (MNAC)

E 8

Lage: Mirador del Palau Nacional   **Metro:** Espanya (L 1, L 3)

Das Museu Nacional d'Art de Catalunya (MNAC; Museum für katalanische Kunst) im ►Palau Nacional gehört mit seinen hervorragenden Sammlungen aus allen Epochen der katalanischen Kunstgeschichte zu den bedeutendsten Sehenswürdigkeiten von Barcelona.

⊙ Öffnungszeiten: Di. – Sa. 10.00 – 19.00 So., Fei. bis 14.30

Besonders eindrucksvoll ist die Abteilung **romanischer Kunst** (11. bis 13. Jh.), die als weltweit umfangreichste ihrer Art gilt. Hier sind herrliche Fresken aus vielen Kirchen des katalanischen Pyrenäenraumes zu sehen. Die Wirkung der einmaligen Exponate wird durch die geschickte Präsentation noch verstärkt: Man hat Gewölbe und Apsiden der Originalstandorte im Museum exakt nachgebaut und hier die Wandgemälde angebracht, während in den Kirchen, aus denen sie stammen, vielfach originalgetreue Kopien die ursprünglichen Bilder ersetzen. Fotos, Grundrisse und Lageskizzen der Kirchen weisen die Herkunft der Gemälde nach. Glanzstücke der Sammlung sind die starkfarbigen Fresken aus den Apsiden der Kirchen Sant Climent und Santa Maria in Tahul: Ein Christus mit der Schrift »Ego sum lux mundi« (Ich bin das Licht der Welt) und eine Darstellung des Jüngsten Gerichts und der Sünder, die in der Hölle büßen. Auch Altarblätter, Kapitelle, Figuren u. a. sind ausgestellt.

Die Abteilung gotischer Kunst (14. und 15. Jh.) ist in Teilen nicht chronologisch, sondern systematisch aufgebaut. Ihre Sammlungen sind nicht nur auf Katalonien beschränkt, sondern beziehen auch Werke aus anderen spanischen Regionen sowie Flamen und Italiener ein. Zu sehen sind Holz- und Steinplastik, Tafelbilder, Altarblätter. Eine Reihe farbenfroher Wandmalereien gibt die katalanische Eroberung Mallorcas im Jahr 1229 wieder. Besonders beeindruckend sind ein mächtiger **Marienaltar**, geschaffen von Mitgliedern der zwischen 1357 und 1405 in Barcelona nachgewiesenen Malerfamilie Serra, und vier überaus lebensnah gestaltete Apostelfiguren (14. Jh.). **Gotik**

Diese vergleichsweise kleine Abteilung umfasst auch Stücke aus anderen Landesteilen Spaniens sowie aus den spanischen Niederlanden, dazu Werke von Tizian, Cranach, Tiepolo und Goya. Sie soll nach grundlegender Neugestaltung im Laufe des Jahres 2005 wieder eröffnet werden. Zu dieser Abteilung gehört auch die Sammlung Cambó, die die europäische Malerei vom 14. bis zum 19. Jh. umfasst. **Renaissance Barock**

Die grafische Sammlung besteht aus rund 50 000 Druckgrafiken, 10 000 Zeichnungen und zahlreichen hölzernen Druckstöcken. **Grafische Sammlung**

Die Bestände des Gabinet Numismàtic de Catalunya (Münzkabinett) entstammen verschiedenen Privatsammlungen, die seit 1902 als Schenkungen, Nachlässe oder Leihgaben in den Besitz der Stadt gelangt sind. An Medaillen, Münzen, Geldscheinen und Wertpapieren umfasst die Sammlung mehr als 10 000 Stücke, vorwiegend aus Katalonien und aus der Zeit seit dem 5. vorchristlichen Jahrhundert. Besondere Schwerpunkte bilden die Prägungen aus der griechischen Kolonie Emporion (Empúries), iberische, westgotische und römische Münzen, ferner Münzen aus Lateinamerika. Derzeit kann die Sammlung nur nach Voranmeldung besichtigt werden. **Gabinet Numismàtic**

Das Museum beherbergt auch einen Teil der weltberühmten Kunstsammlung Thyssen-Bornemisza, die zuvor im Kloster von Pedralbes gezeigt wurde. Dabei handelt es sich um rund achtzig Gemälde vorwiegend religiösen Inhalts aus dem mitteleuropäischen Raum vom Mittelalter bis zum venezianischen Barock. **Sammlung Thyssen-Bornemisza**

Ebenfalls seit kurzem beherbergt das Museum die Bestände des Museu d'Art Modern (Museum Moderner Kunst), das im **Palau de la** **Moderne Kunst**

MUSEU MARÍTIM

✴ ✴ **Die Werft (Drassanes Reials = Königliche Docks) entstand im 13. Jh. und wurde bis zum 18. Jh. erweitert. Die Gebäude stellen selbst ein außergewöhnliches Zeugnis weltlicher gotischer Architektur dar, erinnern aber gleichzeitig in ihrer Weiträumigkeit, mit ihren hoch strebenden Bögen, ihren Gewölben und Nischen an gotische Kirchenbauten. Hier wurden die Galeeren und Karavellen der Krone von Aragón gebaut, gewartet und instand gesetzt. Als sich jedoch nach der Entdeckung Amerikas die Interessen der Marine zum Atlantik hin verlagerten, sank die Bedeutung der Werftanlagen, und man verwendete die Gebäude u. a. als Lagerhallen. 1936 wurde beschlossen, hier ein Museum einzurichten; seit 1976 steht der Komplex unter Denkmalschutz.**

🕐 Öffnungszeiten:
tgl. 10.00 – 20.00 Uhr

① Galeere »Real«

Die große Halle wird beherrscht von dem exzellent gelungenen Nachbau (im Maßstab 1:1) der Galeere »Real«, angefertigt zum 400. Jahrestag eines für Spanien ganz wichtigen Ereignisses: Die »Real« war das Flaggschiff der Flotte, die am 7. Oktober 1571 unter dem Oberkommando von Don Juan d'Austria bei Lepanto (griechischer Peloponnes) die Türken besiegte, womit Spanien die Vorherrschaft im Mittelmeer errang. 236 Ruderer mussten die 60 m lange Galeere bewegen. Der Nachbau wirkt mit seiner üppigen Goldverzierung und der fein geschnitzten Galionsfigur (der Meeresgott Neptun auf einem Delfin) eigentlich gar nicht wie ein Kriegsschiff.

② Galionsfiguren

Beeindruckend ist auch die Ausstellung von Galionsfiguren aus dem 18. und 19. Jh. im oberen Stockwerk.

③ Dampfschifffahrt

In dieser Abteilung ist der Nachbau von Teilen eines Transozeandampfers aus der Zeit um 1900 zu sehen: Hier spiegelt sich der soziale Kontrast zwischen den Vergnügungsreisenden im Salon und den Auswanderern im Zwischendeck wider. Gezeigt wird auch ein Nachbau von Narcís Monturiols Unterseeboot und man lernt eine Unterwasserwelt kennen, wie sie der Erfinder bei seinen Tauchfahrten erlebt haben mag.

④ Dokumentationszentrum

Dokumentationszentrum für die Schifffahrt (Centre de Documentació Marítima) und Zentrum für Lehrmittel zum Thema Meer, das sich vor allem an Schüler wendet.

⑤ Cafeteria und Museumsshop

In der Cafeteria kann man sich dann von den vielen Eindrücken gut erholen; und wer noch originelle Souvenirs sucht, wird im Museumsshop auf jeden Fall fündig.

Die Ausstellungsräume, hier im Hintergrund die Rückseite der Königlichen Galeere, ähneln dem Innern gotischer Kirchen.

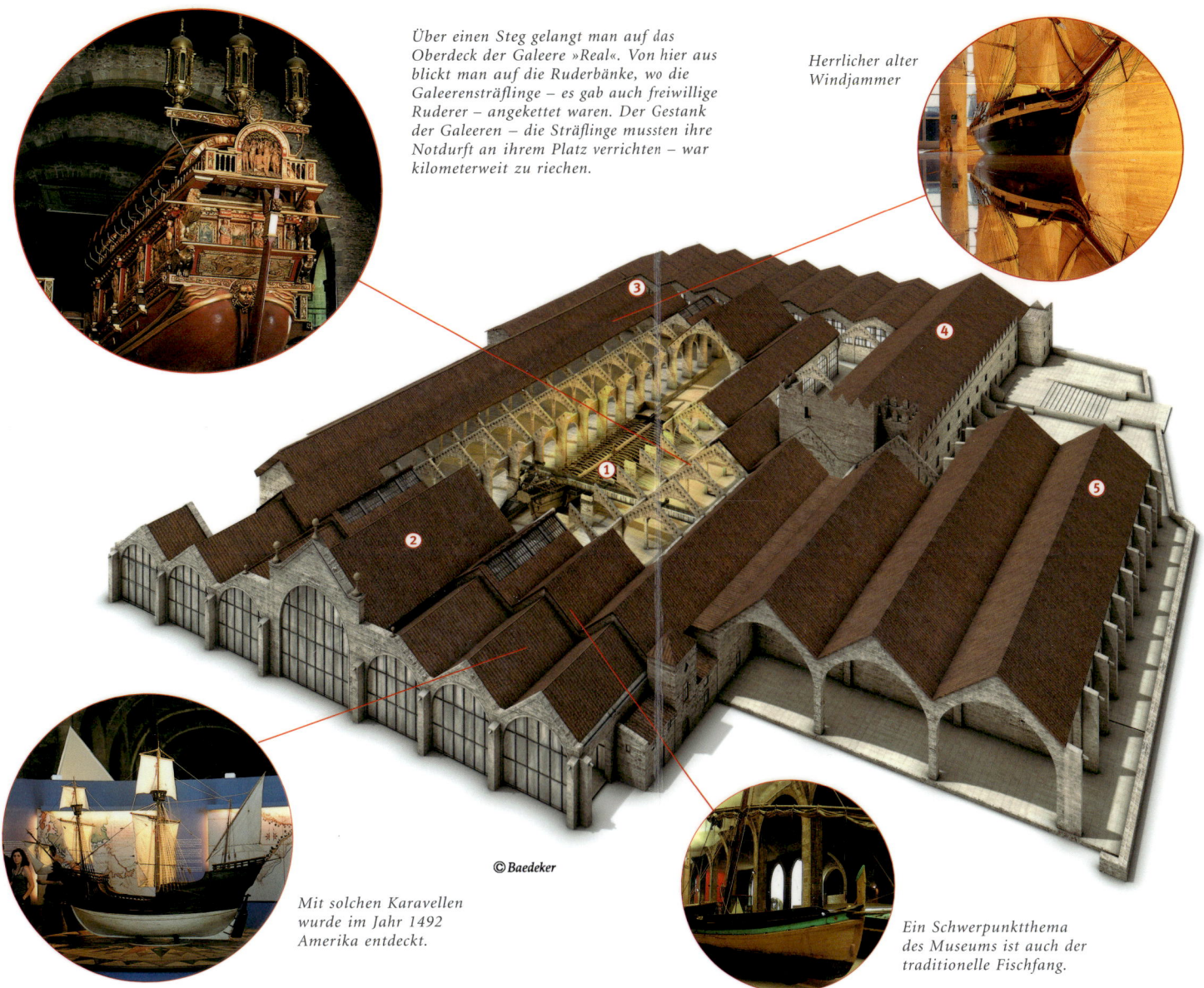

Über einen Steg gelangt man auf das Oberdeck der Galeere »Real«. Von hier aus blickt man auf die Ruderbänke, wo die Galeerensträflinge – es gab auch freiwillige Ruderer – angekettet waren. Der Gestank der Galeeren – die Sträflinge mussten ihre Notdurft an ihrem Platz verrichten – war kilometerweit zu riechen.

Herrlicher alter Windjammer

© Baedeker

Mit solchen Karavellen wurde im Jahr 1492 Amerika entdeckt.

Ein Schwerpunktthema des Museums ist auch der traditionelle Fischfang.

Ciutadella (Parc de la Ciutadella) zu finden war. Die Bezeichnung Moderne Kunst ist etwas irreführend, denn die Bestände – ganz überwiegend Werke katalanischer Künstler – reichen zeitlich über den Historismus bis zur Romantik zurück. Entsprechend sind viele ältere Werke zu sehen (Porträts, Genreszenen, Landschaften, einige großformatige Historiengemälde). Beachtenswert ist die Jugendstilabteilung mit vielen Möbeln, Bildern, Plastiken; weitere Exponate sind dem Expressionismus und der frühen Moderne zuzuordnen. Die Abteilung zeitgenössischer Kunst nimmt einen vergleichsweise geringen Raum ein.

★★ Museu Picasso

H 9

Lage: Carrer Montcada 15 – 23

Metro: Jaume I (L 4), Arc de Triomf (L 1)

Das Museu Picasso, im Herzen der Altstadt am malerischen Carrer Montcada gelegen, gilt als die weltweit wichtigste und vollständigste Sammlung von Frühwerken des Künstlers.

Öffnungszeiten:
Di. – So.
10.00 – 20.00

Eingerichtet ist das Museum im mittelalterlichen Palau Berenguer de Aquilar und drei Wechselausstellungen vorbehaltenen angrenzenden Palais.

Picasso fühlte sich zeitlebens Barcelona ganz besonders verbunden, trotz der Jahrzehnte, die er in Frankreich verbrachte. Er machte der Stadt großzügige Schenkungen – beginnend mit dem Gemälde »Der Harlekin« (1917) – und bot sogar an, ihr bis an sein Lebensende von jedem seiner Drucke einen Abzug zu überlassen. Die Einrichtung des Museums regte 1963 Picassos Freund Jaume Sabartés an, der außerdem seine umfangreiche Privatsammlung stiftete. Heute ist das Picasso-Museum eines der meistbesuchten der Stadt. Die chronologisch geordneten Sammlungen umfassen **Gemälde und Zeichnungen sowie Druckgrafik** (Lithografien, Radierungen) aus allen künstlerischen Epochen Pablo Picassos, jedoch insbesondere aus den Jahren von 1895 bis 1904, die der Künstler in Barcelona verbrachte. Am Ende dieser Zeitspanne steht die Blaue Periode, die mit der Übersiedlung Picassos nach Paris schließt. Aus den Jahren der Kindheit in Málaga sind erste – aber keineswegs kindlich-naive – Bleistiftzeichnungen zu sehen. Es folgte die grundlegende künstlerische Ausbildung in La

! *Baedeker* TIPP

Kunst vom Feinsten

Auf der gegenüber liegenden Straßenseite verdient der Palau Cervelló (Carrer Montcada, 25; 15./16. Jh.) einen Blick. Im Inneren ist die Kunstgalerie Maeght zu finden, eine der renommiertesten Kunstgalerien Europas (Öffnungszeiten: Mo.–Sa. 10.00–19.30 Uhr).

Das Museu Picasso ist das meistbesuchte Museum Barcelonas.

Coruña; die ausgestellten Werke zeigen den handwerklichen Fortschritt und eine sich wandelnde Farbigkeit. In Barcelona (1895–1897) bekam das Malen unter freiem Himmel deutlich mehr Gewicht, während die akademische Malweise zurücktrat. In den Jahren 1897–1898 setzte Picasso seine akademischen Studien in Madrid fort und kopierte im Prado Werke der großen Meister, wendete sich aber dann endgültig vom überkommenen Akademismus ab und entwickelte seine eigene Malweise weiter. Wieder nach Barcelona zurückgekehrt, kam er mit dem Modernisme in Berührung und reihte sich in die katalanische Avantgarde ein.

Außerhalb der chronologischen Reihung stehen die »Meninas«, eine 1957 entstandene Paraphrase des gleichnamigen Werkes von Diego Velázquez in einer monochromen und einer farbigen Fassung; ein ganzer Saal ist Picassos Auseinandersetzung mit diesem Thema gewidmet. Weitere gesonderte Themenkreise sind das grafische Werk von 1962 bis 1972 und die Keramik der Jahre 1947–1965.

In dem Palais (13. Jh.) gegenüber dem Museu Picasso zeigt das Museu Tèxtil i d'Indumentària (►Palau Reial de Pedralbes) Sonderausstellungen. **Textilausstellungen**

Einige Schritte weiter am Carrer Montcada (Haus Nr. 20) steht der Palau Dalmases, in welchem seit 1962 die Organisation »Omnium Cultural« untergebracht ist, welche die katalanische Kultur fördert und bewahrt. Das im 17. Jh. entstandene Palais besitzt im schönen Innenhof eine Renaissancetreppe. **Palau Dalmases**

★ ★ Olympiagelände

D – E 9

Lage: Montjuïc

Metro: Parallel (L 2, L 3), weiter mit Funicular; Espanya (L 1, L 3), Bus: 50

Im Jahr 1992 fanden in Barcelona die XXV. Olympischen Sommerspiele statt. Fast alle Wettkämpfe wurden im Stadtbereich ausgetragen. Soweit dies möglich war, griff man auf bereits bestehende Stadien und Hallen zurück.

Olympiastadion

🕐
Öffnungszeiten:
Apr. – Sept. Di. – Sa.
10.00 – 20.00
So. 10.00 – 14.30
Okt. – März Di. – Sa.
10.00 – 18.00
So. 10.00 – 14.30

Das Zentrum des olympischen Sportgeschehens bildete das große Areal **Anella Olímpica** (Olympischer Ring) auf dem Montjuïc. Das Olympiastadion (Estadi Olímpic) fasst heute 70 000 Zuschauer; in seiner ursprünglichen Form war es 1929 eingeweiht worden. 1936 sollte hier als friedlicher Protest gegen die Olympischen Spiele im nationalsozialistischen Deutschland die so genannte Volksolympiade, die Olímpic Popular, ausgetragen werden. Mehr als 5000 Sportler aus über 20 Nationen waren angereist. Doch eine Nacht vor der Eröffnung der Spiele brach der Spanische Bürgerkrieg aus. In den folgenden Jahren verfiel das Stadion zunehmend, bis es von Grund auf erneuert wurde. Heute ist die Fassade der einzige erhaltene Rest des ursprünglichen Baus. Das Stadion ist teilweise frei zugänglich. Im **Museu Olímpic i de l'Esport** neben dem Stadion sind Exponate zu den Olympischen Spielen in Barcelona und zu verschiedenen Volkssportarten, außerdem Sammelstücke des früheren IOC-Präsidenten J. A. Samaranch ausgestellt.

Palau de Sant Jordi, Torre de Calatrava

Doch auch ohne Sportveranstaltungen sollte man das Olympiagelände unbedingt besuchen, sieht man hier doch ein **Ensemble avantgardistischer Architektur**, das das 21. Jh. vorwegnahm. Den Sportpalast neben dem Olympiastadion, nach dem katalanischen Nationalheiligen Sant Jordi benannt, entwarf der Japaner **Arata Isozaki**. Dank seiner guten Akustik wird der Sportpalast jetzt vorwiegend für Konzerte genutzt. Auf der Freifläche zwischen Stadion und Sportpalast stellte die japanische Künstlerin Aiko Migawaki einen Wald steinerner Säulen auf. Dahinter erhebt sich das spektakulärste und umstrittenste Bauwerk auf dem Montjuïc: der **Sendemast der Telefónica** (▶ Abb. S. 11), zumindest was die Statik betrifft ein Meisterwerk. **Architekt Santiago Calatrava** erdachte einen frei schwingenden Turm, der von allen bisherigen Turmbaukonzepten abweicht. **Ricardo Bofill** schuf die **Sporthochschule INEF**.

? **WUSSTEN SIE SCHON …?**

■ Bei der Olympiade 1992 in Barcelona belegte das wieder vereinigte Deutschland mit insgesamt 82 Medaillen (33 Gold, 21 Silber, 28 Bronze) hinter der GUS, der »Vereinten Mannschaft« der ehem. Sowjetunion (112 Medaillen), und den USA (108 Medaillen) den dritten Platz im Medaillenspiegel.

1936 sollte im Olympiastadion die Volksolympiade stattfinden.

✳ Palau de la Música Catalana

Lage: Carrer Sant Pere Més Alt   **Metro:** Urquinaona (L 1, L 4)

Am nordwestlichen Rand der Altstadt, von der Nordseite der Via Laietana etwas zurückversetzt, steht der 1908 eröffnete Palau de la Música Catalana.

Der Musikpalast, das eigenwilligste modernistische Werk des **Architekten Lluís Domènech i Montaner**, wurde 1905 – 1908 als »Ode an Katalonien« im Auftrag des katalanischen Nationalchors errichtet; der Chor besitzt das Gebäude noch heute. Seither wurden hier unzählige Konzerte veranstaltet, v. a. mit Chormusik, aber auch Kammermusik und Symphonien wurden aufgeführt, und viele berühmte Komponisten, Solisten und Ensembles traten und treten hier auf.

Der Bau vereint in sich die ganze **Pracht des Modernisme**, er repräsentiert das Lebensgefühl, den Geschmack und den Reichtum des katalanischen Bürgertums. Manche Betrachter finden ihn überladen, aber niemand kann sich seiner Wirkung entziehen. Er zählt seit 1997 zum Weltkulturerbe der UNESCO. Die vielfarbige Fassade lässt sich wie ein Bilderbuch lesen: Mosaikbesetzte Säulen tragen Büsten u. a. von Bach, Beethoven, Wagner, und allegorische Mosaike mit musikalischen und lokalen Motiven schmücken das Obergeschoss. Alles ist überreich dekoriert. Allein um die Einzelheiten der Dachkuppeln und der Buntglasfenster besser zu erkennen, könnte man ein Fern-

Prächtiges modernistisches Gebäude

Der modernistische Palau de la Música bildet den prunkvollen Rahmen für Konzerte.

glas gebrauchen. Ebenso überwältigend ist das Innere des Gebäudes. Eingang, Foyer und Treppenaufgang zum großen Konzertsaal sind überwuchert von floralen Ornamenten, Ranken, Rosen, Lilien, Fantasieblumen überziehen Säulen, die Wände, die Decke. Die Treppe ist von Kandelabern gesäumt. Den Höhepunkt bildet dann der große **Konzertsaal** im Obergeschoss (ca. 1700 Plätze), ein einziges Farbmeer. Große bunte Glasfenster rahmen die Orgel ein. Das Oberlicht aus blauem und goldenem Glas, eingefasst von Frauenköpfen, die einen Chor bilden, senkt sich wie ein zauberhafter Glastropfen von der Kassettendecke in den Raum. Zu beiden Seiten der Bühne stehen Marmorskulpturen – u. a. Wagners Walküren und eine Beethovenbüste –, der Bühnenhintergrund ist mit musenähnlichen Mosaikfiguren mit Terrakottaköpfen geschmückt. Wer hier ein Konzert erleben darf, wird sich nicht nur der Musik hingeben. Das Konzerthaus besitzt ein eigenes Kammerorchester. Die Skala der Veranstaltungen reicht von der Klassik bis zu zeitgenössischer und experimenteller Musik, Jazz und Pop.

Das Innere des Palau de la Música ist nur bei Konzerten oder im Rahmen einer Führung zugänglich. Führungen finden ab 10.00 Uhr in etwa halbstündigem Abstand statt, abwechselnd auf Spanisch, Katalanisch und Englisch. Wer auf die Erklärungen verzichten zu können glaubt, sollte eine katalanische Führung wählen; diese haben im Allgemeinen die wenigsten Teilnehmer.

Palau Reial de Pedralbes

Lage: Avinguda Diagonal 686   **Metro:** Palau Reial (L 3)

Der Palau Reial de Pedralbes liegt im gleichnamigen Stadtteil direkt bei der Zona Universitària in einem sehr schönen Park mit vielen alten Zedern und Linden. Gartenarchitekt war der Franzose Jean-Claude Forestier.

Hier stand zunächst ein Landhaus des Grafen Güell, der das Grundstück für den repräsentativen königlichen Palast zur Verfügung stellte. Das dreistöckige Gebäude in italianisierendem Stil wurde in Gegenwart des spanischen Königspaares 1924 seiner Bestimmung übergeben, die königliche Familie residierte aber nur sehr selten hier. Das Erdgeschoss mit dem Thronsaal und großen Nebenräumen dient heute Repräsentationszwecken. Zudem sind im Palast **drei Museen** untergebracht, die mit einer Eintrittskarte besucht werden können.

⏱ Öffnungszeiten:
Di. – So.
10.00 – 18.00
So., Fei. bis 15.00

Das eine ist das Museu de Ceràmica (Keramikmuseum). Der Grundstock seiner Bestände geht auf eine Reihe von Schenkungen zurück, die der Stadt seit dem Ende des 19. Jh.s gemacht wurden. Da der Ton zum einen in der Vergangenheit zu den auch im Alltag meistverwendeten Materialien gehörte und zum anderen die gebrannte Keramik extrem dauerhaft ist, bietet das Museum neben der Ästhetik seiner Exponate zugleich einen ausgezeichneten kulturgeschichtlichen Überblick.

Museu de Ceràmica

Die Ausstellung ist überwiegend nach den einzelnen spanischen Manufakturen gegliedert. Die Aufstellung der Exponate harmoniert sehr gut mit dem Ambiente von Palast und Gartenanlage. Die Spanne der Ausstellungsstücke reicht von einfachen Tellern und Schüsseln bis zu Prunkgeschirr, von Bodenfliesen über Bilderfriese bis zu avantgardistischer Keramikkunst. Herausragende Stücke sind ein mit Lüster überzogenes Porzellangeschirr aus Manises in Südspanien und zwei Kachelplatten aus dem 18. Jh., die verschwenderisch ausgestaltet einen Stierkampf bzw. ein Festgelage zeigen.
Im letzten Saal sind **Werke von Picasso, Miró und Miguel Barceló** ausgestellt. Der Besucher wird auch darüber informiert, wie die Farben der ein- oder vielfarbigen Keramik zustande kommen: Grün durch Kupferoxid, Braun durch Manganoxid, Blau durch Kobaltverbindungen. Zudem erfährt er, dass die populären Azulejos – z. B. die ausgestellten Schmuckkacheln aus Valencia aus dem 19. Jh. – ihren Namen von arabisch »az-zuleycha« (Mosaikstein) haben und nicht wie früher angenommen von spanisch »azul« (blau) – nur ein Hinweis unter vielen auf den starken arabischen Einfluss auf die spanische Keramik. Zum Museum gehören auch eine pädagogische Abteilung, eine Keramikwerkstatt und eine Spezialbibliothek. Informationen im Internet: www.museuceramica.bcn.es

Museu de Ceràmica Orientierung

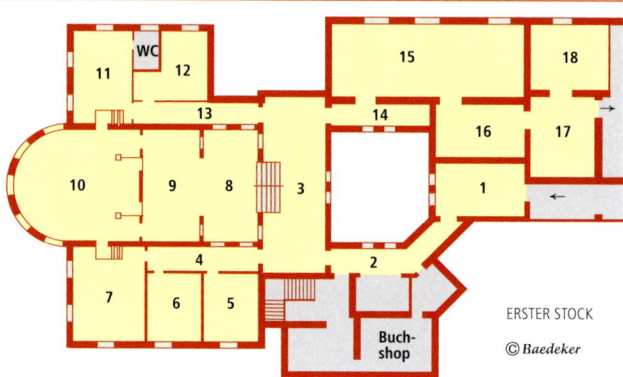

1 Islamische Keramik
2/3 Valencia, 14.-18. Jh.
4-6 Aragón, 15.-19. Jh.
7 Talavera de la Reine und
   Puenta del Arzobispo, 16.-19. Jh.
8-10 Barcelona, 14.-19. Jh.
11 Sevilla, Úbeda, 15.-19. Jh.
12/13 Valencia, 18./19. Jh.
16 Modernismo, Moderne, 20. Jh.
17/18 Zeitgenössische Keramik,
   20./21. Jh.

ERSTER STOCK

© Baedeker

Museu de les Arts Decoratives

Das zweite Museum im Palau Reial de Pedralbes ist das Museu de les Arts Decoratives (**Kunstgewerbemuseum**). Es ist in den Räumen eingerichtet, die dem Museu de Ceràmica gegenüber liegen. Zu sehen sind Möbel und Gebrauchskunst von der Romanik bis zur Gegenwart: kunstvoll bemalte Truhen aus der Gotik, prächtige Schreibschränke und Sekretäre aus der Renaissance mit reichem Intarsienschmuck in verschiedenfarbigen Hölzern, Perlmutt und Elfenbein, Möbel aus Barock, Empire und Klassizismus, Möbel und Accessoires aus Jugendstil, Art déco, dem Noucentisme und dem 20. Jahrhundert. Bei den letzteren Exponaten tritt einerseits zunehmend das Industriedesign in Erscheinung; andererseits sind aufwändig gearbeitete Möbel aus dem frühen 20. Jh. und Einzelstücke führender katalanischer Designer wie Oscar Tusquets, Javier Mariscal und BKF aus den 1980er-Jahren vertreten.

Museu Tèxtil i d'Indumentària

Das Textil- und Bekleidungsmuseum ist im zweiten Obergeschoss des Palastes untergebracht. Die neu konzipierte Dauerausstellung »El cos vestit« (Der bekleidete Körper) zeigt, wie sich das Bild des Körpers seit dem 16. Jahrhundert durch und mit der Mode verändert hat. Die Präsentation gleicht den Inszenierungen, wie man sie auch aus zeitgenössischen Modeboutiquen kennt. Die historischen und mitunter kostbaren Stücke werden in Schaufenstern gezeigt, wobei jeweils zeitbezogenen Modepuppen und Modelle einen kritischen Dialog in Gang setzten wollen über die Macht der Mode und des schönen Scheins auf dem Körper. Wer sich also für Mode interessiert und auch eine kritische Auseinandersetzung mit dem Thema nicht scheut, für den gehört das Museum zum Pflichtprogramm seiner Stadtbesichtigung.
Von den mehreren Tausend Kleidern, Schuhen und Accessoires der Sammlung können jeweils nur einzelne Stücke gezeigt werden. Ne-

ben historischen Kleidern früherer Jahrhunderte sind die wunderbar leichten und eleganten Entwürfe von **Fortuny** aus dem frühen 20. Jahrhundert und einige Kreationen von **Cristóbal Balenciaga** ausgestellt. Auch jüngere spanische Designern wie **Antonio Miró** und **Custo** fehlen nicht. Internationale berühmte Modemarken wie Pierre Cardin, Karl Lagerfeld und Dior sind ebenfalls vertreten und machen die Ausstellung zu einer sehenswerten Übersichtsschau über die Entwicklung der französische Haute Couture.

Das Museu de les Arts Decoratives enthält Möbel und Gebrauchskunst.

✳ Palau Güell

Lage: Carrer Nou de la Rambla 3 – 5   **Metro:** Drassanes, Liceu (L 3)

Der Architekt Antoni Gaudí erhielt im Jahr 1886 von Eusebi Güell den Auftrag, an einer engen Altstadtgasse, auf einem nur 18 m × 22 m großen, unebenen Grundstück, ein Wohnhaus großbürgerlichen Stils zu bauen – eine fast unmöglich erscheinende Aufgabe. Aber Gaudí löste sie souverän und schuf ein Meisterwerk.

Von außen wirkt das Haus streng und abweisend. Die schmalen gotischen Fenster, die fallgitterartigen Tore, die durch Metallgitter geschützten Türen erinnern nicht zufällig an eine Burg, sie dienten auch dem Schutz vor der nicht gerade bürgerlichen Nachbarschaft. Die zwei Eingangsportale tragen in Schmiedeeisen die Initialen E und G. Betrachtet man den **Innenhof**, so scheint er mit Fliesen ausgelegt zu sein; tatsächlich ist der Boden aus Holz, um einst das Geräusch der Pferdehufe zu dämpfen.

Im **Inneren** des Gebäudes ist es Gaudí gelungen, trotz des relativ geringen zur Verfügung stehenden Raumes den Eindruck von Weiträumigkeit zu erwecken. Der Salon im Kern des Gebäudes war auch für Dichterlesungen und Hauskonzerte vorgesehen – Eusebi Güell war ein großer Kunstfreund. Er reicht vom ersten Stock bis unter das Dach und ist von einer durchbrochenen Kuppel gekrönt; so ersetzt Gaudí Weite durch Höhe. Um diesen Kuppelsaal gruppieren sich die Wohnräume. Im Erdgeschoss waren die Stallungen untergebracht. Verschiedentlich täuschen Fensterattrappen – indirekt beleuchtete Glasscheiben – nicht vorhandene Ausblicke vor. Die großteils auch von Gaudí entworfene Inneneinrichtung ist aus exzellenten Materia-

◄ Führungen:
Di. – Sa.
10.00 – 14.30

lien und aufs Üppigste dekoriert. Hier zeigen sich nicht nur Geschmack und Reichtum des Bauherrn, sondern auch der uns heute manchmal skurril anmutende Einfallsreichtum Gaudís und des Modernisme insgesamt. Auch das Dach blieb nicht ohne »Kunst am Bau«, denn die Kuppel und die Kamine gerieten ihm – ähnlich wie bei der ▶Casa Milà – zu schmückenden plastischen Elementen. Daneben hat man von hier oben einen fantastischen Ausblick über Raval und den Hafen. Seit 1984 gehört der Palau Güell zum **Weltkulturerbe der UNESCO**. Wegen Zugangsbeschränkung auf max. 22 Personen pro Viertelstunde sind die Tickets schnell ausverkauft – am besten vormittags ein Ticket für später reservieren!

Palau Nacional

E 8

Lage: Mirador del Palau Nacional   **Metro:** Espanya (L 1, L 3)

Oberhalb des Messegeländes erhebt sich am Ende einer breiten Freitreppe der von eine Kuppel gekrönte Palau Nacional (Nationalpalast), in dem seit 1934 das ▶Museu Nacional d'Art de Catalunya (MNAC; Museum für katalanische Kunst) untergebracht ist.

Der Palau Nacional beherbergt das Museu Nacional d'Art Catalunya.

Der **neobarocke Palast**, ursprünglich für die Weltausstellung von 1929 erbaut, wirkt von außen architektonisch etwas überladen. Das Innere wurde in den 1990er-Jahren von der italienischen **Architektin Gae Aulenti** geschickt völlig neu gestaltet und lohnt die Besichtigung auch ohne Museumsbesuch. Sehenswert ist vor allem das von einem Säulenwald gestützte ovale Kuppeldach. Am Ende des Mittelgangs auf der Eingangsebene befindet sich jetzt ein riesiges Auditorium mit einer großen Orgel und einem gut sortierten Kiosk.

> **!** *Baedeker* TIPP
>
> **Magischer Brunnen (► Abb. S.184)**
>
> Ein schönes Schauspiel erlebt man nach Einbruch der Dunkelheit vor dem Palau Nacional, wenn die Wasserfontänen aus der Font Màgica, dem magischen Springbrunnen, in buntes Licht getaucht werden und dazu Musik ertönt (Frühling, Sommer Do. – So. 21.00 – 23.00, Herbst, Winter Fr. – Sa. 19.00 – 21.00 Uhr).

Parc de la Ciutadella

J 9

Lage: Passeig Picasso / Passeig de Pujades   **Metro:** Barceloneta, Ciutadella (L 4)

Der Parc de la Ciutadella (Zitadellenpark) ist eine weitläufige Grünanlage am nordöstlichen Rand der Altstadt. Er wurde an der Stelle der geschleiften Zitadelle angelegt, die von Philipp V. im 18. Jh. erbaut worden war, um die Stadtbevölkerung niederzuhalten und den Hafenbereich zu sichern.

Mitte des 19. Jh.s wurden die meisten militärischen Gebäude abgerissen und ein Park auf dem Gelände angelegt. 1888 fand hier die Weltausstellung statt. Der große Triumphbogen im maurischen Stil markiert seitdem den Parkeingang. Heute kann man in den Alleen spazierengehen, zwischen Blumenterrassen und Wasserspielen eine geruhsame Pause einlegen. Neben dem Zoo und zwei Museen hat im Park noch das Parlament de Catalunya, das Parlament der Autonomen Region Katalonien, seinen Sitz.

Veranstaltungsort der Weltausstellung

Im südwestlichen Bereich stehen das Hivernacle , eine großflächig verglaste Eisenkonstruktion (um 1900), wo kulturelle Veranstaltungen stattfinden, sowie das ►Museu de Geologia, das ►Museu de Zoologia und ein Palmenhaus. Hinter dem Zoologischen Museum wurde 1988, zum hundertjährigen Jubiläum der Weltausstellung, in einem Wasserbecken eine Plastik von A. Clavé aufgestellt.

Hivernacle

Im hinteren Teil des Parks erreicht man einen See. Überragt wird er von einer bombastischen Kaskade mit zahlreichen allegorischen Figuren, die von Wasser speienden Greifen flankiert werden. Die Grotte im Mittelteil ist eines von Gaudís frühen Werken. Davor steht ein Musikpavillon und eine Mammutplastik, die auf den ►Zoo hinweist.

Kaskade

Parc de l'Espanya Industrial

E 6–7

Lage: Carrer del Rector Triado   **Metro:** Sants-Estació (L 3, L 5)

Auch der Parc de l'Espanya Industrial ist in seiner postmodernen Aufmachung keineswegs unumstritten. Manche finden, er sei eine gelungene Mischung von moderner Architektur, zeitgenössischer Kunst und Freizeitspaß; andere finden ihn kalt und zu wenig lebendig.

Römisches Bad als Vorbild

Der Park wird aber dennoch gerne genutzt, denn entsprechende Alternativen für die Freizeitgestaltung gibt es in der Nähe nicht. Er entstand 1985, von dem baskischen **Architketen Luis Pena Ganchegui** als moderne Version eines römischen Bades entworfen. Ein bisschen wird man an die Kulissen für einen futuristischen Hollywoodfilm erinnert.

Der Park ist in zwei Ebenen angelegt. Auf dem oberen Plateau erheben sich zehn **»Leuchttürme«**, die als Aussichtstürme dienen. Neben einer Reihe von Wasserspeiern steht hier auch eine große Metallskulptur, der »Drache von St. George« von Andreas Nagel; besonders die Kinder lieben das Kunstwerk – als Rutschbahn. Mehrstufige, lang gestreckte Sitzbänke aus hellem Naturstein führen hinab zu einem **kleinen künstlichen See** und Kanal; hier gibt es auch einen Bootsverleih. Für die Freizeitgestaltung ist das Angebot mit Spielfeldern für Squash und Basketball sehr gut.

Die nahegelegene **Plaça Països Catalans** wurde etwas unglücklich modern gestaltet und wird wegen des großen metallenen Freidaches von den Barcelonesen gern abschätzig »Gasolinera« (Tankstelle) genannt.

✴ Parc del Laberint

L 1

Lage: nördlich des Passeig de la Vall d' Hebron   **Metro:** Mundet (L 3)

Im Nordwesten der Stadt breiten sich die modernen Wohnsiedlungen von Montbau und Vall d'Hebron aus. Einen absoluten Kontrast dazu bildet der nahe gelegene malerische Parc del Laberint, die älteste und und stimmungsvollste Parkanlage der Stadt.

Im Jahr 1791 begann Graf Antoni Desvalls auf seinem damals noch weit außerhalb des Stadtgebiets gelegenen Landsitz mit der Anlage eines klassizistisch-frühromantischen Parks, der sich um einen schon seit dem 14. Jh. bestehenden alten Wehrturm entwickelte. Für die Planung berief er gleich vier Landschaftsarchitekten, einen italieni-

Im Parc del Laberint kann man schön Verstecken spielen.

schen, einen französischen und zwei katalanische. Der Park zieht den Besucher sofort in seinen Bann. Die dichte, üppige Vegetation, der Reichtum an Wasserbecken, Kanälen und Kaskaden, Teiche mit Goldfischen schaffen eine träumerisch-romantische Atmosphäre. Immer wieder trifft man auf Statuen aus der griechischen Mythologie oder kleine Marmortempel. Es gibt einen klassizistischen Brunnenpavillon und sogar einen ausschließlich zu dekorativen Zwecken angelegten »falschen« Friedhof. Den Höhepunkt für jeden Parkbesucher bildet natürlich das **Labyrinth**, dem der Park seinen Namen verdankt. In dem Irrgarten aus Zypressen verläuft man sich gar nicht so ungern. Der Park ist ab 10.00 Uhr geöffnet; da sich nur eine begrenzte Zahl Besucher gleichzeitig darin aufhalten darf, ist evtl. mit Wartezeiten zu rechnen. Im Frühsommer (Juni – Juli) werden im Park Konzerte klassischer Musik veranstaltet.

✶✶ Parc Güell

Lage: Carrer Olot   **Metro:** Vallcarca (L 3)

»Gegen Mitternacht fuhren wir hinunter zu dem Volksfest im Park Güell. (...) Ich stellte mir unwillkürlich etwas Absonderliches vor. Glücklicherweise, denn ich glaube, ganz ohne Vorbereitung kann einen zu nachtschlafender Zeit hier der Schlag treffen.« Das schreibt der Schriftsteller Meier-Graefe 1910 nach einem nächtlichen Besuch im Parc Güell. Auf heutige Besucher dürfte der Park nicht ganz so verwirrend wirken, aber einen unauslöschlichen Eindruck hinterlässt er bei jedem.

Endlosbank mit Majolika-Mosaik im Parc Güell

Öffnungszeiten:
Mai – Sept.
tgl. 10.00 – 21.00
April, Okt. bis 19.00
sonst bis 18.00

Im Stadtteil Vallcarca, der zwischen Eixample und dem Tibidabo liegt, breitet der Park sich an einer Flanke des Bergs Carmel aus. Antoni Gaudí hat ihn zwischen 1900 und 1914 auf völlig unwirtlichem Gelände angelegt. Ursprünglich war eine kleine Gartenstadt mit 60 Häusern, einem Markt und einem Forum geplant, die aber von den wohlhabenden Bürgern abgelehnt und daher nie realisiert wurden. Nur ganz wenige Gebäude entstanden, darunter das Haus, in das der Architekt selbst einzog und in dem heute das Museu Gaudí untergebracht ist. Der Park blieb erhalten. Während der Francozeit wurde er zwar vernachlässigt und verfiel, aber in den 1980er-Jahren erinnerte Barcelona sich dieses kulturellen Schatzes und gab ihm den alten Glanz zurück. Seit 1984 gehört der Park zum **Weltkulturerbe der UNESCO**.

Man erspart sich den etwas beschwerlichen Anstieg zu Fuß, wenn man von der Avinguda de l' Hospital zwischen den Metro-Stationen Lesseps und Vallcarca die Rolltreppe benutzt.

An der südöstlichen Parkmauer (Carrer Olot) sieht man bunte Majolikamedaillons, die in immer wiederkehrender Folge den Namen des Parks tragen. Dieser hat mehrere Eingänge, ursprünglich waren sieben wie in der antiken Stadt Theben geplant. Den Haupteingang an der Carrer d' Olot flankieren zwei märchenhafte Häuschen in fließenden Formen: das eine erinnert an einen Elefanten, der seinen Rüssel erhebt, das andere an einen Pilz. Das Parkgelände ist in unterschiedliche Zonen aufgeteilt, einen baulich gestalteten Teil im Südosten und einen Naturpark im Nordwesten. Gleich hinter dem Haupteingang führt eine doppelläufige Freitreppe zur Sala Hipóstila, einer **Säulenhalle**, deren Dach der Forumsplatz bildet. Die Treppe ziert ein bunter Python als Wasserspiel, der als »Wächter unterirdischer Gewässer« aus der griechischen Sage beziehungsreich eine riesige Zisterne für Regenwasser schützt.

Die gewaltige Säulenhalle war ursprünglich als Markt der Gartenstadt vorgesehen; aber auch leer wirkt sie überwältigend. 86 dorische Säulen tragen das mächtige Dach, die äußeren Säulenreihen stark nach innen geneigt, um den Schub der Deckengewölbe aufzufangen. Die Halle ist mit einer Fülle symbolischer Zeichen ausgeschmückt – Sonnen, die die Jahreszeiten und Kreise, die die Mondphasen darstellen, christliche Zeichen, Sanskritschrift, ägyptische Symbole; Figuren aus der griechischen Mythologie finden sich neben solchen aus dem Alten Testament. Das Dach der Säulenhalle bildet der **Forumsplatz**. Am oberen Ende der Treppe hat eine Bank ihren Platz, der so gewählt

? WUSSTEN SIE SCHON …?

■ Die farbigen Mosaike zwischen den Kapitellen der archaisch wirkenden Säulen im Parc Güell sind aus Abfall zusammengesetzt, aus Fliesenstücken, Flaschenscherben, Steinresten, selbst Teile von Aschenbechern und Porzellanpuppen wurden verwendet.

ist, dass sie im Sommer im Schatten, im Winter in der Sonne steht. Von hier aus kann man sich das lebhafte Treiben auf dem Platz ansehen, der eigentlich als Versammlungs- und Theaterplatz geplant war und nun als Treffpunkt für Besucher aus aller Welt seine Bestimmung gefunden hat. Die Umfassungsmauer des Platzes ist als **wellenförmige lange Sitzbank** gestaltet. Durch die geschwungene Linienführung ergeben sich einzelne, fast geschlossene Kommunikationsbereiche. Man kann den originellen Schmuck aus Keramikfragmenten in allen Farben bewundern, welcher die Bank lückenlos bedeckt. Dass Gaudí auch praktisch dachte, zeigt die ergonomische Gestaltung der Sitze. Es heißt, dafür habe sich ein Arbeiter nackt auf noch weichen Gips setzen müssen, um so einen Urabdruck zu schaffen.

Von der Terrasse genießt man einen weiten Blick über die Stadt und auf das Meer. Man sollte aber auch die übrigen Teile des Parks mit Kolonnaden, Viadukten und Grotten und üppig wuchernder Vegetation in Ruhe besuchen. Oft kann man zwischen den Bäumen, Büschen, Kakteen und Rankenpflanzen gar nicht mehr erkennen, was ursprüngliches und was künstlich angelegtes Gelände ist – eine ideale Verbindung von Natur und Gestaltung durch menschliche Hand.

Museu Gaudi

Das von Francesc Berenguer 1904 errichtete Haus, das Antoni Gaudí von 1906 bis 1926 bewohnte, steht mitten im Park. Es wurde zu einem Museum gestaltet, in dem Originalzeichnungen, Gegenstände aus dem Nachlass sowie zahlreiche Jugendstilmöbel – viele davon aus der Casa Milà und der Casa Batllò – und ähnliches zu sehen sind (Öffnungszeiten: tgl. 10.00 – 20.00, im Winter bis 18.00 Uhr). ⏲

Parc Joan Miró (Parc de l'Escorxador)

Lage: Carrer de Tarragona

Metro: Plaça d'Espanya (L 1, L 3), Tarragona (L 3)

Auf dem Gelände des einstigen Schlachthofes (Escorxador) wurde der Parc Joan Miró (auch Parc de l'Escorxador) angelegt.

Park auf zwei Ebenen
Der Park gliedert sich in zwei Ebenen. Der größere, tiefer gelegene Teil grenzt an die Stierkampfarena (▶Plaça de Toros, Les Arenes) an; er ist dicht mit Palmenreihen bestanden und umfasst viele Boccia-Bahnen sowie Fußballfelder. Der höher gelegene Teil des Parks besitzt ein flaches, rechteckiges Wasserbassin. Darin steht die mit bunten Keramikfragmenten verkleidete 22 m hohe **Plastik Dona i Ocell** (Frau mit Vogel; 1983), ein eindrucksvolles Werk von **Joan Miró**.

Passeig de Gràcia: eine gute Adresse zum Shopping

✳ Passeig de Gràcia

H 6–8

Lage: Verlauf von der Plaça de Catalunya zur Plaça Joan Carles I

Metro: Passeig de Gràcia (L 3, L 4), Diagonal (L 3)

Der Passeig de Gràcia ist der wohl eleganteste und eindrucksvollste Prachtboulevard im Eixample.

Er verbindet die am Rand der Altstadt gelegene Plaça de Catalunya mit dem nordwestlich an das Eixample angrenzenden einstigen Vorort und heutigen Stadtteil Gràcia, wo er sich im erheblich schmäleren Carrer Gran de Gràcia fortsetzt. An der breiten, von Baumreihen flankierten Straße konzentrieren sich Bankgebäude, exklusive Mode- und Juweliergeschäfte, Luxushotels und edle Restaurants. In letzter Zeit findet man allerdings zunehmend die bei Touristen beliebten Schnellrestaurants, die auch Tapas anbieten. Vor allem aber verdienen die vielen stattlichen **Häuser des Modernisme** Beachtung, die dem Passeig de Gràcia das typische Gepräge geben. Das charakteristische grünlich-graue Reliefpflaster der Gehsteige ist nach einem Entwurf von **Antoni Gaudí** (► Berühmte Persönlichkeiten) gefertigt. An den vielen kunstvollen Kandelabern aus Schmiedeeisen kehrt das Wappen der katalanischen Hauptstadt immer wieder.

Eleganter Einkaufsboulevard

Der Passeig de Gràcia bildet auch die Hauptachse des im Eixample gelegenen Quadrat d'Or (► Eixample), das wegen seiner Fülle an modernistischen Bauten berühmt geworden ist.

Quadrat d'Or

✳ Pavelló Mies van der Rohe

E 8

Lage: Avinguda del Marquès de Comillas

Metro: Plaça d'Espanya (L 1, L 3)

Kurz bevor die vom Poble Espanyol kommende Straße das Messegelände erreicht, führt sie am Pavellò Mies van der Rohe vorbei.

Der im Jahr 1886 geborene **Architekt Ludwig Mies van der Rohe**, letzter Direktor des berühmten Bauhauses in Dessau, hatte den deutschen Pavillon für die Weltausstellung in Barcelona (1929) entworfen. Zur hundertsten Wiederkehr seines Geburtstages 1986 wurde diese getreue Nachbildung des Originals eingeweiht. Der Pavellò Mies van der Rohe beeindruckt durch seine strenge und klare Linienführung und durch den ästhetischen Effekt der verwendeten Materialien (Glas, Stahl, polierter Naturstein). Im Lichthof steht die Bronzekopie einer Statue von Georg Kolbe. Die Polstersessel im Innern des Pavillons wurden als Modell »Barcelona« für die Weltausstellung entworfen und bestechen noch heute durch ihre zeitlose Ele-

🕐
Öffnungszeiten:
tgl. 10.00 – 20.00

Den nach ihm benannten Pavillon entwarf Mies van der Rohe anlässlich der Weltausstellung 1929.

ganz. Angegliedert ist ein Dokumentationszentrum, welches eng mit dem Mies-van-der-Rohe-Archiv des Museum of Modern Art in New York (USA) zusammenarbeitet.

Pedralbes (Stadtteil)

D–E 3

Lage: westlich vom Zentrum **Metro:** Maria Cristina, Palau Reial, Zona Universitària (L 3)

Der im Westen gelegene Stadtteil Pedralbes ist eine der meistgeschätzten Wohngegenden von Barcelona.

Bevorzugte Wohnviertel Hier sind die neueren Gebäude der ►Universität in der Zona Universitària zusammengefasst. Im ► Palau Reial de Pedralbes residierte selbst der spanische König von Zeit zu Zeit. Die Hauptsehenswürdigkeit des Stadtteils, der ursprünglich ein Dorf war und erst spät nach Barcelona eingemeindet wurde, ist das Kloster am nördlichen Ende der Avinguda de Pedralbes.

Monestir de Pedralbes

Eisenbahn (FGC) Reina Elisenda Das Monestir Santa Maria de Pedralbes ist ein im Jahr 1326 von der Königin Elisenda de Montcada gegründetes **Klarissinnenkloster**. Davor erstreckt sich die kleine Parkanlage der Jardines Reina Elisenda mit Zypressen und einheimischen Sträuchern. Das Ensemble von Kirche und Konventsgebäuden besticht durch große stilistische Einheitlichkeit.

Vom Vorplatz betritt man durch eine Pforte der linken Langhauswand das Innere der einschiffigen gotischen Klosterkirche. Der von

Kapellen gesäumte weite Innenraum ist durch eine Mauer und ein Gitter zweigeteilt; für die Allgemeinheit zugänglich ist nur die eine Seite, während die andere der klösterlichen Gemeinschaft vorbehalten bleibt. Beachtung verdienen die farbigen Fenster (15. Jh.) und das Alabastergrabmal der Königin Elisenda († 1364), der Gemahlin Jakobs II. Im Innenhof des Klosters umfängt einen unter Palmen und Zypressen klösterliche Stille. Man hört nur das Plätschern des hübschen Renaissancebrunnens, den ein Karree majolikageschmückter Bänke einrahmt. Der dreigeschossige **Kreuzgang** kann lediglich auf der unteren Ebene besichtigt werden. Bei einem Rundgang – am besten entgegen dem Uhrzeigersinn – erhält man einen gewissen Einblick in die klösterliche Lebenswelt. An der rechten Seite liegt die kleine Capella de Sant Miquel (1346) mit Gemälden von Ferran Bassa. Es folgen mehrere so genannte Tageszellen und der Zugang zu Refektorium, Küche und Krankensaal.

Das Refektorium ist ein ziemlich nüchterner gotischer Raum mit lateinischen Bibelzitaten und Ermahnungen an den Wänden. Die Krankenabteilung besteht aus einer Flucht kleinerer Räume mit je 6 – 8 Betten. Interessant ist auch die Küche mit ihrem Bilderkachelschmuck. Vom Kreuzgang führt eine Treppe hinab zu den Wirtschafts- und Lagerräumen. In der Sala Joan Mari i Oliva ist eine Sequenz von 21 kleinen, sorgfältig gearbeiteten Dioramen mit Szenen aus dem Leben Jesu zu sehen. In Nebenräumen des Kreuzgangs sind noch liturgisches Gerät und illuminierte Handschriften sowie ein hölzernes Modell der Klosteranlage ausgestellt.

⏱
Öffnungszeiten:
Apr. – Sept.
Di. – Sa.
10.00 – 17.00
So. bis 20.00
Fei. bis 15.00
Okt. – März
Di. – Sa.
10.00 – 14.00
So. bis 20.00
Fei. bis 15.00

Plaça de Catalunya

H 8

Lage: Stadtzentrum   **Metro:** Catalunya (L 1, L 3)

Den nordwestlichen Abschluss der innerstädtischen Rambles und zugleich des alten Stadtkerns bildet die Plaça de Catalunya, Zentrum der Stadt und wichtiger Verkehrsknotenpunkt.

Der Platz wurde seit seiner Entstehung Mitte des 19. Jh. mehrfach umgestaltet und deshalb bietet er auch mit den Grünanlagen, einem Wasserbecken und etlichen Skulpturen und Denkmälern kein einprägsames Gesamtbild. Großbanken, Bürogebäude und Geschäftshäuser rahmen ihn ein, darunter an der Nordwestseite das Gebäude des Banco Español de Crédito, an der Ostseite das mächtige Gebäude der Telefónica (Telefonverwaltung). Auch das traditionsreiche **Café Zü-**

Kein schönes Gesamtbild

> **!** *Baedeker* TIPP
>
> **Pause mit Ausblick**
> Im 9. Obergeschoss des Corte Inglés findet man ein großes Selbstbedienungsrestaurant mit verglaster Aussichtsterrasse. Man genießt hier einen guten Blick auf die Innenstadt.

rich ist nach dem Abriss seines alten Domizils in einem der gesichtslosen Häuserblocks untergekommen. Die Innenausstattung aber ist die alte geblieben, und so hat sich auch viel von der alten Atmosphäre des Kaffeehauses erhalten.

Auf der Freifläche in der Mitte des Platzes finden viele Veranstaltungen und politische Demonstrationen statt. Hier ist es immer ein Gewimmel von Menschen – und von Tauben, die schon mal wild mit den Flügeln schlagend Angriffe auf Passanten und Ruhesuchende fliegen. Unter dem Platzniveau liegt, von mehreren Seiten zugänglich, der wichtigste **Metro-Knotenpunkt der Stadt**. Auch die Eisenbahnlinien, die im Stadtbereich verkehren – u. a. nach ▶ Tibidabo und ▶ Pedralbes – gehen von hier aus. Das große **Touristeninformationsbüro** befindet sich ebenfalls unterirdisch.

Corte Inglés An der Nordseite des Platzes steht ein **Großkaufhaus** El Corte Inglés, das nicht zuletzt wegen seines umfangreichen Angebots an regionaltypischen Artikeln durchaus einen Besuch lohnt. Es gibt hier einen per Haustelefon erreichbaren Dolmetscherdienst, der ausländischen Kunden beim Einkauf behilflich ist.

Plaça d'Espanya

E 7

Lage: südwestlich des Stadtzentrums   **Metro:** Espanya (L 1, L 3)

Das Rondell der Plaça d'Espanya ist der wichtigste Verkehrsknotenpunkt im Westen der Stadt.

Verkehrsknotenpunkt Hier kreuzen sich die breite, das gesamte Stadtgebiet geradlinig durchschneidende Gran Via de les Corts Catalanes (meist kurz Gran Via genannt) und Avinguda de la Paral·lel. In der Platzmitte erhebt sich das aufwändige Brunnendenkmal »España Ofrecida a Dios« (Das Gott geweihte Spanien). An der Südostseite bilden zwei nach dem Campanile der Markuskirche in Venedig gestaltete Türme den Eingang zum Messegelände, während an der Nordseite die große Stierkampfarena (▶Plaças de Toros, Les Arenes) steht.

✶ Plaça Reial

G 9

Lage: Rambla   **Metro:** Drassanes, Liceu (L 3)

Die Plaça Reial (nicht zu verwechseln mit der Plaça del Rei; ▶ Museu d'Història de la Ciutat) ist mit der Rambla dels Caputxins durch eine kurze Querstraße (Carrer Colom) verbunden.

Fast zu jeder Tageszeit geht es auf der wunderschönen Plaça Reial lebhaft zu.

Die **schöne, geschlossene Platzanlage** ist von klassizistischen Häusern umrahmt, in deren Erdgeschossen sich Arkaden mit Läden und Restaurants öffnen. Der Platz wurde um die Mitte des 19. Jh.s geschaffen und nimmt die Stelle eines einstigen Kapuzinerklosters ein. Er wurde napoleonischen Stadtplätzen nachempfunden, erinnert mit seinem ganz besonderen, heiteren Flair aber eher an eine italienische Piazza. In der Platzmitte steht zwischen hohen Palmen der Brunnen der drei Grazien; die Kandelaber und die Sitzbänke wurden von Antoni Gaudí entworfen.

In den 1970er-Jahren war der Platz völlig verkommen; zwielichtige Lokale und Stundenhotels hatten sich angesiedelt, Drogenhändler, Prostituierte und Obdachlose bestimmten das Bild. Zwischen 1981 und 1983 wurde die Plaça Reial dann von Grund auf saniert. Heute sie wieder zu einem attraktiven Treffpunkt geworden. Man kann tagsüber ruhig in der Sonne sitzen, Kindern beim Spielen zusehen. Zudem kann man auf einer der Terrassen gut essen oder abends bummeln und einen Jazzklub oder eine Disko besuchen. Der Drogenhandel allerdings ist nicht verschwunden. Daran hat auch die ostentative Präsenz der Polizei, die sich jedoch auf das Verhindern von tätlichen Übergriffen beschränkt, nur wenig geändert.

Plaças de Toros (Plaças de Braus)

E 7, K 7

Lage: Gran Via de les Corts Catalanes

Metro: Espanya (L 3) bzw. Monumental (L 2)

Barcelona besitzt zwei Stierkampfarenen (Plaças de Toros oder Plaças de Braus). Die eine, Les Arenes (Gran Via 385), grenzt direkt an die Placa d'Espanya, während die andere, La Monumental, nahe dem nordöstlichen Ende der Gran Via (Nr. 747) liegt.

Les Arenes Das weite Rondell der Les Arenes (52 m Durchmesser) wurde um 1930 mit ca. 15 000 Plätzen erbaut. Im Innern entsteht derzeit ein Einkaufszentrum. Beachtung verdient der große, aus buntem Keramikmosaik zusammengesetzte Schmetterling an der Fassade der Casa de la Papallona (Architekt: Josep Graner i Prat) neben der Arena.

La Monumental Die Monumental ist die Arena, in der bisher Corridas veranstaltet wurden (▶S. 41). Zu ihr gehört auch ein kleines Stierkampfmuseum (Museu Taurí), in dem Torerokostüme, Waffen und die präparierten Köpfe berühmter Kampfstiere ausgestellt sind (Öffnungszeiten: Mo.–Sa. 10.30–14.00; 16.00–19.00; So. 10.00–13.00 Uhr).

✶✶ Poble Espanyol

D–E 8

Lage: Avinguda Marquès de Comillas

Metro: Espanya (L 1, L 3)

Das Poble Espanyol (Spanisches Dorf) auf dem Montjuïc ist, wie so manche andere Einrichtung in Barcelona, ein Überbleibsel der Weltausstellung von 1929 (▶Karte S. 230/231).

Miniatur-Spanien Im Eingangsbereich gibt es neben Buch- und Andenkenläden ein Informationsbüro. Das Freilichtmuseum soll dem Besucher eine realistische Vorstellung von den verschiedenen spanischen Landesteilen und deren charakteristischen Bauten vermitteln. Mehr als hundert Häuser und Paläste wurden in kleinerem Maßstab, aber detailgetreu nachgebaut. An der Auswahl und Erfassung der Vorlagen wirkten viele bekannte Künstler mit. Die Häuser gruppieren sich um die Plaça Major, den Hauptplatz in der Nähe des Eingangs. Von hier aus kann man durch malerische Straßen und Gässchen schlendern, wobei sich vielfach Blicke in schöne Innenhöfe öffnen. Das Poble Espa-

! Baedeker TIPP

Mach mal Pause

Im Poble Espanyol lohnt es sich, eine der stilechten Kneipen zu besuchen. Am besten sucht man sich eine mit Tischen im Freien aus, wo man das Treiben in den Gassen beobachten kann.

nyol ist bei den Touristen sehr beliebt, nicht zuletzt weil sich in vielen Häusern **Handwerksbetriebe** niedergelassen haben, die gutes Kunstgewerbe herstellen und verkaufen. Man findet Glas, Keramik, Emaille, Druckgrafik, dazu Textilien und Lederwaren in reicher Auswahl. Auch für das leibliche Wohl ist überreichlich gesorgt. Beim Bummel durch das Dorf fällt es schwer, sich für eines der Lokale zu entscheiden, die Spezialitäten aus allen Teilen Spaniens anbieten. Abends finden auf der Plaça Major öfter Musikveranstaltungen statt. Es gibt auch gute Nachtklubs und ein renommiertes Flamencolokal, das selbst Einheimische schätzen. Ein absolutes Muss aber ist ein Besuch der **Torres de Ávila**. Diese Türme im Eingangsbereich waren, wie das ganze Poble Espanyol, etwas heruntergekommen, bis sie im Zug einer allgemeinen Verschönerungsaktion Anfang der 1990er-

Im Poble Espanyol finden sich Beispiele aller Baustile Spaniens.

Jahre von den spanischen **Stardesignern Javier Mariscal und Alfredo Arribas** in eine zauberhafte Cocktailbar mit Dachterrasse verwandelt wurden. Auch wenn die Einrichtung heute schon ein wenig abgenutzt wirkt, ist dies immer noch einer der schönsten Orte in Barcelona für einen Drink an einem lauen Abend. Hier ist darüber hinaus eine Diskothek untergebracht.

Öffnungszeiten:
tgl. ab 9.00
Mo. bis 20.00
Di. – Do. bis 2.00
Fr. – Sa. bis 4.00
So. bis 24.00

Neu eingerichtet ist die Fundació Fran Daurel, eine sehr sehenswerte Sammlung zeitgenössischer, vorwiegend katalanischer Kunst (Malerei, Grafik, Plastik; Öffnungszeiten: tgl. 10.00 – 19.00 Uhr).

Fundació Fran Daurel

Port Olímpic

J–K 10

Lage: nördlich von Barceloneta   **Metro:** Ciutadella / Villa Olímpica (L 4)

Für die Olympischen Sommerspiele von 1992 wurden nördlich von Barceloneta, in einem damals recht vernachlässigten strandnahen Industriegebiet, die Vila Olímpica (Olympisches Dorf) und der Olympiahafen Port Olímpic als Jachthafen angelegt.

Poble Espanyol *Orientierung*

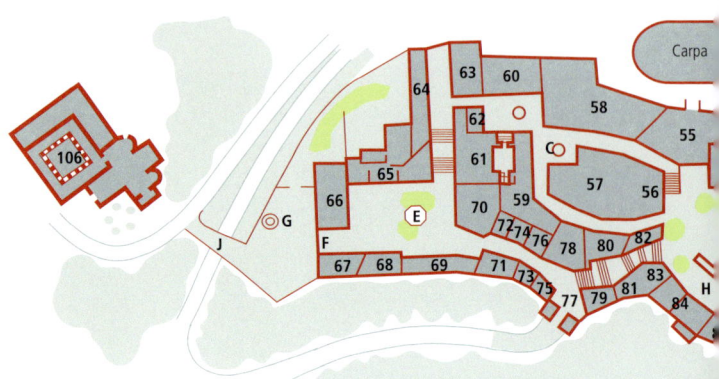

(i) Information

(👫) Diskotheken (1) (58) (64)

(🚹🚺) Toiletten (5) (30) (34) (59)

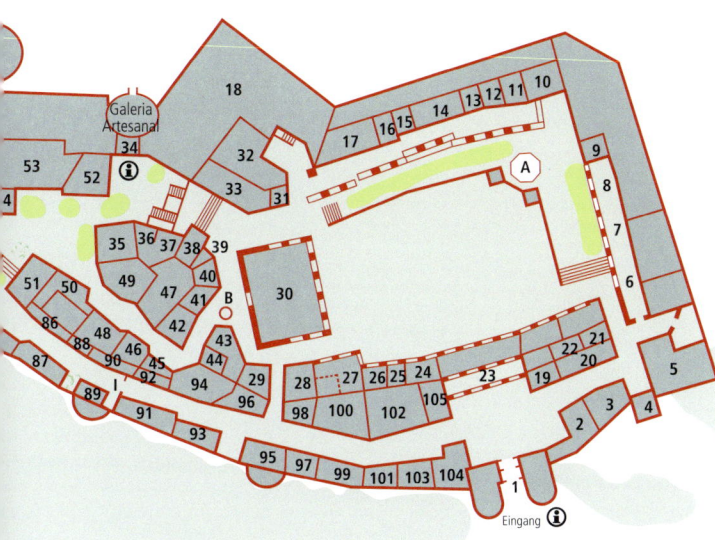

© Baedeker

A San Mateo: Musikpavillon
B Cati: Brunnen
C Tarifa: Brunnen
D Córdoba: Virgen de l,os Faroles
E Prades: Brunnen
F Prades: Puerta de Prades
G Ulldecona: Wegkreuz
H San Miguel: Brunnen
I Maya: Torbogen
J Ribas de Freser

54 Utebo (Zaragoza)
55 Ronda (Málaga)
56 Arcos de la Frontera (Cádiz)
57 Córdoba und Sevilla
58 Ecija (Sevilla)
59 Córdoba
60 Ubeda (Jaén)
61 Murcia
62 Córdoba
63 Arcos de la Frontera
   (Cádiz)
64 Mallorca
65 La Jana (Castellón)
66 Tárrega (Lérida)
67 Cornudella (Tarragona)
68 La Gárriga (Barcelona)
69 Santa Pau (Girona)
70 Besalú (Girona)
71 Rupit (Barcelona)
72 Rupit (Barcelona)
73 Isona (Lérida)
74 Montblanch (Tarragona)
75 Rupit (Barcelona)
76 Camprodón (Girona)
77 Montblanch (Tarragona)
78 Montblanch (Tarragona)
79 Besalú (Girona)

80 Rupit (Barcelona)
81 Belianes (Lérida)
82 Morella (Castellón)
83 Santa Pau (Girona)
84 Vitoria
85 Vergara (Guipúzcoa)
86 Estella (Navarra)
87 Erandio (Vizcaya)
88 Roncal (Navarra)
89 Maya (Navarra)
90 Olazagutia (Navarra)
91 Vinuesa (Soria)
92 Molinos de Duero (Soria)
93 Vinuesa (Soria)
94 Sos del Rey (Zaragoza)
95 Toro (Zamora)
96 Toro (Zamora)
97 Segovia
98 Toro (Zamora)
99 Santillana de Mar (Santander)
100 Burgo de Osma (Soria)
101 Ayllón (Segovia)
102 Ayllón (Segovia)
103 Sigüenza (Guadalajara)
104 Cáceres
105 Torija (Guadalajara)
106 Monasterio (Girona)

Auch der Port Olímpic wurde für die Olympischen Spielen angelegt.

So entstand ein neues Naherholungsgebiet, das Einheimische wie Besucher gerne nutzen. Wer nicht zu Fuß dorthin gehen möchte, kann mit einer der Golondrinas (►Baedeker Tipp S. 173) oder vom Hafen aus mit einem Trimaran bequem hierher fahren.

Der Hafenbereich wird beherrscht von den beiden Hochhäusern des **Hotels Arts Barcelona** – es ist eine der besten und exklusivsten Hoteladressen der Stadt – und des internationalen Handelsunternehmens Mapfre.

Marina Village

Zwischen den Türmen und dem Strand erstreckt sich die großzügige neue Urbanisation Marina Village; das Einkaufszentrum, wo v. a. hochwertige Bekleidung, Schuhe und Accessoires angeboten werden, gruppiert sich um eine Anzahl überraschend intimer Innenhöfe und Wasserbecken. Dominiert wird der Strand vor dem Hotelturm von einer gigantischen Skulptur: ein 50 m langer Fisch aus Bronzebändern, der sein Aussehen je nach Lichteinfall verändert, lebendig glitzert oder stumpf dazuliegen scheint. **»El peix d' or«**, »Der Goldfisch«, ist ein Werk des amerikanischen **Architekten Frank O. Gehry**, der das Guggenheimmuseum in Bilbao entworfen hat.

Das rechteckige Hafenbecken wird landwärts vom Passeig Marítim del Port Olímpic begrenzt und im Norden vom Moll de Carles I abgeschlossen. In diesem Bereich dominieren gute Fischrestaurants, die vielleicht äußerlich etwas eintönig wirken, aber von deren Terrassen sich ein schöner Blick über das Hafenbecken bietet.

Platja Nova Icària

Erhöht über dem breiten, feinsandigen Strand führt parallel zur Durchgangsstraße eine Promenade nach Barceloneta. Wenn man direkt ans oder ins Wasser möchte: An einigen wenigen Stellen kann man hinunter zum Strand gelangen, wo es Schwimm- und Surfschulen, Bootsverleih, einfache Bars und Kneipen gibt.

✳ ✳ Rambles

Lage: zwischen Barri Gòtic und Raval   **Metro:** Catalunya (L 1; auch FGC)
Drassanes, Liceu, Catalunya (L 3)

Vom Kolumbus-Denkmal am Hafen ziehen sich die Rambles (kastilisch: Ramblas), der Hauptstraßenzug der inneren Stadt, nach Nordwesten.

Quirliges Leben erfüllt den Boulevard bei Tag und bei Nacht, der bunte Menschenstrom wälzt sich wie durch ein Flussbett – ein nicht unpassender Vergleich, denn die Bedeutung des Wortes »rambla« (sandiger Taleinschnitt) hat schon immer zu der – allerdings nicht gesicherten – Annahme geführt, dass es hier einmal einen **Fluss** gegeben habe. Früher verlief an dieser Stelle ein sandiger Verkehrsweg außerhalb der Stadtmauern. Ende des 18. Jh. wurde daraus eine Straße, die nun mitten durch das damalige Stadtgebiet führte. Weil sie länger als andere Straßen war, erhielt sie ihren Namen im Plural und wurde in einzelne Abschnitte unterteilt. Im Lauf des 19. Jhs. siedelten sich an den Rambles der Adel und das wohlhabende Bürgertum mit luxuriösen Stadthäusern an, und die Straße bekam mit Sitzbänken, Bäumen und kunstvollen Eisenkonstruktionen den Charakter eines **Prachtboulevards**. Als im Rahmen der Stadterweiterung um 1900 das Bürgertum andere Wohngegenden bevorzugte, drängten zunehmend auch Matrosen und Bewohner des anrüchigen Viertels Barri Xinès (heute Raval) auf die Rambles.

Noch heute ist der Boulevard zweigeteilt: Während der obere Teil die eine charakteristische Eigenschaft der Katalanen, **»seny«**, die praktische Vernunft, verkörpert, entspricht der untere Teil dem zweiten katalanischen Charakterzug, **»rauxa«**, der Leidenschaftlichkeit.

Wer Barcelonas Atmosphäre konzentriert in sich aufnehmen möchte, muss mindestens einmal das (genau 1180 m lange) Kernstück der Rambles vom Kolumbusdenkmal aus hinauf oder hinunter zur Plaça de Catalunya aus hinunter spazieren. Auf der einen Seite (nordöstlich) breitet sich das **Barri Gòtic**, auf der anderen Seite (südwestlich) das Viertel **El Raval** aus. Auf dem mit Platanen bestandenen Mittelstreifen drängen sich die Fußgänger, auf den engen Fahrbahnen schiebt sich die Schlange der hupenden Autos im Schritttempo vorwärts. Wie auf einer riesigen Schaubühne begegnet man hier der ganzen Skala von Einheimischen und Fremden, die die Stadt beherbergt. Zielstrebig eilen Geschäftsleute mit Aktentaschen durch die Menge, ältere

Turbulente Haupt-flaniermeilen

Baedeker TIPP

Nostalgisches Café

Altbekannt ist das Café de l' Opera (Rambles 74, Öffnungszeiten: tgl. 8.30 – 2.00 Uhr), von manchen als eine der besten Bars der Welt gerühmt. Das Lokal zeigt nostalgisches Ambiente, aber es lohnt sich auch, draußen zu sitzen und die Leute vorüberziehen zu lassen.

Señores lesen auf einer der Bänke in aller Ruhe ihre Zeitung. Elegant gekleidete Hotelgäste entsteigen schweren Limousinen, Hausfrauen mit ihren Einkaufswagen übersehen geflissentlich die grell aufgemachten Prostituierten. Händler preisen ihre Waren an, Losverkäufer versprechen lauthals den ganz großen Lotteriegewinn. Touristen bummeln durch das Blumenmeer des Blumenmarkts, lauschen dem Gezwitscher der Vögel auf dem Vogelmarkt, machen Halt an einem der Buch- und Zeitschriftenstände. Dazwischen buhlen Straßenmusikanten, Maler, Glücksspieler, Pantomimen und Bettler um die Aufmerksamkeit der Vorübergehenden, während die Taschendiebe versuchen ihrem Gewerbe nachzugehen. So ungerührt wie souverän balancieren die Kellner der Terrassencafés ihre Tabletts durch das Gedränge der Menschen und Autos.

Als Tourist sollte man bei aller Schaulust – besonders in der Hauptreisezeit – eine gewisse Vorsicht walten lassen. Trickdiebe suchen sich naturgemäß mit Vorliebe Fremde als Opfer, und Hütchen- und andere Glücksspiele sind immer eine abgekartete Sache; oft sind sie auch extra inszeniert, um von den Taschendieben abzulenken.

Rambla del Mar Wenn man vom Kolumbusdenkmal aus die Rambles betrachtet, sieht man zunächst die neu geschaffene Rambla del Mar (▸ Hafen, Port Vell). Sie bildet die Verbindung vom Kolumbus-Denkmal hinüber zum Moll d'Espanya mit seinen vielseitigen Freizeit- und Unterhaltungsangeboten.

Der Blumenmarkt auf den Rambles

Beim Kolumbus-Denkmal (►Hafen) beginnt in nordwestlicher Richtung die Rambla de Santa Monica. Gleich an ihrem Anfang steht links die Marinekommandantur; ein paar Schritte weiter (Ecke Portal de Santa Madrona) das **Centre d'Art Santa Monica**, wo anspruchsvolle wechselnde Kunstausstellungen gezeigt werden, und die gleichnamige Pfarrkirche. Jenseits der Rambla findet man – etwas aus der Straßenfront zurückversetzt – das Wachsfigurenkabinett (►Museu de Cera).

Rambla de Santa Monica

Von der anschließenden Rambla dels Caputxins zweigt links der Carrer Nou de la Rambla mit dem Palau Güell ab, während sich rechts der Durchgang zur Plaça Reial öffnet. Wenige Schritte weiter auf der selben Straßenseite erkennt man den Carrer Ferran Jaume I, den kürzesten Zugang zum Barri Gòtic. Wiederum links steht das Gran Teatre del ►Liceu. Die Rambla dels Caputxins endet an der Plaça de la Boqueria; von hier gelangt man durch den Carrer del Cardenal Casanyas nördlich zur Kirche Santa Maria del Pi.

Rambla dels Caputxins

An die Plaça de la Boqueria schließt sich nordwestlich die Rambla de Sant Josep an. Sie wird aber allgemein Rambla des Flores (Blumenrambla) genannt, weil hier vormittags der farbenprächtige **Blumenmarkt** stattfindet. An ihrer linken Seite steht die sehenswerte Markthalle (►Mercat de Sant Josep), dann der Palau de la Virreina.

Rambla dels Flors (Rambla de Sant Josep)

Der Palau de la Virreina (Palast der Vizekönigin) wurde 1772 – 1777 als Wohnsitz für Manuel d'Amat i de Junyent, den ehemaligen Vizekönig von Perú, erbaut und nach der Vizekönigin benannt, die nach seinem Tode noch bis 1791 hier wohnte. Die Gebäudefassade zeigt klassizistische Stilelemente, während die Innenausstattung spätbarock ist. Heute dient das Palais als Kulturzentrum.

Palau de la Virreina

An der Kreuzung der Rambla dels Estudis mit dem Carrer del Carme erhebt sich die 1681 – 1732 erbaute Església de Betlem, die ehemaligen Jesuitenkirche, mit **Barockfassade**. Im Eingangsportal sind Ignatius von Loyola, der Ordensgründer, Francesco Borgia, der dritte General des Jesuitenordens, sowie die Geburt Christi dargestellt. Die reiche Barockausstattung des Kircheninneren wurde 1936 durch Feuer völlig vernichtet; die Neugestaltung in schmucklosen klassizistischen Formen ist künstlerisch wenig bedeutend.

Església de Betlem

Gegenüber der Seitenfassade der Església de Betlem, jenseits der Rambles, steht der Palau Moja, ein Palais, das in seinen Ursprüngen auf die Barockzeit zurückgeht.

Palau Moja

An der Einmündung des Carrer del Carme beginnt die Rambla dels Estudis, die am Vormittag Schauplatz des Vogel- und Zierfischmarktes ist. Zusammen mit der Rambla Canaletes stellt sie die Verbindung zur Plaça de Catalunya her.

Rambla dels Estudis, Rambla Canaletes

Rambla de Catalunya

Die nordwestliche Fortsetzung der Rambles bildet jenseits der Plaça de Catalunya die Rambla de Catalunya, die sich im Eixample bis zur Avinguda de la Diagonal hinzieht. Wie der nördlich parallel verlaufende ▶Passeig de Gràcia ist auch dieser Abschnitt der Rambles eine elegante Straße mit edlen Geschäften und schönen Straßencafés, doch anders als auf dem benachbarten Prachtboulevard und auf den östlich gelegenen Rambles herrscht auf dem breiten Mittelstreifen der Rambla de Catalunya kein Gedränge.

Raval

G 8 – 9

Lage: zwischen Rambles und Parallel

Westlich der Rambles erstreckt sich als weiterer Teil der Altstadt El Raval, bis vor wenigen Jahren noch allgemein als Barri Xinès (Chinesenviertel) bekannt.

Stadtteil mit zwei Gesichtern

Dieser Stadtteil mit seinem Gewirr enger Gassen war ein Zentrum von Billigprostitution, Drogenhandel und Kleinkriminalität, den man als Tourist nach Einbruch der Dunkelheit besser mied. Inzwischen hat sich manches geändert; El Raval ist ein **Viertel im Umbruch**. Ganze Straßenzüge wurden abgerissen und durch Neubauten ersetzt. Die weiträumige Sanierung hat El Raval in einen Stadtteil mit zwei Gesichtern verwandelt. Das nördliche Raval hat sich zu einem **Szeneviertel** mit exklusiven Restaurants, modernen Galerien und teilweise elegant ausgebauten Wohnungen entwickelt. Das südliche Raval ist immer noch ein Kleine-Leute-Viertel. Viele Einwanderer, v. a. vom indischen Subkontinent, aus Lateinamerika und Nordafrika, haben hier Läden eröffnet. Die Prostituierten, die in den engen Gassen nach Kundschaft Ausschau halten, erregen bei den Anwohnern so wenig Aufsehen wie die Hausfrauen mit ihren Einkaufstaschen.

Mitten in El Raval, hinter der Markthalle (▶ Mercat de Sant Josep), steht das alte **Hospital de la Santa Creu** (Heiligkreuz-Hospital), ein großer, um einen Innenhof mit Kreuzgang gruppierter Gebäudekomplex. Es wurde 1401 gegründet

! Baedeker TIPP

Allerlei im Raval

Im bunten Stadtviertel Raval gibt es viel zu entdecken. Skurrile Shops wie fantastik (Joaquim Costa 62) mit Dingen, die so seltsam aussehen, weil sie aus fremden Kulturkreisen stammen, aber eigentlich ganz alltäglich sind. Fotografien, Schallplatten und Accessoires hat Chandal (Valdonzella 29) im Angebot. Eine Kombination aus Kunstgalerie, Designshop und Designbuchhandlung ist ras (Doctor Dou 10). Ein wunderbarer Duft strömt aus dem Lokal nebenan (Doctor Dou 12). BarcelonaReykjavik ist eine ökologische Bäckerei, wo man in die offene Backstube schauen kann. Kulinarisch ist man auch im Almacén de Jamones (Torres Amat 1) auf der sicheren Seite. Hier gibt es Käse, Wurst und Schinken in großer Auswahl

und erst in mehr als zwei Jahrhunderten fertig gestellt, woraus sich auch die unterschiedlichen Baustile der einzelnen Gebäudeteile erklären. Vom Carrer del Hospital betritt man das Gebäude durch einen im 16. Jh. erbauten Flügel, an dessen rechter Seite sich der Kapellenbau erhebt. In der Mitte des Kreuzganges ist ein barockes Kreuz mit gedrehtem Schaft, dahinter ein großer Gewölbebogen mit schöner Treppe zu sehen. Ende des 19. Jh.s zeigte es sich, dass die Räume des alten Hospitals nicht mehr ausreichen. So erhielt der Architekt Lluís Domènech i Montaner den Auftrag, im ► Eixample ein neues, zeitgemäßes Gebäude zu errichten, das ► Hospital de la Santa Creu i de Sant Pau.

Die im Jahr 1914 gegründete **Biblioteca de Catalunya** ist in einem Teil des einstigen Hospital de la Santa Creu untergebracht. Sie umfasst heute rund eine Million Bände sowie eine Spezialabteilung über das Werk von Miguel Cervantes de Saavedra, dem Verfasser des »Don Quixote«. Der Lesesaal ist allerdings nur mit einem Benutzerausweis zugänglich.

Urtümliche Gasse im Raval

Vom Carrer del Carme kommend, geht man rechts in einen Tordurchgang. Hier verdienen die großen farbigen Kachelbilder (1681) Beachtung, welche Szenen aus dem Leben des hl. Paulus zeigen. Auch der Innenhof – mit doppelstöckigen Arkaden und einem Standbild des hl. Paulus (17. Jh.) – und das Treppenhaus sind mit bunten Kacheln geschmückt.

Sant Pau del Camp

Die Kirche Sant Pau del Camp (»Paulus auf dem Felde«) am Carrer de Sant Pau wurde außerhalb des damaligen Stadtgebiets (also auf dem Feld) errichtet. Heute steht sie an der Grenze zwischen der Altstadt und der im 19. Jh. entstandenen neuen Bebauung am Fuß des ► Montjuïc. Sant Pau del Camp ist **ein romanischer Bau** aus dem Jahr 1117 auf kreuzförmigem Grundriss. Beachtenswert ist das schöne Hauptportal mit Marmorkapitellen aus westgotischer Zeit. An den schlichten Innenraum mit Kreuzkuppel schließt sich rechts der gotische Kapitelsaal an, von dem man in den Kreuzgang hinaustritt.

★★ Sagrada Família

J 6–7

Lage: Plaça Gaudí **Metro:** Sagrada Família (L 2, L 5)

Die Kirche Sagrada Família (offiziell Temple Expiatori de la Sagrada Família = Sühnetempel der Heiligen Familie) ist die wohl bekannteste Sehenswürdigkeit von Barcelona und zugleich eine der eigenwilligsten Kirchen Europas. Dabei ist sie nach mehr als hundert Jahren Bauzeit immer noch nicht vollendet. (▶3 D-Zeichnung S. 241)

⏱
Öffnungszeiten:
Apr. – Sept.
tgl. 9.00 – 20.00
Okt. – März
9.00 – 18.00

Als **Antoni Gaudí** im Jahr 1883 die Leitung des Kirchenbaues übernahm, lagen bereits die Pläne und erste Arbeiten an der Krypta einer rein neugotischen Kirche vor. Gaudí veränderte den Gesamtentwurf von Grund auf, wobei aber – wie bei anderen seiner Bauten – kein verbindliches Gesamtkonzept entstand; vielmehr wurden die Pläne ständig weiter verändert und neu entwickelt, während die Bauarbeiten bereits im Gange waren. So hatte der Künstler z. B. die Türme neben den Fassaden ursprünglich rechteckig geplant, entschied sich, während sie bereits teilweise gebaut waren, anders und gab ihnen eine runde Form. Diese Vorgehensweise bedeutete natürlich, dass der Bau nur überaus langsam fortschritt (Gaudí hatte ursprünglich nur mit etwa zehn bis fünfzehn Jahren gerechnet); auch setzten die finanzi-

!

Baedeker TIPP

Früh kommen

Um das Museum der Sagrada Família zu besuchen, die Türme zu besteigen bzw. hinaufzufahren, sollte man früh kommen, denn tagsüber bilden sich hier, vor allem in den Sommermonaten, lange Warteschlangen.

iellen Mittel, die ausschließlich aus Spenden zusammenkommen sollten, enge Grenzen. So ist die **»Kirche der Armen«**, das **Hauptwerk des bedeutendsten katalanischen Architekten der Neuzeit**, noch heute ein Torso, und es ist ungewiss, ob und wann die Kirche vollendet werden wird. Manche Kritiker plädieren inzwischen für einen Baustopp; denn was in der Zeit seit Gaudís Tod hinzugekommen ist, erreicht nicht annähernd das künstlerische Niveau der Arbeit des genialen Architekten.

Die Kirche ist mit einer Gesamtlänge von 110 m und einer Höhe von 45 m geplant, wobei die Hauptkuppel (inklusive Kreuz) 170 m und die Türme bis 115 m Höhe erreichen sollen. Gegenwärtig gibt es acht mit Keramikmosaiken verkleidete Türme. Die beendeten Türme entsprechen der Weihnachtsfassade (Matthias, Judas, Simon, Barnabas) und der Passionsfassade (Jakob, Bartholomäus, Thomas, Philipp); es fehlt noch die der Glorienfassade (Andreas, Petrus, Paulus, Jakob). Seit 1986 wird wieder verstärkt an der Fertigstellung des Hauptschiffs gearbeitet, wobei die Lehrstühle für Architektur der Polytechnischen Universität Katalonien und der Universität Deakin in Melbourne (Australien) eng zusammenarbeiten. Künstlerisch ist der

Temple de la Sagrada Família eine höchst unkonventionelle Mischung von Stilzitaten und Neuschöpfungen. Der Grundriss, die Raumaufteilung und die große Linienführung sind in hohem Maße der Gotik (und auch der um die Mitte des 19. Jh.s weit verbreiteten Neogotik) verpflichtet, verbinden diese Elemente aber mit pflanzenhafter, fließender Ornamentik, wie sie der Jugendstil hervorgebracht hat.

Kirche

Die Sagrada Família löst durchaus nicht nur Bewunderung aus. Während Salvador Dalí die Kirche in den höchsten Tönen pries, fand George Orwell sie einfach abstoßend: ein Grund mehr für jeden Besucher Barcelonas, dieses spektakuläre Bauwerk selbst in Augenschein zu nehmen und sich ein eigenes Urteil zu bilden.

Gaudí arbeitete in hohem Maß mit Symbolen. Die Kirche als Ganzes sah er als eine »Predigt aus Stein« an. Die mächtige Torre del Salvador und der Altar waren als Sinnbild Christi gedacht. Die geplanten zwölf Türme sollten die Apostel verkörpern, die drei Fassaden das Leben Christi darstellen. Gaudí selbst konnte nur die Ostfassade mit der Geburt Christi zu Ende führen. Die **Passionsfassade (Westfassade)** mit der Leidensgeschichte und dem Tod Christi wurde 2002 fertiggestellt. Die nüchtern eckig gestalteten Figuren schuf der katalanische **Bildhauer José Maria Subirach**. Manche Kritiker lehnen sie als kitschig und nicht zu den sonstigen weichen Schmuckformen passend ab; andere sehen darin eine legitime moderne Fortführung der Arbeit Gaudís, für den der Bau einer Kathedrale eigentlich die Aufgabe mehrerer Generationen war. Beachten sollte man das in Basrelief-Technik ausgeführte Christusporträt im Schweißtuch; es scheint sich stets dem Betrachter zuzuwenden. Die **Weihnachtsfassade (Ostfassade)** kann man am besten von dem kleinen Park an der Plaça Gaudí – jenseits der Carrer Marina – aus sehen. Die drei Torbögen sollen Glaube, Liebe und Barmher-

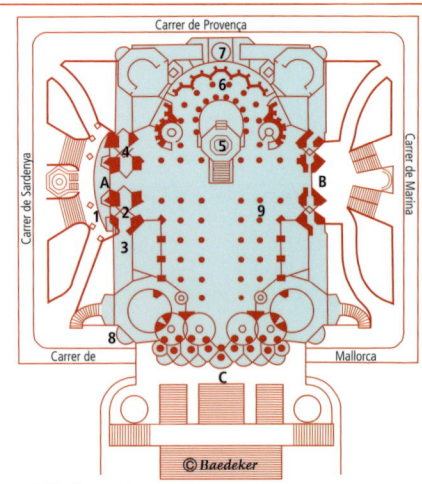

Temple de la Sagrada Família

A Passionsportal
B Weihnachtsportal
C Portal der Herrlichkeit

1 Eingang
2 Vorraum
3 Kirchenmodell

4 Verkaufskiosk
5 Altar (darunter Krypta)
6 Apsis
7 Marienkapelle
8 Gaudí-Museum
9 Modellwerkstatt

SAGRADA FAMILIA

✴ ✴ Der Architekt Antoni Gaudí soll mit einer Bauzeit der Sagrada Família von rund 200 Jahren gerechnet haben. Das rechts abgebildete Modell zeigt einen Ausschnitt des im Bau befindlichen Längsschiffes, das inzwischen überdacht ist.

🕐 Öffnungszeiten:
Apr. – Sept. tgl. 9.00 – 20.00
Okt. – März 9.00 – 18.00 Uhr

*Spitze eines
Glockenturms*

① Kuppel und Türme
Es wird noch viel Zeit verstreichen, bis die Zentralkuppel und die dazu gehörenden Türme vollendet sind. Das zentrale Kuppelgewölbe soll Christus symbolisieren, zwei Türme stehen für Maria und vier weitere Türme die Evangelisten.

② Wald aus Stein
Die Lasten tragenden Stützen der Sagrada Família befinden sich im Inneren und erinnern an Bäume, die sich in mehrere Äste gabeln.

③ Stein gewordene Manifestation
Nach Gaudís Wunsch soll der Innenraum der Sagrada Família nachts stets erleuchtet sein, so dass das Licht durch das durchbrochene Mauerwerk nach außen strahlt – als Stein gewordene Manifestation der Worte Christi.

④ Sängeremporen
Die einander gegenüber liegenden Emporen sollen den Chören vorbehalten sein.

⑤ Kettenmodell von Gaudí
Eine durchhängende Schnur oder Kette repräsentiert den optimalen Kräfteverlauf eines Bogens oder einer Kuppel, nur eben auf dem Kopf. Wenn man das Modell dann umdreht, bekommt man die Gewölbe, Bögen und Baumstruktur der Sagrada Família.

Die Westfassade mit der Leidensgeschichte Christi – eine Vorhalle mit sechs großen, geneigten Säulen, die im Gegensatz zur üppig verzierten Weihnachtsfassade als Zeichen des Todes »wie aus Knochen gemacht« ist.

Gaudí äußerte wiederholt, dass er wohl die Gunst und damit auch die finanzielle Unterstützung der Barceloneser verloren hätte, wenn er mit der hier abgebildeten Fassade der Leidensgeschichte Christi, also mit der Darstellung des Todes, begonnen hätte.

Figurengruppen an der Weihnachtsfassade (Ostfassade)

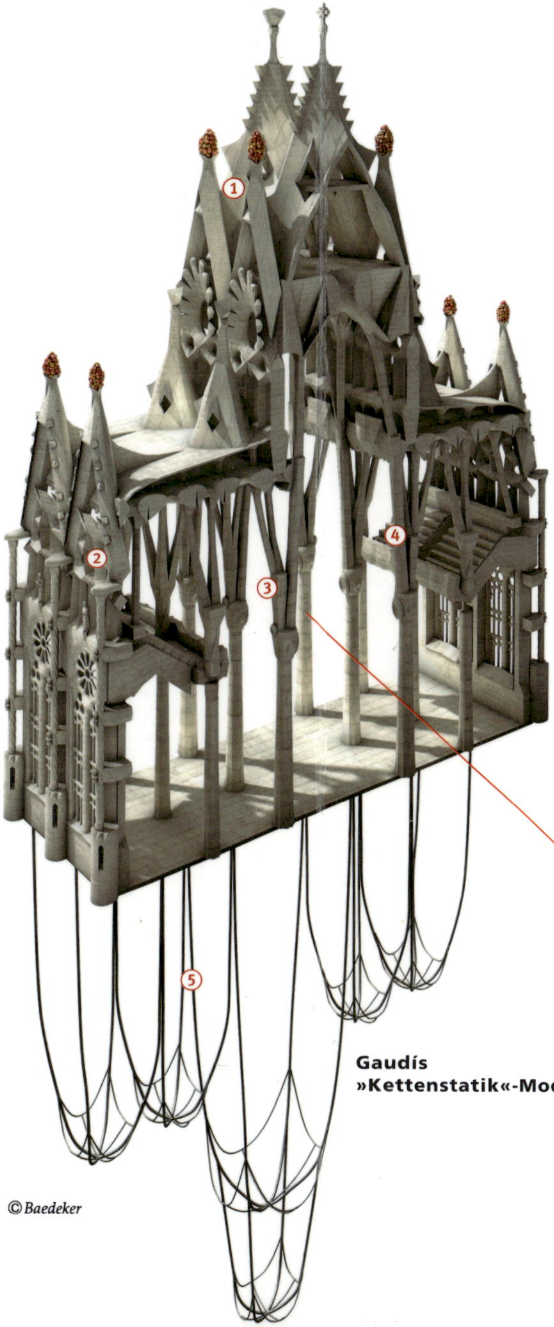

Kannelierte Pfeiler im Kircheninnern. Durch bullaugenähnliche Öffnungen soll Tageslicht einfallen.

Gaudís »Kettenstatik«-Modell

Ein Auszug aus dem Evangelium schmückt die Bronzetür am Westportal.

© Baedeker

zigkeit symbolisieren. Sie wirken wie Bauteile der klassischen Gotik, die sich weich verformt haben. Bei genauer Betrachtung wird man zahlreiche Einzelheiten an der Fassade entdecken – flügellose Engel mit langen Trompeten (angeblich Gardisten nachgebildet), einen Lebensbaum aus grünen Keramikkacheln, auf dem Tauben sitzen; insgesamt sollen in dem Mosaik weit über dreißig verschiedene Vogel- und fast ebenso viele Pflanzenarten dargestellt sein.

Der weite Innenraum ist noch immer eine Großbaustelle. Die Arbeiten am Langhaus sind fast abgeschlossen, nun geht es an den 170 m hohen Hauptturm, der sich über der Vierung erhoben soll. Im Schnittpunkt von Querhaus und Apsis steht der durch einen Baldachin geschützte Altar.

Aussicht Von den Türmen der Weihnachts- und der Passionsfassade genießt man eine schöne Aussicht. In beiden fährt man mit Aufzügen hinauf. Man sollte schon schwindelfrei sein, um die schmalen Brücken und die Wendeltreppe mit der es in der Weihnachtsfassade dann wieder nach unten geht, angstfrei genießen zu können. Auf jeden Fall bieten sich auf dem Weg nach oben unvergleichliche Ausblicke auf Details des Baus, insbesondere der an Bischofsmützen erinnernden Turmhelme, und am Ende des Weges wird man mit einer fantastischen Aussicht über die Stadt belohnt.

Museum Das Museum befindet sich unter dem Langhaus. Interessant sind die Skizzen und die Fotodokumentation über vorhandene Gaudí-Bauten und deren historische Vorbilder. In Sonderabteilungen sieht man die Gips-Vorstudien für den plastischen Schmuck sowie ein großes, z. T. restauriertes Modell der Kirche, das 1910 in Paris vorgestellt wurde. An den Studien zur Fenster- und Fassadengestaltung wird das Prinzip der »schrägen Stütze« deutlich, durch das Gaudí den gotischen Strebepfeiler ersetzt wissen wollte. Interessant ist auch ein **Konstruktionsmodell für die Statik**: Gaudí hängte an einem kopfstehenden Schnurgerüst Gewichte auf, die der vorgesehenen Belastung entsprachen, und machte so die statische Grundstruktur deutlich.

In der **Krypta** unter dem Altar wurde Gaudí 1926 bestattet. Am Kopf der Krypta sieht man eine große fotografische Reproduktion der Passionsfassade, rechts daneben (in katalanischer Sprache) die Ikonographie der Einzelmotive und in einem der rechten Nebenräume ein Schnittmodell durch Haupt- und Seitenschiffe. Es wird auch eine Audiovisionsschau angeboten. In der Krypta werden bereits Gottesdienste gefeiert.

Das kleine **Nebengebäude** mit dem wellenförmigen Dach ist ein architektonisches Kleinod. Gaudí hatte es sich zur Aufgabe gemacht, ein Schulgebäude zu bauen, das mit möglichst wenig Materialmenge errichtet werden konnte. Im Innern sind ein teilweise historisch ausgestattetes Klassenzimmer und ein Schreibtisch, wie ihn der Architekt benutzt hatte, zu sehen.

Santa Anna

H 8

Lage: Carrer Rivadeneyra **Metro:** Catalunya (L 1, L 3)

Unweit östlich der Plaça de Catalunya steht an einer engen Gasse das Kloster Santa Anna, das im 12. Jh. durch den Orden vom Heiligen Grab gegründet worden war und 1835 aufgelöst wurde.

Im 15. Jh. entstanden der Kreuzgang und der Kapitelsaal (beide noch erhalten), andere Teile aus jener Zeit wurden im 19. Jh. abgerissen. Die ursprünglich romanische Kirche enthält keine herausragenden Kunstschätze. Sie wurde auf kreuzförmigem Grundriss mit rechteckigem Chor erbaut. Der im 14. Jh. teilweise veränderte Innenraum mit seinen Rundbögen ist durch kleine romanische Fenster schwach erleuchtet. Das Tabernakel ist eine Kopie des verloren gegangenen Originals (15./16. Jh.). In der **Allerheiligenkapelle** (14. Jh.) links vom Eingang sind neuzeitliche Gemälde und eine Grablegungsgruppe aus dem 15. Jahrhundert zu sehen. Von der Kirche betritt man den sehr reizvollen gotischen Kreuzgang und von diesem aus den Kapitelsaal.

Ursprünglich romanische Kirche

★ Santa Maria del Mar

H 9

Lage: Plaça Montcada **Metro:** Jaume I (L 4)

Am Carrer Montcada, unweit südlich vom Museu Picasso, steht die Kirche Santa Maria del Mar (1329–1383), ein dreischiffiger Bau ohne Querhaus, der reinste katalanische Gotik verkörpert.

Die Kirche ist neben der Kathedrale das **bedeutendste Gotteshaus der Stadt** und für viele **das schönste.** Errichtet wurde sie über einer spätrömischen Nekropole, wo – so berichtet die Legende – die heilige Eulàlia bestattet worden sein soll. Über dem geschmückten Hauptportal öffnet sich eine große Fensterrose. Das kunstvoll schlichte Innere mit den schlanken Säulen ist fast leer – Einrichtung und Chorgestühl wurden im Bürgerkrieg zerstört –, was die intensive Wirkung des stillen, weiten Raumes noch verstärkt. Die kunstvoll gearbeiteten farbigen Glasfenster

Für viele Barcelonesen ist Santa Maria del Mar die schönste Kirche der Stadt.

stammen großenteils aus dem 15. bis 17. Jh. Sehenswert sind die Ge-
wölbeschlusssteine (über dem Hauptaltar die Krönung Mariae). Auf
dem Hauptaltar befindet sich eine gotische Madonnenstatue, davor
das Modell eines alten Handelsschiffes. In der Kapelle neben dem
linken Seitenportal steht eine Schwarze Madonna. Der Zugang zur
Krypta liegt unter dem erhöhten Altarraum.

Ehrenmal Der kleine Platz rechts von der Kirche wird von einem Ehrenmal
eingenommen, welches amphitheaterartig eingesenkt ist. Wie die Inschrift an der langen Mauer aus poliertem Naturstein besagt, ist es
den im Jahr 1714 gegen die Truppen Philipps V. gefallenen Katalo-
niern gewidmet.

Santa Maria del Pi

G 9

Lage: Plaça del Pi   **Metro:** Liceu (L 3)

**In der Altstadt steht an der kleinen Plaça del Pi die gotische Kirche
Santa Maria del Pi (Maria zur Pinie), die Kirche der Armen.**

Kirche der Armen Die im Ganzen ziemlich nüchterne Hauptfassade des Gotteshauses
wird von einem Spitzbogenportal mit einer gotischen Madonnensta-
tue und einer großen Fensterrose gegliedert. Der Hauptturm und die
Fassadentürme tragen keine Haube. Das einschiffige, schmuckarme
Innere wird von Kapellen flankiert. In den Obergaden sind farbige
Glasgemälde aus dem 15. bis 18. Jh. eingelassen (diejenigen der Fensterrose sind Kopien). Neben der Tür zur Sakristei sieht man das gotische Grabmal des Arnau Ferrer, der 1394 bei der Belagerung von Ca-
tania (Sizilien) fiel. Zum **Kirchenschatz** gehören Gold- und Silber-
schmiedearbeiten und andere kirchliche Kunst.

Plaça de Sant An die linke Langhauswand grenzt die schattige Plaça de Sant Josep
Josep Oriol Oriol. Einige hübsche Ladeneingänge ziehen hier den Blick auf sich.
In der Platzmitte steht unter Bäumen das **Denkmal für den Dichter
und Dramaturgen Angel Guimerà i Jorge** (1845 – 1924).

Teatre Nacional de Catalunya

K 8

Lage: Plaça de les Arts   **Metro:** Glòries (L 1)

**Das neue Teatre Nacional de Catalunya (Katalanisches National-
theater) und das gleichzeitig entstandene Auditorium liegen südlich der Plaça de les Glòries Catalanes.**

Das Theater, ein an Mustern der klassischen Antike orientierter, breit hingelagerter, flachgiebeliger Bau des Architekten Ricardo Bofill, ist am 11. September 1997 eingeweiht worden. Der Standort wurde mit Bedacht gewählt, denn man wollte damit auch die Peripherie der Innenstadt in die Kulturmeile einbeziehen. Es gibt drei Bühnen; das Repertoire reicht von klassischen Stücken bis zum experimentellen Gegenwartstheater.

Das direkt benachbarte Auditorium ist Sitz des Nationalen Sinfonieorchesters von Katalonien und der katalanischen Musikhochschule. In dem von Rafael Moneo entworfenen Gebäude wurde auch das ▶Museu de la Música eingerichtet. **Auditorium**

✴ ✴ Tibidabo

Lage: nordwestlich vom Zentrum

Bahn (FGC): Avinguda del Tibidabo; weiter mit der Tramvia Blau und der Standseilbahn

Nordwestlich vom Stadtzentrum erhebt sich der 532 m hohe Berg Tibidabo, eines der am meisten besuchten Ausflugsziele im Großraum von Barcelona.

Seinen Namen verdankt er der Legende, dass sich hier die Versuchung Christi durch Luzifer ereignet habe (der Versucher spricht: »Ich werde dir ... geben« = lateinisch tibi dabo ...).

Die **Fahrt zum Tibidabo** ist ganz unterhaltsam. Von der Plaça de Catalunya fährt man mit der unterirdisch verlaufenden Eisenbahn (Ferrocarril de la Generalitat) bis zur Endstation Avinguda del Tibidabo. Ab hier verkehrt ein Linienbus oder eine nostalgische Straßenbahn (die wegen ihrer dunkelblau lackierten Wagen **Tramvia Blau** genannt wird) bergan zur Standseilbahn (**Funicular**; Talstation 224 m ü.d.M.), die zur Plaça del Tibidabo hinauffährt und die letzte Etappe zum Gipfel des Tibidabo bildet. Die Tramvia Blau ist nur im Som-

Parc d' Atraccions – Vergnügen für jung und Alt?

mer in Betrieb. Ein Alternativweg zum Tibidabo von der Plaça de Catalunya aus wäre zum Beispiel: Mit der S-Bahn S 1 oder S 2 bis zur Haltestelle **Peu del Funicular**, dort verkehrt eine Standseilbahn (**Funicular**), von der Bergstation dieser Seilbahn fährt ein kleiner Bus (Linie 111) direkt zum Parc d′Atraccions; darüber hinaus kann man mit dem **Tibibus** direkt von der Plaça de Catalunya zur Plaça del Tibidabo hinauffahren.

Parc d'Atraccions Der größte Publikumsmagnet des Tibidabo ist der Parc d' Atraccions, ein in mehreren Ebenen angelegter **altmodischer Vergnügungspark**. Hier findet man unterschiedliche Fahrgeschäfte (Riesenrad, Achterbahn, Autoscooter, Go-Karts) und andere Unterhaltungsmöglichkeiten, wie Geschicklichkeitsspiele, eine Computerspielhalle und das gruselige Haus des Schreckens. Der Parc d' Attraccions hat nichts mit den heute üblichen Vergnügungsparks à la Disneyland gemein,

Weithin sichtbar oben auf dem Tibidabo: die Kirche Sagrat Cor

schließlich ist er auch das älteste Unternehmen dieser Art in ganz Spanien. Dafür bietet er dem Besucher mit seinem altmodischen Charme eine fröhlich beschwingte Atmosphäre – und im Übrigen: Wo sonst kann man vom Riesenrad oder vom Karussell aus eine so grandiose Aussicht genießen wie hier! Auf dem Gelände befinden sich mehrere Restaurants. Besonders für Familien mit Kindern ist der Besuch des Parkes lohnend, am besten als Halb- oder Ganztagsausflug (im letzteren Fall gut zu kombinieren mit dem ▶Museu de la Ciència nahe der Talstation der Tramvia Blau).

Neben dem normalen Eintrittsbillett, das relativ wenig kostet (bei dem aber praktisch alle Einzelattraktionen gesondert bezahlt werden müssen), gibt es ein Pauschalticket, welches die beliebige Benutzung aller Einrichtungen einschließt. Die Öffnungszeiten wechseln jährlich; im August täglich, in den anderen Sommermonaten eine halbe Woche lang, sonst oft nur an den Wochenenden geöffnet.

Im Vergnügungspark ist auch das **Museu d'Autómates** zu finden, eine kleine, in die Gesamtheit der anderen Attraktionen eingegliederte Sammlung von alten Spielautomaten, Orchestrions, mechanisch bewegten Puppen, Modellbahnen und anderen automatischen Geräten, die nicht nur Kinder begeistern kann. www.tibidabo.es

Sagrat Cor

Auf dem Gipfel des Tibidabo steht die erst 1961 fertiggestellte **Kirche** Sagrat Cor (Herz-Jesu-Kirche), ein Werk des Architekten Enric Sagnier in gotisierenden Formen, das sich über mehrere Ebenen erstreckt und von einer weithin sichtbaren Christusstatue gekrönt ist. Im Erdgeschoss befindet sich ein sehr stark historisierender Kirchenraum aus der Zeit um 1900; im Apsismosaik erkennt man Personen in der damals zeitgenössischen bürgerlichen Kleidung. Auf der zweiten Ebene steht die Basilika, ein sehr hoher neugotischer Raum auf nahezu rundem Grundriss. Ein Aufzug führt zu einer in 542 m hochgelegenen Plattform mit mehreren Türmchen. Von hier aus kann man zu dem Umgang hinaufsteigen, welcher den Fuß der Christusstatue umzieht. Hier bietet sich ein **grandioser Rundblick** auf Barcelona und das Meer, auf die Hügelkette, zu welcher der Tibidabo gehört (südlich die Torre de Collserola und nördlich die Sendeanlagen von Radio Barcelona und Catalunya Radio), und auf die waldbedeckten Berge des Hinterlandes.

Torre de Collserola

Von der Bergstation der Standseilbahn verkehrt ein kleiner Touristenzug zur 1990 für die Olympischen Spiele als Telekommunikationszentrum errrichteten, 288 m hohen Torre de Collserola. Der kühn konstruierte Turm aus Glas und Stahl ist ein Werk des britischen **Architekten Sir Norman Foster**. Nach strengen Sicherheitskontrollen gelangt man mit einem Aufzug zur 135 m hohen, ringsum und auch nach unten vollständig verglasten Aussichtsplattform. Hinweistafeln mit Richtungs- und Entfernungsangaben erleichtern die Orientierung. Der Rundblick ist großartig, denn die Sichtweite beträgt je nach Witterung bis zu 70 Kilometer.

**Parc de
Collserola**

Zwischen dem südlichen Fuß des Tibidabo und dem Gemeindegebiet von Sant Cugat del Vallès erstreckt sich der 8000 ha große Parc de Collserola, ein als stadtnaher Erholungsraum sehr geschätztes Landschaftsschutzgebiet.

Universität

G 7, C – D 4

Lage: Gran Via de les Corts Catalanes   **Metro:** Universitat (L 1, L 2)

Bereits gegen Ende des 13. Jh.s gab es in Barcelona ein Studium Generale der Dominikaner, und 1401 wurde das Studium der Medizin und der Schönen Künste institutionalisiert; wenig später folgten die Fakultäten Theologie, Jurisprudenz und Philosophie.

Geschichte

Doch mit der Aufhebung der katalanischen Sonderrechte durch Philipp V. wurde 1717 die Akademie geschlossen. Erst im Jahr 1837 kehrte der Lehrbetrieb nach Barcelona zurück.

Alte Universität

Von der südlichen Ecke der Plaça de Catalunya kommt man westlich über den Carrer del Pelai zur Plaça de la Universitat. Hier steht das 1863 bis 1873 in pseudoromanischen Formen errichtete Gebäude der Alten Universität; im Inneren u. a. zwei schöne Lichthöfe und Teile der Universitätsbibliothek.

**Zona
Universitària**

Weit draußen am südwestlichen Ende der Avinguda de la Diagonal erstreckt sich im Stadtteil ► Pedralbes der weite, moderne Komplex der Zona Universitària. Hier sind die Naturwissenschaften, Sozial- und Wirtschaftswissenschaften u. dgl. zu finden.

Zoo

J 9

Lage: Parc de la Ciutadella   **Metro:** Ciutadella (L 4)

Der 1892 gegründete Zoo nimmt den östlichen Teil des Parc de la Ciutadella ein. Es ist erstaunlich, mit wie viel Geschick und Fantasie hier auf kleinstem Raum eine so vielseitige und artenreiche Anlage geschaffen wurde.

**Öffnungszeiten:
tgl. im Sommer
10.00 – 19.00
im Winter
10.00 – 17.00**

Die Hauptattraktion des Zoos von Barcelona und der Liebling aller Besucher war lange Zeit ein riesiger weißer Gorilla, der einzige Albino dieser Spezies. Floquet de Neu (Schneeflöckchen) hatte man ihn in liebevoller Untertreibung seiner Körpermaße getauft, und er war fast schon zu einem Wahrzeichen Barcelonas geworden. Als Floquet de Neu nach langer Krankheit im Alter von fast vierzig Jahren im

Das Seelöwenbassin ist eine beliebte Attraktion im Zoo von Barcelona.

November 2003 eingeschläfert werden musste, waren seine Fans schier untröstlich.

Gut gestaltet ist insbesondere das Reptilienhaus. Auch das Vogelhaus mit einer speziellen Abteilung für Nachtvögel ist gut gelungen. Bei einem längeren Aufenthalt im Zoogeländе sind die diversen Erfrischungskioske und die Picknicktische angenehm (einige davon bei der zentral gelegenen Nachbildung des ►Montserrat). Nicht nur für Kinder interessant ist ein großes, frei aufgestelltes Walgerippe oder die bekannte Plastik der **Senyoreta del Paraigua** (»Dame mit dem Regenschirm«). Publikumsmagneten sind die **Dressurshows mit Delfinen**. Sie finden jeweils um 11.30, 13.30 und 16.30 Uhr statt.

REGISTER

VERZEICHNIS DER KARTEN
& GRAFISCHEN DARSTELLUNGEN

BILDNACHWEIS

Baedeker-Archiv S. 34, 87 (Succession Picasso/VG Bild-Kunst, Bonn 2008)

dpa S. 28, 30, 32, 42 (Successió Miró/VG Bild-Kunst, Bonn 2008), 44, 45, 46, 48, 49

DuMont Bildarchiv/Pompe S. 2, 3 (oben), 5 (unten), 13 (Mitte), 14 (unten), 15, 78, 98, 100, 112, 158, 168, 170 (Successió Miró/VG Bild-Kunst, Bonn 2008), 174, 176, 178, 180, 188, 191, 200, 207 (links oben), 209 (Succession Picasso/VG Bild-Kunst, Bonn 2008), 215, 224 (VG Bild-Kunst, Bonn 2008), 240 (unten)

DuMont Bildarchiv/Selbach S. 1 (Successió Miró/VG Bild-Kunst, Bonn 2008), 4 (rechts), 6 (unten), 7, 9 (unten; Successió Miró/VG Bild-Kunst, Bonn 2008), 13 (oben), 16, 20, 38, 47, 50/51 (2 x), 97, 130/131 (2 x), 137, 139, 143, 144, 145, 207 (rechts oben), 211, 220, 240 (oben), 245, 246

DuMont Bildarchiv/Widmann S. 41, 156, 162, 208

fotolia/Gary S. 184

Hoteles Catalonia S. 116

laif S. 10/11, 25, 36, 114, 152 (oben), 173 (oben), 212, vordere Umschlaginnenseite

LOOK-foto S. 64

Museu d'Història de la Ciutat de Barcelona S. 27

Nahm/Pfaffinger S. 11 (klein), 14 (oben), 82, 85, 105, 108, 147 (klein), 184, 207 (rechts unten), 229

Pompe S. 3 (unten), 4 (links), 5 (oben), 6 (oben), 8, 9 (oben), 12, 13 (unten), 14 (Mitte), 22, 54, 60, 67, 71, 72, 73, 74, 77, 79, 115, 117, 118, 119, 121, 124, 128, 146/147, 148, 152 (unten), 155, 156, 160, 173 (unten), 197, 206, 207 (links unten), 216, 219, 222, 227, 232, 237, 241 (4x), 242, 243, 249

Renckhoff S. 169

Titelbild: mauritius images/age, Casa Battló
Hintere Umschlagklappe: DuMont Bildarchiv/Selbach

IMPRESSUM

Ausstattung: 134 Abbildungen, 24 Karten und grafische Darstellungen, ein großer Cityplan
Text: Achim Bourmer, mit Beiträgen von Peter Nahm
Überarbeitung: Lothar Schmidt
Bearbeitung: Baedeker Redaktion (Carmen Galenschovski)
Kartografie:
Klaus-Peter Lawall, Unterensingen;
Falk Verlag, Ostfildern (Cityplan)
3D-Illustrationen: jangled nerves, Stuttgart
Gestalterisches Konzept: independent Medien-Design, München (Kathrin Schemel)

Sprachführer in Zusammenarbeit mit Ernst Klett Sprachen GmbH, Stuttgart, Redaktion PONS Wörterbücher

Chefredaktion: Rainer Eisenschmid, Baedeker Ostfildern

10. Auflage 2011

Urheberschaft: Karl Baedeker Verlag, Ostfildern
Nutzungsrecht: MAIRDUMONT GmbH & Co KG; Ostfildern
Der Name Baedeker ist als Warenzeichen geschützt. Alle Rechte im In- und Ausland sind vorbehalten. Jegliche – auch auszugsweise – Verwertung, Wiedergabe, Vervielfältigung, Übersetzung, Adaption, Mikroverfilmung, Einspeicherung oder Verarbeitung in EDV-Systemen ausnahmslos aller Teile des Werkes bedarf der ausdrücklichen Genehmigung durch den Verlag Karl Baedeker
Anzeigenvermarktung:
MAIRDUMONT MEDIA
Tel. 0049 711 4502 333
Fax 0049 711 4502 1012
media@mairdumont.com
http://media.mairdumont.com

Printed in China
Gedruckt auf 100% chlorfrei gebleichtem Papier

BAEDEKER VERLAGSPROGRAMM

BAEDEKER ENGLISH

LIEBE LESERINNEN, LIEBE LESER,

ein herzliches Dankeschön, dass Sie sich für einen Baedeker Allianz Reiseführer entschieden haben. Er wird Sie zuverlässig auf Ihrer Reise begleiten und Sie nicht im Stich lassen.

Natürlich beschreibt er die wichtigen Sehenswürdigkeiten, aber er empfiehlt auch die nettesten Kneipen und Bars, dazu Hotels für den großen und kleinen Geldbeutel, gibt Tipps für Restaurants, Shopping und für vieles mehr, was eine Reise zum Erlebnis macht. Dafür haben unsere Autoren und die Redaktion Sorge getragen. Sie sind für Sie regelmäßig nach Barcelona gereist und haben all ihre Erfahrungen und Kenntnisse in diesen Reiseführer gepackt.

Trotzdem: Die Erfahrung zeigt, dass Fehler und Änderungen nach Drucklegung, für die der Verlag keine Haftung übernehmen kann, nicht ausgeschlossen werden können. Für Kritik, Berichtigungen und Verbesserungsvorschläge sind wir Ihnen außerordentlich dankbar. Schreiben Sie uns, mailen Sie uns oder rufen Sie an:

▶ **Verlag Karl Baedeker GmbH**
Redaktion
Postfach 3162
D-73751 Ostfildern
Tel. (0711) 4502-262, Fax -343
E-Mail: info@baedeker.com

Besuchen Sie uns auch im Internet unter www. baedeker.com. Hier finden Sie jeden Monat den aktuellen Reisetipp der Redaktion und das gesamte Verlagsprogramm. Hier können Sie auch lesen, wer Karl Baedeker war und wie er seinen ersten Reiseführer geschrieben hat. Mit seinen über 180 Jahren ist der Karl Baedeker Verlag der älteste Reiseführer-Verlag der Welt.

www.baedeker.com

▶ ZU GEWINNEN: STADTREISE NACH LONDON

Unter allen Einsendungen verlost der Verlag am Jahresende – unter Ausschluss des Rechtswegs – eine Städtekurzreise für zwei Personen nach London.
Freuen Sie sich auf ein spannendes Wochenende in London. Natürlich ist ein Baedeker Allianz Reiseführer London auch dabei!